Research on the Academic Development
History of Putonghua Proficiency Test

普通话水平测试学术发展史研究

周华 著

中国社会科学出版社

图书在版编目(CIP)数据

普通话水平测试学术发展史研究 / 周华著. -- 北京：中国社会科学出版社, 2024. 11. -- ISBN 978-7-5227-4397-4

Ⅰ. H102

中国国家版本馆 CIP 数据核字第 20245F3777 号

出 版 人	赵剑英
责任编辑	郭如玥
责任校对	禹　冰
责任印制	郝美娜

出　　版	中国社会科学出版社
社　　址	北京鼓楼西大街甲 158 号
邮　　编	100720
网　　址	http：//www.csspw.cn
发 行 部	010-84083685
门 市 部	010-84029450
经　　销	新华书店及其他书店

印刷装订	北京君升印刷有限公司
版　　次	2024 年 11 月第 1 版
印　　次	2024 年 11 月第 1 次印刷

开　　本	710×1000　1/16
印　　张	13.75
插　　页	2
字　　数	237 千字
定　　价	88.00 元

凡购买中国社会科学出版社图书，如有质量问题请与本社营销中心联系调换
电话：010-84083683
版权所有　侵权必究

序　言

　　语言，作为人类社会交流的核心工具，不仅承载着历史、文化和思想的传承，也展现了民族的智慧和精神。在中华民族五千多年的文明历程中，汉语以其无穷魅力，创作了许多辉煌的篇章。普通话作为现代汉语标准语，其推广和普及对国家的统一、民族的团结以及社会的进步具有至关重要的作用。普通话水平测试，则成为衡量这一普及程度的关键标准。

　　本书的作者周华，凭借其深厚的学术功底和敏锐的洞察力，全面而深入地研究了普通话水平测试的学术发展。她不仅系统地梳理了该领域的发展脉络，而且深刻地剖析了其中的学术规律与特点，为我们勾勒出一幅清晰而完整的学术图景。

　　尤其值得关注的是，本书开创性地从史学研究的角度，探讨了普通话水平测试的学术发展史。这一创新性的研究尝试，不仅拓展了传统学术研究方法的应用范围，而且使我们能够更加深入地理解普通话水平测试在社会发展中的重要地位及其在学术研究中的独特价值。

　　此外，周华在研究过程中综合运用了多种研究方法，包括文献考据、专家访谈和比较研究等，使得研究成果更为丰富和深入。她同时注重理论与实践的有机结合，既关注学术发展的理论问题，也关注实践中的应用问题。这使得本书不仅具有较高的学术价值，也具有很强的实用性和指导意义。

　　作为周华的导师，我深知她在学术研究上的辛勤努力和出色表现。她以严谨的学术态度、扎实的学术功底和创新的学术思维，为我们贡献了一部高质量的学术著作。我相信，本书的出版将对普通话水平测试的学术发展产生积极而深远的影响。

　　最后，我要感谢所有为本书付出努力的人员，包括作者、编辑和出版人员等。他们的辛勤工作和努力，使得这部优秀的著作能够与读者见面。同时，我也希望广大读者能够认真阅读本书，从中汲取智慧和启示，为普通话的普及和推广贡献自己的力量。

愿本书的出版能够进一步推动普通话水平测试学术研究的发展，为我国的语言文化事业作出更大的贡献。

姚喜双

2024 年 3 月于北京

提　要

　　普通话水平测试，作为国内唯一一项针对汉语母语者的大规模国家级通用语口语测试，自1994年正式实施以来，已经累计为1.2亿的测试对象提供了服务。它不仅在宏观层面上关乎着国家的繁荣发展、民族的团结和谐以及社会的进步，而且在微观层面上影响着个人毕业证书的获取、职业准入资格的获得。这项国家级测试无疑在统一国家语言文字和促进语言生活的和谐发展中发挥了巨大的作用。

　　普通话水平测试事业的发展也催生并推动了相关学术研究的繁荣。至2023年12月31日，该领域共发表学术论文2097篇，其中硕士及博士学位论文98篇，学术论著（含论文集）45部。对这些学术作品进行全面、系统的梳理和分析，不仅有助于揭示该领域的学术发展规律，还能预测其未来的发展走向，为普通话水平测试的进一步发展提供有力的学术支持。

　　本书便是以普通话水平测试的学术发展为研究对象，通过五个研究专题的剖析，全景式地展现了该域的学术风貌。第一章，我们界定了本书的基本概念，阐释了学术演进的分期脉络，综述了国内外研究的最新动态与既有成果，并明确了本书的研究框架、思路方法及研究意义。第二章至第四章，则将普通话水平测试的学术研究置于具体的社会历史环境之中，通过概览各个研究阶段的发展样貌，总结学术研究方法，勾勒出了一幅普通话水平测试研究的"学术路线图"。在这幅路线图中，我们特别关注了那些具有里程碑意义的学术论著，评点了其中的重要学术思想和观点，从而构建了一个以具体学术作品为点、以时间发展为线、以领军学者的代表性著作为面的普通话水平测试学术研究立体框架。第五章是在前四章的基础上，进一步将研究视角投向未来，试图点画出这条学术路线图的未来走向。通过对当前研究趋势的剖析，我们试图为普通话水平测试的未来发展提供前瞻性的思考与建议。

本书首次从史学研究的角度，专门探索了普通话水平测试的学术发展史。这不仅有助于我们更好地把握该领域的发展动态，更能推动测试学科走向成熟和完善。同时，本书结合前人研究优长，创造性地提出了普通话水平测试"三阶段四时期"的学术分期方法，使学术分期更加契合这一领域研究发展的实际特点。此外，本书还首次提出将口头访谈研究纳入普通话水平测试的研究范畴，丰富了测试学术发展研究的对象范围，进一步完善了测试发展研究的格局。

本书以1982年和2023年作为普通话水平测试学术研究的起讫点，并将研究触角延伸至前普通话水平测试期，研究材料涵盖期刊文章、学位论文、学术论著等，是迄今为止该领域历史跨度最长、涵盖面最广的研究专论。

作为一部理论性著作，本书综合运用了文献考据、专家访谈、比较研究及定性与定量研究相结合的研究方法，从学术发展史的角度剖析了普通话水平测试研究的学术分期、成果总结、重要节点、发展规律以及未来趋势。这不仅为普通话水平测试的学术发展提供了参考思路，更为普通话水平测试的实践工作者和相关领域的研究者提供了学术资源和研究视角。

本书的适用对象是普通话水平测试员、研究者、相关专业的教师和研究生，以及对普通话水平测试研究感兴趣的广大读者。

目　录

第一章　绪　言 ……………………………………………………（1）
　第一节　选题缘起 ………………………………………………（1）
　　一　研究背景 …………………………………………………（1）
　　二　基本概念 …………………………………………………（2）
　　三　学术发展分期 ……………………………………………（7）
　第二节　文献综述 ………………………………………………（12）
　　一　国外研究现状 ……………………………………………（12）
　　二　国内研究现状 ……………………………………………（16）
　第三节　研究思路 ………………………………………………（20）
　　一　研究内容 …………………………………………………（20）
　　二　研究方法 …………………………………………………（21）
　　三　研究框架 …………………………………………………（22）
　第四节　研究意义 ………………………………………………（23）
　　一　理论意义 …………………………………………………（23）
　　二　实践意义 …………………………………………………（24）
第二章　普通话水平测试研究萌芽起步阶段（1982—1994 年）……（25）
　第一节　研制背景 ………………………………………………（26）
　　一　学术背景 …………………………………………………（26）
　　二　时代背景 …………………………………………………（31）
　　三　小结 ………………………………………………………（37）
　第二节　测试标准讨论时期（1982—1988 年）………………（37）
　　一　标准讨论时期研究概览 …………………………………（37）
　　二　标准讨论时期开展的学术活动 …………………………（44）

三　标准讨论时期代表性成果述评 …………………………… (45)
　　四　三级思想确立的影响因素 ………………………………… (46)
　　五　对早期三级思想的评价 …………………………………… (47)
　　六　陈章太自我述评 …………………………………………… (48)
　　七　小结 ………………………………………………………… (49)
第三节　测试标准建立时期（1989—1994年）………………………… (50)
　　一　标准建立时期研究概览 …………………………………… (50)
　　二　标准建立时期的重要学术事件 …………………………… (60)
　　三　国家级测试标准研制的基础 ……………………………… (60)
　　四　标准建立时期代表性成果述评 …………………………… (63)
　　五　对"三级六等"思想的评价 ……………………………… (72)
　　六　于根元与刘照雄述评 ……………………………………… (73)
第四节　小结 ………………………………………………………… (74)

第三章　普通话水平测试研究发展探索阶段（1995—2001年）…… (77)
第一节　时代背景 …………………………………………………… (77)
　　一　信息时代对普通话的更高要求 …………………………… (77)
　　二　经济发展对语言环境优化的要求 ………………………… (78)
　　三　城市化进程加快带来的语言生活新变化 ………………… (78)
第二节　研究概览 …………………………………………………… (79)
　　一　宏观课题 …………………………………………………… (79)
　　二　测试依据 …………………………………………………… (81)
　　三　测试主体 …………………………………………………… (86)
　　四　测试客体 …………………………………………………… (87)
　　五　测试手段 …………………………………………………… (89)
　　六　测试界域 …………………………………………………… (91)
　　七　测试作用 …………………………………………………… (92)
　　八　测试评价 …………………………………………………… (93)
第三节　发展探索阶段的重要学术事件 …………………………… (93)
　　一　首期国测员培训班开班 …………………………………… (93)
　　二　云南省普通话水平测试研讨会召开 ……………………… (94)
　　三　"PSC制卷系统课题组""PSC评分标准对比实验课题组"
　　　　成立 ………………………………………………………… (94)

四　PSK专家审定会举行 ……………………………………… (95)
　　五　《中华人民共和国国家通用语言文字法》颁布实施 ……… (95)
　　六　《中国语文》推文介绍香港中文测试 ……………………… (95)
第四节　发展探索阶段的研究特点 …………………………………… (96)
　　一　研究内容的承续性 …………………………………………… (96)
　　二　研究对象的"师范性" ……………………………………… (96)
　　三　学术园地的属地性 …………………………………………… (96)
　　四　学术品位的一致性 …………………………………………… (97)
　　五　问题关注的持续性 …………………………………………… (97)
　　六　研究方法的经验性 …………………………………………… (98)
　　七　研究的不平衡性 ……………………………………………… (98)
第五节　发展探索阶段代表性成果述评 …………………………… (100)
　　一　《普通话水平测试研究》 …………………………………… (100)
　　二　《普通话水平测试的理论与实践》 ………………………… (101)
　　三　《普通话水平测试员实用手册》 …………………………… (101)
　　四　普通话水平测试领域硕士学位论文 ………………………… (102)
　　五　"普通话水平测试各等级标准语言特征数据库系统"
　　　　课题 …………………………………………………………… (103)
第六节　仲哲明自我述评 …………………………………………… (103)
第七节　小结 ………………………………………………………… (104)

第四章　普通话水平测试研究系统深化阶段（2002年至今） …… (106)
第一节　时代背景 …………………………………………………… (106)
　　一　国家发展带来的新需求 ……………………………………… (106)
　　二　测试量激增对PSC研究提出了新要求 …………………… (107)
　　三　技术发展为PSC研究带来了新机遇 ……………………… (107)
　　四　加快普通话测试学科建设是国家需要 ……………………… (108)
第二节　研究概览 …………………………………………………… (108)
　　一　宏观课题 ……………………………………………………… (110)
　　二　测试依据 ……………………………………………………… (113)
　　三　测试主体 ……………………………………………………… (120)
　　四　测试客体 ……………………………………………………… (124)
　　五　测试手段 ……………………………………………………… (131)

六　测试界域 …………………………………………（139）
　　七　测试作用 …………………………………………（146）
　　八　测试评价 …………………………………………（147）
第三节　系统深化阶段的重要学术事件 …………………（151）
　　一　普通话水平测试学科的建立 ……………………（151）
　　二　"汉语普通话水平测试研究"课题的立项 ………（152）
　　三　全国普通话水平测试学术研讨会的举办 ………（153）
　　四　其他学术研讨会的举行 …………………………（153）
　　五　普通话水平测试学术社团的建立 ………………（154）
　　六　齐越教育研究馆的落成 …………………………（154）
第四节　系统深化阶段的研究特点 ………………………（155）
　　一　研究视角的多维性 ………………………………（155）
　　二　研究内容的系统性 ………………………………（155）
　　三　研究对象的"师职性" ……………………………（156）
　　四　研究力度的空前性 ………………………………（156）
　　五　学术园地的局囿性 ………………………………（156）
　　六　研究方法的实证性 ………………………………（156）
　　七　变动中的不平衡性 ………………………………（157）
第五节　系统深化阶段代表性成果述评 …………………（161）
　　一　新《大纲》与《纲要》 ……………………………（161）
　　二　《普通话水平测试概论》 …………………………（164）
　　三　《普通话水平测试阐要》 …………………………（167）
第六节　姚喜双与王晖自我述评 …………………………（168）
　　一　姚喜双自我述评 …………………………………（168）
　　二　王晖自我述评 ……………………………………（169）
第七节　小结 ………………………………………………（170）

第五章　普通话水平测试学术发展展望 …………………（174）
第一节　研制专项测试 ……………………………………（174）
　　一　中小学生普通话水平测试 ………………………（175）
　　二　海外普通话水平测试 ……………………………（176）
第二节　寻求共融发展 ……………………………………（177）
　　一　与国际语言测试共同发展 ………………………（177）

二　与计算机学科共融发展 …………………………………… (178)
第三节　转化科研成果 …………………………………………… (179)
　　一　科研指导实践 ……………………………………………… (180)
　　二　成果助推发展 ……………………………………………… (180)
第四节　加大研究力度 …………………………………………… (181)
　　一　加强薄弱问题研究 ………………………………………… (181)
　　二　加强动态问题研究 ………………………………………… (181)
　　三　加强学科建设研究 ………………………………………… (182)
　　四　加强学术保障研究 ………………………………………… (182)
第五节　增强服务意识 …………………………………………… (183)
　　一　服务国家战略 ……………………………………………… (183)
　　二　服务个体需求 ……………………………………………… (184)

第六章　结　语 …………………………………………………… (186)
第一节　主要结论 ………………………………………………… (186)
第二节　研究价值 ………………………………………………… (188)
第三节　研究不足 ………………………………………………… (188)

参考文献 ……………………………………………………………… (190)

第一章

绪　言

第一节　选题缘起

一　研究背景

普通话是我国通用语言,大力推广普通话是我国基本的语言政策,政府在其推广中扮演着关键角色。然而,正因为如此,许多人关注的是行政力量层面的推广,而忽略了普通话水平测试(PUTONGHUA SHUIPING CESHI,缩写是PSC[①],以下使用其拼音缩写形式)的专业性、学术性。PSC的开展与推广固然需要行政组织和宣传推广,但其被人们肯定和接受,还是要靠其自身突出的科学性;其生命力之所在,还是要靠学术研究的支撑。从酝酿研制到组织实施再到不断发展创新,PSC始终渗透着语言文字和测试领域学者们的求实探索与务实精神。可以说,PSC的历程,正是一部学者们在测试学术之路上求索的历史。

余三定(2004)指出,应用研究的创新应与时俱进,主动发现并回应时代提出的课题,尤其是重大课题。PSC的学术研究正是在实践中探索和总结,具有很强的应用性,旨在服务国家、社会和时代。PSC之所以存在,正是为了解决我们这个时代提出的科学衡量人们的普通话水平的问题,该问题作为PSC的基本矛盾(姚喜双等,2011),贯穿着PSC学术研究的始终。为了攻克这一难题,PSC研制之初便汇集了语言文字领域的权威专家和著名学者,集众位学者之智,研究开发该项测试。正式测试之后,专家学者们对测试科研工作更是毫不松懈,催生了一系列重要研究成

[①] 国家语言文字工作委员会普通话培训测试中心编制:《普通话水平测试大纲》,《普通话水平测试实施纲要》,商务印书馆2004年版,第1页。

果，最具代表性的是《普通话水平测试等级标准（试行）》（以下简称《标准》）、《普通话水平测试大纲》（以下简称《大纲》）、《普通话水平测试实施纲要》（以下简称《纲要》）和《普通话水平测试概论》（以下简称《概论》）。尽管这些成果已被广大测试员和研究者作为工作指导依据广泛接受和应用，但其背后的研究动因及形成过程却鲜为人知。因此，在学术前进的同时，对学术成果的梳理和总结显得尤为重要，有助于推动学科的建设和发展。

PSC 从 1982 年酝酿研制至今已四十余年。对中国而言，是改革开放、国运昌盛的四十年；对普通话测试研究而言，则是从无到有、日益壮大的四十年。尽管学界已对 PSC 的发展史予以关注，部分学者从不同角度、用不同方法对 PSC 的发展进行了梳理，为我们呈现了 PSC 学术全景的某些方面，为我们全面、客观地认识 PSC 的发展提供了基础。但这些研究多集中在测试发展的分期和每个阶段的学术成果的总结梳理上，不同学者对学术成果的判断、分类、选取标准很难做到系统、统一。此外，作为独立的博士研究方向，普通话测试研究已积累了十余篇博士学位论文。作为普通话测试研究的重要成果，博士学位论文是学术发展史研究中不可或缺的文献资料，应纳入 PSC 学术发展史的研究中，以丰富该领域的研究成果，填补 PSC 学术发展史研究的空白。

学术史主要有两个研究要素：第一，著述及学者；第二，当代学术史研究方法有三个值得关注的重大问题：当代学者的口述实录，以问题为中心的研究和学者个案研究（余三定，2011）。口述实录能揭示学者思想及学说形成的深层次原因。然而，作为当代学术的一部分，PSC 研究在学者（包括学者口述）方面的研究却显得比较冷清。有鉴于此，本书力求通过梳理前人的学术成果，深入探究 PSC 学术发展的内部机制；在关注学者学术观念创新和研究领域开拓的基础上，确定各发展时期的学术领军人物，探求他们在推动 PSC 学术发展中起到的作用，评述重要专著、论著，并通过专家访谈的方式补充 PSC 学术发展史中学者口述部分的缺失，以期成为国内首个全面研究 PSC 学术发展的史学研究。

二　基本概念

（一）普通话

普通话作为一个"历史范畴"的概念，其称说方式在不同历史时期并不一致。在"普通话"这一称谓出现之前,历朝历代对其官方语言有着不同的称呼,如雅言、通语、官话、国语等。通过宦海庙堂及学校教育的传播,这种语言大致实现了在全国范围内的通行,其使用者之间能够基本互相理解。

"普通话"这一概念,最早出现于朱文熊1906年所著的《江苏新字母》一书中,彼时的"普通话"指"各省通行之话"①。尽管强调了"通行"之意,但对于语言的要求并不纯粹,实指"方言普通话"②,即我们今天所说的"地方普通话"。

中华人民共和国成立后,学界对"普通话"的理解逐渐趋于统一,但在不同时期,对普通话的描述也存在细微差异,这体现了"普通话"内涵和外延的变化。

1955年10月,张奚若在"全国文字改革会议"上明确了普通话的语音和词汇标准。随后在现代汉语规范问题学术会议上,对普通话的定义和标准作了进一步界定——"普通"二字的含义是"普遍"和"共通",即"普通"应理解为缩略短语。普通话应被理解为在全国范围内普遍通行的语言,并在国际上"代表'中国话'的一种语言"③。1956年,胡乔木草拟、国务院发布的《关于推广普通话的指示》,增补了对语法规范的要求,完善了1955年对普通话的定义。

改革开放后,学界从标准语、共同语和通用语的视角重新审视普通话,对其有了新的认识。普通话作为"标准语"与"方言"对举时,隐含着普通话标准而方言不标准的价值判断;而作为"共同语"与"方言"并称时,则不包含价值判断;作为"通用语"使用时,则凸显其作为族际共同语的职能。王晖(2016)从功能属性和法定地位出发,认为将普通话理解为"标准语"更为妥当;同时,将普通话称为"国家通用语言"更具实用性和象征性,更能凸显国家和中华民族的整体语域特征。

综上所述,普通话应包含两层含义:广义上说,普通话泛指中国的标准语,具有时间维度的历时性和空间维度的广阔性;狭义上说,普通话特指"以北京语音为标准音,以北方话为基础方言,以典范的现代白话文

---

① 朱文熊:《江苏新字母》,文字改革出版社1957年版,第1页。
② 周有光:《到处听到蓝青官话》,2010年,http://blog.sina.com.cn/s/blog_68b18fa90100nc9x.html。
③ 王力:《广东人怎样学习普通话》,文化教育出版社1956年版,第9页。

著作为语法规范"的现代汉民族共同语。这种语言在传承历史的同时，不断适应时代需求，成为中华民族交流融合的重要纽带。

（二）普通话水平测试

普通话水平测试，拼音缩写为PSC，有三个检测层面：微观层面，专注于个人普通话水平的测查；中观层面，则是对各地测试机构组织及评测能力的检验；宏观层面，深入剖析国家推普工作的实际成效。PSC作为推普的重要举措，是一项理论和实践相结合，且实践性很强的学术活动，堪称"应用语言学研究的重要成果"[①]。本书将从以下五个维度剖析该测试的性质。

从测试频度与规模来看，PSC作为不定期反复性测试，应试人总数已近1.2亿人次，并以每年数百万人次的速度持续刷新参试人数纪录，彰显其大规模且持续性的特征。

在测试方式与考查内容方面，PSC虽为主观性、口语测试，但其考查内容却既非事先未经加工的纯口语，亦非经过深思熟虑、反复斟酌的文学语言。PSC考查的是应试者在监控状态下使用汉语标准语的熟准程度，这种经过一定"选择性"处理的语言形式，可以被称为口语形式的标准语。

就测试对象而言，PSC精准定位于具有中等文化程度的汉语母语者，这一特定对象定位使其与汉语水平考试（以下使用其拼音缩写形式"HSK"）及高考语文测试区分开来，形成了自己独特的测试领域。王晖（2013）更从学理角度进行了限定，将其定位为针对汉语标准语的第一语言测试。

在测试的组织流程、命题方式及成绩评定上，PSC展现了其统一、严密的特点。由国家题库统一提供试卷，具有一致的评分标准和评分规定，使其成为标准化测试的典范。

从参照体系来看，PSC没有固定的常模。只要应试人的普通话水平达到了规定标准，其成绩便不受同测人员表现的影响。这一特性使其成为典型的标准参照测试。

综上所述，PSC是针对汉语一语者标准语的、大规模标准化、不定期反复性、标准参照性的口语测试。

[①] 姚喜双：《王晖〈普通话水平测试阐要〉序》，载王晖《普通话水平测试阐要》，商务印书馆2013年版，第2页。

(三) 学术发展史

在研究学术发展史之初，首要任务是明确学术的内涵。通过查阅国内多部权威词典，我们不难发现它们对"学术"一词的释义具有一致性。《辞源》将其定义为"学问，道术。……后来称有系统而较专门的学问为学术"[①]。《现代汉语词典》和《新华词典》也强调了学术的系统性和专门性，将其描述为"有系统的、较专门的学问"[②]或"比较专门的有系统的学问"[③]。

结合现代研究的特性，我们不仅要关注知识的理论性，还要重视探寻知识的途径和方法。因此，本书将学术界定为一个综合的概念，它既是理论学说的知识体系，又是探索知识的方法系统。

学术史作为文化专史的一个分支[④]，旨在探究学术源流、嬗变过程，以及学术思潮的兴衰历程。它是对过去学术研究发展过程和规律的深入剖析。对学术发展的回顾和反思、总结和回瞻是完善学科建设、推动学术可持续发展所不可或缺的，更将在一定程度上影响人类文明的进步和社会的发展。

学术发展史以前人的研究成果为研究对象，属于元研究的范畴。研究学术发展史的主要目的在于"辨章学术，考镜源流"[⑤]。这意味着我们需要通过收集、整理、分析资料，辨析不同学术门派在不同历史时期的兴衰分合，洞悉学术思想变迁和发展的趋势，为未来的研究指明方向，并挖掘新的学术增长点。

(四) 普通话水平测试学术发展史

1. 普通话水平测试学

普通话水平测试学，作为一门深入探讨 PSC 现象的学科，旨在通过运用适当的理论与方法来提高测试的质量。这一学科不仅具有多学科背景，而且展现了鲜明的交叉性特点（聂丹，2012）。

自诞生之初，PSC 便与多个学科领域紧密相连。其测查内容深刻关联

---

① 《辞源》第二册，商务印书馆 1980 年版，第 797 页。
② 中国社会科学院语言研究所词典编辑室编：《现代汉语词典》第 5 版，商务印书馆 2005 年版，第 1547 页。
③ 新华词典编纂组编：《新华词典》，商务印书馆 1980 年版，第 956 页。
④ 河北教育出版社编：《二十世纪中国史学名著叙录》，河北教育出版社 2002 年版，第 59 页。
⑤ （清）章学诚：《校雠通义》，古籍出版社 1956 年版，第 1 页。

了语言本体研究，使普通话水平测试学得以扎根于语言的深层次结构之中。同时，PSC 研究的原则、方法、要点及测试质量评价指标，又将其纳入语言测试学的广阔领域。当然，与该学科联系尤为紧密的是语言习得。正如 Bachman 等（1999）所指出，描述和解释（第二语言）习得与测试行为中出现的差异，是这两个学科的共同关注点。因此，促进两个学科之间的对话与交流，对于推动双方研究的深入发展具有积极意义。此外，PSC 还与计算语言学、信息学等众多学科密切相关，在发展中获得这些学科内容和方法的养料补给，进而结合自身的学科特点，发展出了自己独特的研究理念和手段。这使得普通话水平测试学具有联系基础科学和应用科学的系统性、跨越社会科学和自然科学的尖端性、推进信息技术向前发展的前沿性。

普通话水平测试学在研究对象和方法上，与研究语言内部结构规律的语言学和研究如何评测二语/外语学习者语言能力的外语测试判然有别。虽然 PSC 以语言为考查内容，关注应试者普通话的熟准程度，但它并不将语言学理论或语言知识作为研究的核心。因此，它与传统语言学的研究重点有所不同。同时，一般的二语/外语测试，主要关注应试者在不同语言系统间转化时语言水平的变化，因此，考查时往往听、说、读、写四种技能并重。PSC 专注于汉语母语者在方言向普通话转换过程中的表现，是同一语言系统内部要素的转化。这种差异使得 PSC 在研究对象和研究方法上呈现出独特的特点。

鉴于普通话水平测试学的多学科交叉性质，对其研究需要借鉴和融合多种学科的研究方法。除了继续沿用语言本体研究的方法和范式外，还需要借鉴心理与教育测量学的实验设计和统计方法，以及计算机科学和信息学的相关研究方法。这种跨学科的研究方法将有助于更全面地揭示 PSC 现象的本质，提升测试的质量，并为普通话水平测试学的未来发展提供有力支撑。

2. 普通话水平测试发展史和普通话水平测试学术发展史

PSC 是推广普通话的一项重要举措，其学术发展在多个层面与普通话的普及紧密相连，但二者亦存在明确的差异。因此，深入研究 PSC 学术发展时，我们首先需要区分 PSC 发展史与 PSC 学术发展史的界限。PSC 发展史侧重于梳理不同时期的代表性事件与现象，进行史的叙述，揭示其发展与变迁的轨迹；而 PSC 学术发展史则更专注于探究不同时期的学术思想、理论与评论，进行史的叙述，展现其酝酿、萌芽、架构、成熟及发展的历程。

在构建PSC学术发展史的过程中，我们应立足于学术研究的本位，全面展示从研究内容到研究方法的发展演进过程，探求各发展阶段的内在动因和外部条件，并总结其发展规律。PSC学术发展史的研究对象主要是学者们已经出版或发表的学术成果，其目标在于评估这些成果的真实性、准确性及其学术价值。

因此，要撰写PSC学术发展史，首要任务是汇集PSC学术发展过程中的各类资料，并结合当时的社会发展背景和学术环境，对这些学术成果进行客观评价。通过这一过程，我们可以提炼出不同学者特有的思维方式与研究方法，进而建立起一个合理的学术评价系统。

三 学术发展分期

(一) 现有普通话水平测试发展分期

目前，学界关于PSC发展的学术分期众说纷纭，主要存在"二分法""三分法""新三分法""四分法""两阶段四时期法"以及"两阶段五时期法"这六种观点。然而，在测试元年的确定上，学者们的意见却比较统一，都将1982年作为PSC的起始之年。

在人们的普遍认知中，"二分法"似乎应该是最先出现的分期方式。但经过对PSC分期历史的梳理，我们发现"三分法"的提出时间远早于"二分法"。1998年5月，《普通话水平测试的理论与实践》一书的编者便提出，从20世纪80年代初至1997年，PSC经历了议论酝酿、研制等级标准和测试大纲以及开展测试工作这三个阶段。尽管这种分期理念有其独到之处，但编者并未明确各阶段的界标与理据，也未深入探讨各阶段的学术与工作成就，因此这一思想的火花只是一闪即逝，并未得到广泛传播。

韩其洲（2010）首次以测试元年至2009年为界，将PSC的发展分为课题研究和组织实施两个阶段，这标志着"二分法"的正式提出，为后续的测试分期讨论提供了重要的启示。然而，由于韩文的研究只限于工作层面，缺乏学术和科研层面的支撑，其学术理性尚显不足。

姚喜双（2010）以1982年为研究起点，以1994年和2001年为分界点，将PSC发展划分为三个时期。鉴于"三分法"在《普通话水平测试的理论与实践》一书中已有提及，本书将这种发展分期称为新"三分法"。新"三分法"在界标设置与划段分期上更为科学、清晰，为后续学者广泛采用。

姚喜双等（2011）在新"三分法"的基础上，从工作和学术两个角度详细探讨了 PSC 的发展史，这是将 PSC 发展史纳入学术研究视野的首次尝试，展现了高度的学术创见，又有着高屋建瓴的理论思考。然而，由于篇幅所限，某些论证不够翔实，支撑材料略显单薄。

聂丹（2012）则进一步将 PSC 的学术发展脉络细化为酝酿、初创、发展和深化四个时期，并讨论了八大领域普通话测试研究的情况和理论来源。聂文的分期方法，始讫时间更加清晰明确，避免了不同阶段的叠合，但也可能在一定程度上割裂了测试发展作为一个整体事件的连续性。

王晖等（2013）在综合前人研究的基础上，创建性地提出了"两阶段四时期"的划分方法，明确了各时期、各阶段的界标，清楚地交代了每个时期的时代背景和学术背景，系统地总结了各时期的主要特征与学术研究成果，深入地探讨了测试的发展历程和发展规律，这不仅体现了深厚的学术功底，也为后学把握学科发展趋势、促进学科发展提供了有益参考。王晖（2016）在此基础上进一步提出了"两阶段五时期"的历史分期新方法，进一步增强了其解释力和操作性。

韩玉华（2014）延续了姚喜双（2010）的分期方法，对 PSC 在酝酿研制、组织实施、发展创新三个阶段所取得的成绩进行了全面细致的回顾，爬梳更为细密，整体框架更加丰满，并在《普通话水平测试发展历程》（以下简称《历程》）一书中，首开将 PSC 事业发展作为研究对象进行专著论述的先河，为后来的研究提供了丰富的资料与参考。

学者们对 PSC 发展分期的讨论，为本书界定 PSC 学术研究的发展分期提供了宝贵的思路与借鉴经验。

（二）普通话水平测试学术发展的"三阶段四时期"

1986 年 1 月，国家教育委员会发布了《关于加强对中等师范学校学生进行普通话考核的意见》，对普通话的"考核"提出了正式要求。尽管测试工作的推进与测试学术的发展紧密相连，但二者在本质上有所区别。在 PSC 工作正式启动之前，学者们已围绕这项测试展开了一系列的学术讨论与研究，为后续测试工作的开展做好前期准备。因此，从时间线索上考量，PSC 学术发展历程相较于其工作实践的历史更为悠远。

1. 根据学术成果量看普通话水平测试学术分期

学术论文的数量变化是衡量某领域学术发展动态的重要指标，对其分布曲线的研究有助于我们宏观把握该领域的发展态势，也是确定该领域研究分期的重要依据。鉴于中国知网（CNKI）作为权威性较高的论文收录平台，其选文的科学性和包容性受到学术界的广泛认可，本书将 CNKI 作为样本数据库。为确保数据的准确性和实时性，本书分别在 2018 年 12 月 25 日、2020 年 9 月 1 日和 2024 年 1 月 1 日，以 2023 年 12 月 31 日以前（含 2023 年 12 月 31 日）为检索时段，以期刊文章、会议论文、学位论文为检索范围，以"普通话测试""普通话测评""普通话水平测试""PSC"为检索词，在"主题"字段进行模糊检索。经过细致筛选，我们剔除了重复发表、内容不完整、篇幅过短（本书设定为不足一页）及与 PSC 关系不大的文章，最终获得了 2084 条有效文献记录。此外，我们还补充了未收入 CNKI 的 PSC 领域博士学位论文 13 篇，使得最终的有效论文记录达到 2097 条。基于这些论文数据，本书按照发表年代进行了统计，发现 PSC 领域最早的一篇论文是陈章太于 1983 年发表在《中国语文》的《略论汉语口语的规范》。历年的论文发表数量及增长曲线清晰地展现了 PSC 领域学术研究的发展趋势，如图 1-1 所示。

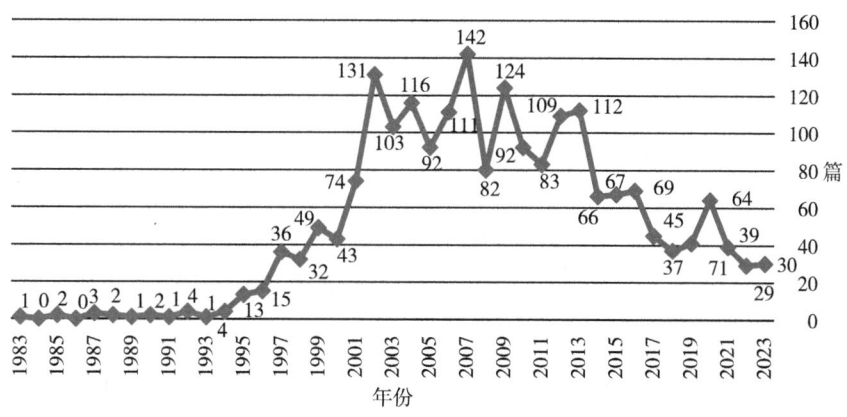

图 1-1　1983—2023 年普通话水平测试领域论文发表量变化曲线图

从图 1-1 可见，我国普通话水平测试研究的成果数量呈现出波动上升的趋势，这充分表明该领域的学术关注度随着时间的推移日益增强。按照普赖斯逻辑增长规律，我国 PSC 领域的学术研究可以分为三个发展时期：1983—1994 年，论文发表量呈现直线式增长，标志着学术研究的初步探索；1995—2001 年，论文发表量迅猛增长，呈现出指数型增长态势，学术研究活跃度显著提升；自 2002—2009 年，论文发表量持续波动上升，尽管 2009 年后略有下降，但整体上保持了较好的研究热度。这三个时期学术成果数量的变化，真实反映了 PSC 活动在不同历史阶段的开展情况。

在 1983—1994 年的第一个时期，该领域共发表论文 21 篇，年发文量均为个位数，相关研究成果数量较少，测试研究未形成规模。该时期，尽管有学者开始思考普通话水平的分级问题，并呼吁、研制 PSC，但由于测试尚未正式实施，因此并未引起学界的广泛关注，学术研究尚处于萌芽起步阶段。

进入 1995—2001 年的第二个时期，该领域论文发表量剧增，共发表 262 篇，年均发文数量大幅提升，学术研究进入快速发展阶段。这一变化与测试活动的开展密切相关，特别是 1995 年普通话等级证书上岗制度的逐步推行，激发了学界的研究热情。测试实践中出现的问题促使学者们深入思考，并积极寻求解决方案，从而推动了学术研究的发展。

自 2002 年至今的第三个时期，该领域共发表论文 1814 篇，其中 2002 年和 2007 年分别达到了年度发文量的次高峰和最高峰。这一时期的学术研究活跃度达到了新的高度，这在一定程度上得益于政令法规的颁布与实施。2001 年 1 月 1 日《中华人民共和国国家通用语言文字法》（以下简称《国家通用语言文字法》）的正式实施为测试研究提供了法律保障，而 2007 年计算机辅助 PSC 的实施则进一步推动了学术研究的发展。

2009 年开始，该领域年度发文量出现下降趋势，这或许是因为该领域的学术研究在经历了一段时间的快速发展之后，学者们开始进行更加深入和理性的思考，调整研究思路，探寻新的研究方法和方向。此外，值得注意的是，除了学术论文的发文量外，PSC 领域的论文集和理论专著的出版也是衡量学术发展的重要指标。笔者对国家图书馆馆藏书目进行了检索，发现最早的 PSC 论文集是 1988 年由香港普通话研习社和香港中国语文学会编辑出版的《普通话测试论文集》。历年 PSC 领域论文集和专著出版数量及增长曲线如图 1-2 所示。

如图 1-2 所示，在 2002 年之前，PSC 领域的学术出版物数量很少，但自该年起，这一情况得到了改善，并在 2003 年和 2010 年分别迎来了学术出版物数量的次高峰和最高峰。这在一定程度上验证了笔者前文中所说

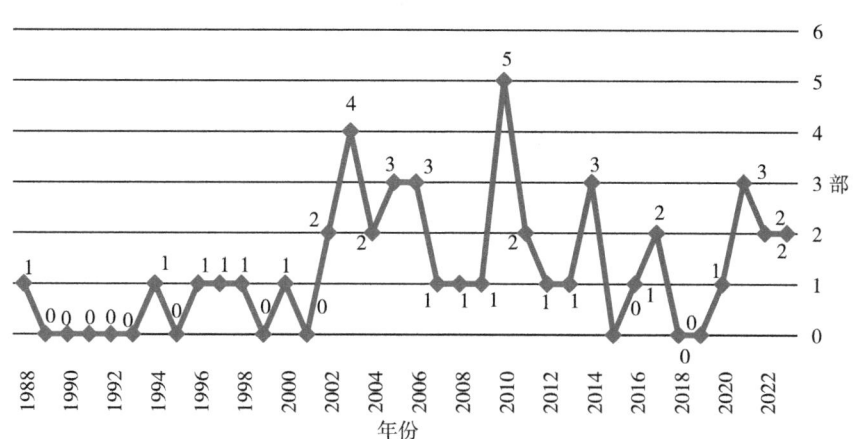

图 1-2　1988—2023 年普通话水平测试领域论文集、专著出版量变化曲线图

的学者们在此时期开始系统深化研究的设想。

2. 根据学术研究实际调整测试研究分期

尽管能够收集到的最早的期刊论文发表于 1983 年，但学界对 PSC 研究元年的界定基本达成了共识，普遍认同 1982 年北京市语言学会的学者们对 PSC 分级和标准的探讨，标志着该领域研究的正式起步。在此之前，虽有学者触及相关问题，但并未形成专门的研究知识领域。直至 1982 年，随着"普通话水平测试"这一学术命题的提出，PSC 研究正式崭露头角，引领了后续的知识产出和学术发展。

关于 PSC 的分期，学界虽然存在不同的时间界定，但界标指向基本一致。这些界标主要包括重要课题组的成立、政策文件的发布以及重大技术的变革等。例如，1988 年年底国家语委"普通话水平测试等级标准"课题组的成立，1994 年国家语言文字工作委员会、国家教育委员会、广播电影电视部（以下简称"三部委"）《关于开展普通话水平测试工作的决定》（以下简称《决定》）的发布，2000 年年底《国家通用语言文字法》的颁布，以及 2001 年《大纲》的修改与《纲要》的研制，再到 2007 年计算机辅助普通话水平测试（以下简称"机辅测试"）的正式试点，均为 PSC 学术发展史上的重要节点。

综合考虑这些重大事件对学术发展的影响，以及期刊论文的增长趋势，本书将 PSC 的学术发展划分为三个主要阶段和四个具体时期。其中，1982—1994 年为萌芽起步阶段，以 1988 年为界，分为标准讨论时期和标准建立时期；1995—2001年为发展探索阶段；2002年至今则为系统深化阶段。

需要指出的是，由于不同时期的语言政策具有一致性，且PSC学术研究具有延续性。新的学术研究时期的到来，并不意味着旧的研究完全停止，而是新的研究视角和方法在逐渐崭露头角。因此，本书提供的学术发展分期框架并非唯一或排他的标准，而是作为后续学术发展讨论的背景支撑。

第二节　文献综述

一　国外研究现状

通过对国外语言测试文献的梳理，本书发现目前国外尚未见到对PSC学术发展史的研究文献，对PSC的研究成果也未见到，甚至鲜见对母语测试的研究。但是国外对外语/二语测试发展历程的研究，可为本书提供思路借鉴和理论支持；对国外语言能力量表的分析，可以为PSC等级标准的改进提供一些启示。因此，本书将国外研究现状综述的重点放在这两方面。

（一）国外外语/二语发展历程研究

尽管国外的二语/外语测试在过去的几十年已经发展得比较成熟，对于该领域的专业化探究也成为学界的焦点，但对于语言测试发展历程的研究却并不多，只有Sposky、Barnwell、Alderson等几位比较有影响力的学者涉及过。

Sposky（1977）将国外语言测试的发展划分为三个阶段：传统阶段、科学阶段和心理语言学—社会语言学阶段。其中，第一阶段主要采取作文、口试等开放式题型，考试评分主要依靠主观判断；第二阶段主要采用离散测试，注重测试和评分的客观性；第三阶段采取综合式测试和交际性测试，关注测试的综合性、社会性和语言运用。该研究对测试不同发展阶段关注点的总结，对于本书中对PSC研究的历史定位具有一定的借鉴意义。

Alderson等（2001）基于1988年以来的866篇论文，讨论了从听力测试到道德、标准的一系列问题。该文分为两大部分，第一部分首先从反拨效应研究入手，回溯了道德、政治和标准问题；然后概览了对国家层面测试趋势及针对特定目的测试的讨论；继而回顾了基于计算机的测试、自我评估和替代评估；最后，文章引入了一个比较新的领域，即对年轻学习者的评估。第二部分首先概述了构念效度这一测试效度理论中的新问题，然后扼要追述了测试验证和测试开发问题，最后对一些剩余问题和被称为"潘多拉盒子"（McNamara，1995）的谜题进行了探讨。该文对问题研究的深度，尤其是对年轻学习者评估的回顾，对本书具有一定的指导借鉴意义。

Sposky（1995）所著《客观语言测试》是一部语言测试的局部历史。从时间定位来说，该书对语言测试的回顾限定在20世纪，具体来说，划分为1913—1935年、30年代、第二次世界大战期间和1954—1965年四个时期；从研究对象来说，该书将研究客体限定为客观语言测试，具体来说，从新型测试、心理测量学、测试技术、专业化测试方面探讨测试的发展成熟过程。该书跳脱出了测试理论、方法和技术的限制，将语言测试置于社会、历史、政治的大背景之下进行分析，并以托福（TOEFL）考试的酝酿、诞生和发展为例，具体分析了上述因素在语言测试理论发展过程中所起的作用。该书将语言测试融入社会进行研究的观点，对拓宽本书思路、探求PSC学术发展规律具有重要的启发意义。

Barnwell（1996）所著《美国的外语测试史》回顾了现代外语测试在美国的发展历史。该书将美国外语测试作为一个连续体，从1875年哈佛大学的现代外语入学考试开始，对近一个世纪前的最早测试形式到最新的理论和实践都给予充分的描写，将当今的测试还原到当时的历史环境中进行观察，并记录了曾在该领域具有里程碑意义的人物及其成果，最后得出20世纪90年代的语言测试是一项国际活动，目前很多研究都不应局限于美国特定的语言测试历史的结论。该书"目前语言测试中的许多争论先前已经发生，而当下的研究没有吸取过去经验教训"的观点，对本书的写作具有一定的警示意义。

（二）国外主要非母语语言能力量表

好的语言能力量表能够客观描述不同水平应试者的语言能力，是开发标准参照测试的前提。语言测试领域中的几个代表性语言测试量表是FSI量表、ACTFL量表、ISLPR量表和CEFR量表。

1955年美国外交学院的FSI量表当属世界上第一个语言能力量表。

该量表的设计初衷是为考官给外派军事人员的口语能力打分提供参考标准，因此最初的量表是一个含有 0—5 分 6 个基本等级，两个基本等级之间有一个加等级（Higgs，1984）的口语量表。后来该量表被其他部门接受，并不断丰富和完善，形成一个包含听、说、读、写四种技能的语言能力量表，也就是今天为人们熟知的 ILR（跨部门语言圆桌）量表。然而，由于缺乏对语言能力的总体描述，对中低水平的区分跨度也较大（Benderson，1983），该量表受到了业内学者的批评。

1983 年，美国外语教学委员会出版的 ACTFL 量表是面向外语教学的一个量表，也是对 ILR 量表的改进。针对 ILR 量表的不足，该量表对中低水平进行了细分，形成从初级到杰出的十级量表。该量表最初只是一个口语量表，后来发展成一套比较全面的语言能力量表，包括听力、口语、阅读、写作和文化五个方面。它采用"能做"（can do）方式描述人们的语言能力。学者们对该量表给予了充分的肯定，认为其是描述性的而非预测性的，是基于经验的而非基于理论的（Liskin-Gasparro，1984），甚至有学者认为其中的口语能力面试可以作为国家语言能力测试来进行（Magnan，1988）。

1979 年，澳大利亚的 Ingram 等开发的 ISLPR（国际第二语言能力）量表，最初只在澳大利亚使用，后来适用范围扩展到了全球。该量表是一个拥有通用型和专用型两个版本，包括 0—5 级 6 个基本等级和 6 个加减级，共 12 个等级的第二语言能力量表（Ingram & Wylie，1989）。与上述两个量表不同，该量表从开始就包括听、说、读、写四项技能，对于不同等级的能力描述均从真实的语言使用出发。该量表要求与其对应的考试采用面试方式进行，因此，不适用于大规模的考试。

2002 年的 CEFR（欧洲语言共同参考框架）量表是适用于整个欧洲地区的，包含三等六级，既有总体标准，又有分级描述的多层级、立体语言能力量表。该量表与其他几个量表最大的区别在于，在主观经验的基础上，又结合了定量和定性的分析方法，确定能力级别，验证描述语的准确性。

上述语言能力量表虽然比较完善，但是都是针对外语/二语测试而言的，目前尚未见到比较完善的母语语言测试量表，因此，在量表借鉴方面，我们不能简单地采取"拿来主义"，而是要学习其优点，但又要充分考虑母语能力和外语能力的区别，争取建立我们自己的母语语言能力量表，为改进 PSC 这一典型的标准参照测试提供依据。

（三）国外母语标准语测试

受外语能力的局限，本书仅在使用英语、阿拉伯语、韩语、泰语、哈萨克斯坦语、乌克兰语的国家进行了母语标准语测试资料的查找。根据收集到的资料，目前拥有全国范围内母语标准语测试的国家还比较少，根据测试对象的不同可将此类测试分为两种：

第一，同时针对母语者和二语/外语学习者开展的测试。例如哈萨克斯坦的 KAZTEST，该测试于 2006 年由隶属于哈萨克斯坦共和国教育部和科技部的"国家测试中心"着手开发，于 2008 年正式施测。测试分为两个阶段，第一个阶段确定学生的哈萨克语水平，第二个阶段在前一阶段的基础上针对某一特定水平提供进一步的测试任务。整个过程包括四项测试任务：听力、词汇和语法、阅读、写作。根据测试成绩，将应试人的哈萨克语水平确定为从 A1 到 C2 的六个等级，其中 C2 级相当于母语者水平[1]。但因为该测试并不作为任何职业的准入资格，也不作为升学要求，因此，尽管该测试已有 10 年测龄，却并不为哈萨克人熟知。

第二，专门针对母语者开发的测试。这方面值得一提的是韩国。韩国拥有两个针对韩语母语者的语言测试，且均被认定为国家公认资格测试。其一是由韩国语言文化研究院于 2001 年推出的国语能力认证考试，其二是由韩国广播公司（KBS）韩语振兴院于 2004 年推出的韩语能力测试，两者均为纸笔测试。前者采取纯客观试题，包括词汇、语法、语文规定、听力、阅读和写作六个部分，采用绝对评分方式，根据得分将应试者的韩语水平划分为 5 个级别；后者包括语法、理解、表达、创造力和文化知识四个部分，考试结果经过 KBS 等级系统的换算，转化为从 1 级到 4 级的等级分数[2]。由于 KBS 在韩国的知名度更高，加之其开发的韩语能力测试是进入该广播公司的准入门槛之一，因此，该测试的社会关注度和接受度更高。

---

[1] KAZTEST 考试介绍：哈萨克斯坦"国家测试中心"网站 http://kazakhtest.kz/about-center/Structure-of-the-KAZTEST-system。

[2] KBS 韩语振兴院韩语能力测试：국가공인자격KBS한국어능력시험 http://www.klt.or.kr/result/result.php。

二　国内研究现状

PSC 作为一个研究门类，其研究成果已较为丰富，对该领域研究成果的梳理和总结的重要性已被部分研究者意识到。总的来说，关于 PSC 发展的研究可以分为两个阶段，以 2010 年为时间节点，2010 年之前学者们（戴梅芳，1997；王晖，2003；郑献芹，2006；贺静坤，2008）多是撰写学术论文探讨总结测试科研成果，尚属"论"的范畴，还没有达到"著"的程度；2010 年前后出现的两篇文章（姚喜双，2010；韩其洲，2010），在总结测试成绩的同时，出现了对测试分期的早期尝试，可以看作是前后两个阶段的过渡；2011 年之后，虽然也有单篇性的论文探讨 PSC 的发展进程（褚程程，2016；朱丽红，2018），但似已不足以充分、透彻地讨论 PSC 的发展进程，探讨该问题的专题性著作（聂丹，2012；韩玉华，2014）开始出现，也有学者（姚喜双等，2011；王晖，2013）在书中辟出章节系统讨论测试分期，总结测试经验，阐述发展历程。

对于 PSC 学术发展的探讨，其成果从形式上看，主要有三类：期刊论文、论文集和专著。论文和专著是以 PSC 发展为研究对象，是学者个人的学术思想结晶，论文集则属于同一时期具有代表性的学术成果的汇集。

PSC 学术发展研究论著从适用地域上看，可分两类：贯通性和区域性研究成果。各省 PSC 研究论文（集），主要针对本省的测试实践进行讨论，属于比较典型的区域性学术研究；另有一些论文、专著将研究的焦点放在 PSC 的全国性问题上，可视为贯通性研究。

从编写体例上看，PSC 学术发展研究著作主要分为章节体和编年体两类。就本书目前掌握的资料来看，除国家语委普通话与文字应用培训测试中心（2016）所编《普通话水平测试二十年》一书属于编年体之外，其他学术著作均属章节体。

（一）国家和地方普通话测试机构出版的学术论文集

学术论文集作为一个时期学术成果的集成性体现，基本可以代表某一时期的研究概貌和学术水平，具有一定的史料价值。通过对不同地域、各个时期 PSC 学术论文集的横向比较和纵向变迁的分析，可以得出学界普遍关心的问题，也可以分析出各个时期焦点问题的变化。

1. 国家普通话测试机构出版的论文集

PSC 工作正式开展之后，国家普通话测试机构意识到学术研究对于测试工作的支撑作用，积极组织测试研究者进行测试科研工作，并召开研讨会。同时，注意科研结果的保存整理，将优秀成果以论文集的形式结集出版。这些论文集收录的论文，能够反映该时期全国 PSC 的研究概貌。国家普通话测试机构出版的学术论文集主要有 5 本，《普通话水平测试的理论与实践》和四届全国 PSC 学术研讨会后结集出版的论文集。这些论文集分别出版于 1998 年、2003 年、2006 年、2009 年和 2010 年。

通过对上述学术论文集的研究，可以发现，所有国家普通话测试机构出版的论文集均出现于发展探索和系统深化两个阶段。发展探索阶段，学界所关注的问题主要集中于标准设定与《大纲》研制、试卷编制与题库建设、测试评分与测试管理几个方面；系统深化阶段，学者们在继续研究上述问题的同时，学术关注点开始转向测试信息化和现代化方面，且对问题的认识更加深化。

2. 地方普通话测试机构出版的论文集

在 PSC 正式施测之前，个别省市就开始了 PSC 的研制工作，他们将工作中的宝贵经验和学术思考凝结成文，汇集成册，积累了 PSC 早期研究史料。在国家 PSC 工作正式开展之后，更多省市参与到测试科研工作中来，并且将学术成果以论文集的形式保存下来，具有一定的研究价值。比较有代表性的论文集主要有：中国香港的《普通话测试论文集》《香港普通话测试研究与发展》；云南省的《普通话水平测试工作文集》《普通话水平测试研究》；上海市的《普通话水平测试手册》《普通话水平测试研究》《普通话水平测试理论与实践》；广西壮族自治区的《普通话水平测试研究》（第一、二、三集）；广东省的《广东省普通话水平测试优秀论文集》；山东省的《普通话水平测试理论与实践》；湖南省的《湖南普通话水平测试实践与理论》；贵州省的《贵州省普通话水平测试研究论文集》（第一、二辑）。这些论文集是对不同时期不同地域 PSC 学术研究的回顾和总结，通过对同一时期不同地域普通话测试研究论文集的横向比较，我们可以看出该时期全国普通话测试研究者的共同关注点及不同地域的研究特色；通过对同一地域不同时期普通话测试研究论文集的纵向梳理，我们可以看出该地域 PSC 研究的发展演进。

（二）关于普通话测试学术发展的论著

前述 PSC 学术论文集虽然起到了记录 PSC 学术演进的作用，但从编排框架来看，除国家普通话测试机构和湖南省语委办出版的论文集对论文内容进行了简单分类外，各地编写的学术论文集仅是对论文的简单归总。由于这些论文集既缺乏对学术成果的细致梳理，也没有研究评价，因此不能将其视为对学术成果的有意识的归纳。学者有意识地梳理总结 PSC 的学术成果，始于 20 世纪 90 年代末。但直到现在，这方面的成果仍然比较单薄。

戴梅芳于 1997 年所写的《普通话水平测试研究》是目前发现总结 PSC 研究成果最早的科研论文。从时间跨度来看，该文是对 1992—1997 年 PSC 研究成果的系统总结；从地域来看，该文将研究范围限定在云南一省之内，未对全国性的研究成果做全面概述；从内容来看，该文是对 PSC 研究历史沿革的梳理，但缺少论文索引，也没有对相关研究结果进行评述。

王晖（2003）突破了地域界限，从研究成果、学术阵地和研究者队伍、研究领域、具体研究课题四个方面对 1994—2001 年 8 年间全国 PSC 的研究情况进行了比较全面的回顾，并在每部分附有相关论文索引，为后人的研究工作提供了详细的文献支持。另外，王文对全国范围数据化资源库建设的建议，在今天看来仍然具有前瞻性和重要意义。

郑献芹（2006）对 2002—2004 年 PSC 的研究概况、研究领域进行了描述，并就未来的研究方向给出了建议。与其他几篇总结性论文相比，郑文的研究时间跨度较短，仅涵盖 3 年的学术成果；研究领域划分较细，分为七个板块；对加强社会效能研究的建议较有新意。

贺静坤（2008）是单篇论文中对 PSC 研究成果进行梳理总结的时间跨度最长、分类标准最细的一篇。该文跨越了 1994—2008 年共 15 年的时长，涵盖九大领域的研究成果。同时，该文针对目前研究比较薄弱的方面，提出了今后的研究重点。

姚喜双（2010）对 2010 年之前测试科研进行了较为科学的总结，既探索了测试学术的发展，又进行了工作成果的总结，还讨论了法律法规的保障。

姚喜双等（2011）专设两章讨论 PSC 的发展历程。第二章主要从工作角度对 PSC 作为一项事业的历史沿革进行了探讨，第五章主要从学术研究的角度对 PSC 作为一门学科的发展进行了回顾、总结和展望。姚著是将 PSC 的发展纳入学术研究视野所做的首次尝试,具有很强的学术创见性,同时又有着高屋建瓴的理论思考。

聂丹(2012)的著作出版标志着 PSC 学术研究专著的问世。在此之前,虽然也有著作包含对 PSC 学术发展研究的章节,但并不是 PSC 学术研究专著。该书对 PSC 学术研究的梳理更为细致,探索更加深入,弥补了姚喜双等(2011)因篇幅所限"未能对 PSC 学术研究和学科建设进行更多、更深入的探讨"(聂丹,2012)的遗憾,是 PSC 学术发展研究的重要资料。

韩玉华(2014)首开将 PSC 事业发展演进作为研究对象进行专著论述之先河。该书以 PSC 事业的发展研究为主线,将语言规划、普通话推广、PSC 的酝酿研制、组织实施、发展创新、海外 PSC 和测试发展趋势等要素串联起来,备述测试工作发展过程中的重要活动和重大事件,是研究 PSC 工作发展的重要资料。

褚程程(2016)借助聂丹(2012)的框架,对 2012—2015 年的研究状况进行了梳理,认为在学科的理论方法、词汇语法及测试比较、后效方面还应加强研究。

朱丽红(2018)概述了 2012—2017 年的 PSC 研究情况,认为这段时间的学术活力较强,研究内容丰富但不均衡,研究热点突出但方法不丰富,研究队伍多样化但视野不够开阔,认为后续研究将增加对宏观课题的关注。

国家语委普通话与文字应用培训测试中心(2016)以大事记的方式记录了 PSC 从 1994 年正式施测到 2014 年成书期间的重大事件,收集整理了与 PSC 相关的法律、法规、规章、文件,摘编了历届国家语委主任关于 PSC 工作的重要讲话。该书作为测试发展二十年来的客观记录,时间顺序明确,条理清晰,具有一定的史实价值。

(三)国内主要的语言能力量表

语言能力量表,有助于将同一语种、不同品种的语言测试统一到同一标准链条下,使测试成绩更容易被理解和使用,使测试的评价作用更能得以有效发挥。目前,国内的语言能力量表研究主要是在外语教学与测试以及对外汉语教学与测试领域开展的。

2006 年,"汉语作为第二语言的能力标准"获教育部人文社科重点研究基地重大项目立项（项目号：06JJD740005），标志着对外汉语教学领域开始有意识地进行语言能力标准的研究和理论思考。语言能力标准，或曰语言能力量表，最重要的一项研究内容是对描述语的研制，这也是汉语语言能力量表构造的一个重要着力点。方绪军等（2011）在描述语制定的原则和方法方面、王佶旻（2013）在描述语任务难度和量表制定等方面都取得了相应的成果，研究中学生自评、教师他评、多级计分 Rasch 模型等研究方法，都可为未来 PSC 量表的研制提供借鉴参考。

21 世纪初，英语能力等级量表的构建开始得到我国外语教学界的关注，但在 2008 年之前，学者们主要进行介绍国外语言能力量表的先导性研究。2008 年开始，该研究进入具体的量表编制阶段，在之后的 10 年中，经过学者们的不断探索，该领域取得了一系列的研究成果。方绪军等（2008）首先提出了量表研制的原则、方法；杨惠中等（2011）根据这些原则和方法，构建了英语口语能力描述语库，并将该项研究推进到量表化的实证研究阶段；曾用强（2017）报告了英语"阅读量表"制定的具体流程及效度验证的方法；刘建达、韩宝成（2018）论述了"量表"建设的理论基础。这些研究为 2018 年 2 月推出的《中国英语能力等级量表》（以下简称《量表》）奠定了坚实的基础。《量表》自 2018 年 6 月 1 日起作为部颁规范正式实施，共含 86 个表格，分 9 个级别，评估对象涵盖了我国全学段英语学习者。为了让使用者能够更好地解读与运用量表，孔菊芳、吴雪峰（2019）以"书面表达量表"为例，分析了《量表》的内部结构。英语能力量表制定的理论和原则，收集、分类、分级、验证、修订和发布描述语的步骤与方法，"形成性+终结性"评价的测评思路，对普通话能力量表的制定具有重要的借鉴价值。

第三节　研究思路

一　研究内容

本书以 PSC 的学术发展作为研究对象，力求客观梳理该测试从早期表现形式到最新理论实践的发展脉络，找到发展的重要节点；记录在该领域辛勤耕耘的具有里程碑意义的人物的工作；探讨和发现测试学术发展的规律，不仅寻求一般的学术发展规律，更要找到 PSC 学术发展所特有的规律；在此基础上，进一步洞察学术发展的走向和趋势；探讨领军人物、代表性事件对学科建设、前沿理论所起的推动作用。

何九盈（2002）指出，学术史研究应有意识地总结前人的学术实践及其认识路线，以及思维方式和研究方法。因此，本书以 PSC 学术发展过程中的重大事件为主线，以专家口述为支撑材料，对 PSC 学术发展史进行研究。本书希望通过专家口述，获知他们学术思想形成和确立的原因及方式，了解 PSC 学术发展不同时期的学术带头人在推动 PSC 学术发展中发挥的作用，获取他们对于自己和他人的判断评价。

二　研究方法

本书在马克思主义方法论的指导下，采用辩证唯物主义的学术思想和观点，从学术发展史的角度，以文献研究、专家访谈、比较研究及定性和定量的研究方法，对以往学者较少涉及的领域进行探讨，希望能够提供有价值的学者口述资料，厘清 PSC 学术发展的脉络。

（一）马克思主义方法论指导下的学术研究方法

本书采用马克思主义的历史观、学术观、语言观指导 PSC 学术发展的研究工作，并使用联系的、发展的观点探索学术发展史的本质和规律，努力在写作过程中进一步树立政治意识、大局意识、核心意识、看齐意识，坚持中国特色社会主义道路自信、理论自信、制度自信、文化自信，以使本书结论更具持久性和长远性。

（二）文献考据法

PSC 学术发展史的一个重要研究对象就是前人的学术成果及学者们对这些成果的述评，因此，本书将把文献考据法作为基本方法。通过对国内外相关文献的全面占有、梳理、分析，使 PSC 的学术发展脉络能够清晰地呈现出来，总结以往研究的方法和结论，为本书提供参考。

（三）专家访谈法

《汉书·艺文志》说"左史记言，右史记事"，但无论是记言的《尚书》还是记事的《春秋》，都忽视了"人"这一历史发展的主体。本书进行 PSC 学术发展史研究时，力求在该领域内弥补这一缺憾，充分利用 PSC 研发的亲历者、参与者大多健在的优势，对这些专家进行访谈，运用第一手资料记录当时的研发面貌，还原当时的历史景况，了解 PSC 发展过程中重大事件的内在背景和深层动因。从方法论的角度来看，专家口述是一项实证研究。为确保访谈材料的真实性，笔者将访谈资料以录音和根据录音转录的文本两种形式保存下来。

访谈之前，在充分了解被访专家学术经历的基础上，设计涵盖共性和凸显个性两方面的访谈问题。通过这种方式得到的资料，可能因访谈者的学术储备及受访者的记忆误差等因素不太稳定，但是其价值是传统的文字史料所无法替代的。另外，各位受访专家在PSC领域都有大量论著，后人从中可以领略到各位专家的学术风范，但很难感受到他们的个性特点。有鉴于此，本书尽可能保留了访谈中各位专家的原始叙述语言，确需改动之处，也征得了各位专家的同意，这些材料为今后的研究者了解专家的个性特点留有了一定的空间。

（四）比较研究法

本书通过对PSC学术发展历时形态的对比分析，探究不同阶段测试学术研究的侧重点，发现学术发展的内在联系，掌握学术发展规律，在此基础上，形成新的学术增长点，丰富PSC的学术理论。

（五）定性与定量相结合的研究方法

定性研究和定量研究是进行人文社科研究的两种基本方法。定性研究有助于从总体上把握事情的本质，但很难避免粗放、不精确的弊病；定量研究精细准确，但容易流于简单化、表面化。定性和定量相结合的方法可以充分发挥二者的优势，有效地弥补二者的不足。

三 研究框架

本书按照线性顺序，建立PSC学术发展的时间脉络，将其发展过程中的事件编缀起来，依附于时间轨道之上；通过文献研究，梳理PSC学术发展的脉络，记录重要学术事件发生的时间、过程和影响，重要典籍的作者、版本、内容简介、形成过程及学术价值。具体来说，本书主要由以下六个板块构成：

第一章，绪言。阐述研究背景，界定本书所涉基本概念的内涵和外延，确定PSC学术发展史的历史分期，树立PSC学术发展的纵向坐标，介绍国内外研究现状、研究的主要内容，以及本书的框架、方法和意义。

第二章，普通话水平测试研究萌芽起步阶段（1982—1994年）。简单介绍了PSC研究的学术背景和时代背景，描述了标准讨论期和标准建立期两个阶段PSC研究的概貌及出现的重要学术事件，总结了该阶段的学术研究特点，对《略论汉语口语的规范》《标准（试行）》《大纲》及"三级六等"思想等重要学术作品和学术观点进行了评点，对陈章太、刘照雄、于根元等老一辈测试人的访谈重点进行了整理。

第三章，普通话水平测试研究发展探索阶段（1995—2001年）。概述了该阶段的研究面貌，总结了该阶段的学术研究特点，重点分析了该时期出现的几部学术论文集、《普通话水平测试员实用手册》（以下简称《实用手册》）及部分与测试研究相关的硕士论文，对推动测试学术发展起到重要作用的前辈学者仲哲明的访谈重点进行了整理。

第四章，普通话水平测试研究系统深化阶段（2002年至今）。概述了该阶段的研究面貌，总结了该阶段的学术研究特点，重点分析了《大纲》《纲要》《概论》《普通话水平测试阐要》（以下简称《阐要》）等一系列具有典型意义的学术作品，对两代学术带头人——姚喜双和王晖的访谈重点进行了整理。

第五章，普通话水平测试学术发展展望。在前四章的基础上，对PSC学术的未来发展进行了预测，对未来应着力研究的内容给出了建议。

第六章，结语。总括本书的主要结论、主要研究价值和不足之处。

第四节 研究意义

一 理论意义

"历史知识让无序变得有序，赋予那些看起来混乱不堪的东西以意义，并且把过去的观点形成理论，以解释现在。"① 因此，PSC学术发展的纵向梳理是必不可少的。本书在国内外现有资料的基础上，通过对文献的综述和分析，尝试提出一个更为符合PSC学术发展本质的理论主张。本书的理论意义主要是：

第一，拓展学科研究角度。本书首次以史学研究的角度专门探索PSC的学术发展史。"不读史，无以为鉴。"只有立足历史，才能够更好地把握现在，因此，对于"史"的研究有助于人们更好地认识测试工作。而对"发展史"的研究，更是有助于人们厘清PSC发展脉络，认清其发展

---

① ［美］杜·舒尔兹、西德尼·埃伦·舒尔兹：《现代心理学史》（第八版），叶浩生译，凤凰出版传媒集团、江苏教育出版社2005年版，第3页。

的内在规律，把握其发展动态，助推其学科走向成熟。

第二，完善学科研究格局。本书打破了 PSC 发展史以学术著作为研究对象的局限性，将研究视角扩大到对该学术领域具有巨大推动作用的学者，这不仅丰富了 PSC 学术发展研究的对象范围，也进一步完善了测试发展研究的格局。

第三，积累学科研究材料。进行 PSC 学术发展研究的基础是对该领域文献资料的全面占有，本书力争对此类研究资料做出穷尽性的分析整理，为 PSC 的学术研究积累详尽的背景信息，这也是深入研究 PSC 的重要依据。

第四，廓清思想认识，肯定学术价值。作为推普的重要举措，PSC 主要由政府推行。因此，很多人将其误解为一种单一的政府行为，而忽视了其学术地位和价值。研究 PSC 学术发展史，有助于帮助人们从测试之源认识其学术性的一面。

二　实践意义

第一，促进 PSC 学科体系和理论体系建设。科研是 PSC 能够健康、长远发展的保障，因此，加强学科体系构建、提高学术理论研究层次是当前 PSC 研究的重中之重。PSC 学术发展探求，是促进学科体系和提升理论层次的基础性研究。

第二，补充 PSC 研究资料。PSC 虽然是一门年轻的学科，但由于学术机构的搬迁，一些具有史料价值的研究资料有所失佚。本书通过专家口述的方式，对这些资料内容进行回忆、整理，作为对文字材料的旁证、补充和印证，这在一定程度上具有学术资料的抢救和发掘的价值。

第三，指导测试科研工作。PSC 作为一项具有中国特色的测试，有着自己的学术传统，本书在对测试学术发展史梳理、认识的基础上，继承前人的学术传统、展望 PSC 未来的发展方向，这对测试研究新人迅速把握测试学术动态、确定科学研究定位具有实际意义。

第二章

普通话水平测试研究萌芽起步阶段
(1982—1994年)

Sposky（1995）指出语言测试既受到语言学、心理测量学理论的影响，也受到现实经济、社会甚至政治要求的指导和约束。这一观点也为PSC的出现和发展所证实。本章将联系时代的大环境和学术创作的微观环境对PSC的研制背景进行解读。另外，由于PSC既是一种政府主导行为，又有着学术的科学性和专业性，更具母语测试的创新性，因此在测试的各个阶段，都有兼具官员和权威学者双重身份的研究者出现，而他们所彰显的作用也非常突出。在此，我们并不是鼓吹学术权威思想，但我们对权威学者对测试领域相关问题的前瞻性和学术敏锐度，以及他们在促动测试进入良性发展轨道所起到的关键性作用应予以肯定。

语言是社会生活的反映，语言又不总是跟社会的发展相适应。当语言的发展滞后于社会的发展时，就会产生语言的相对落后与社会生活特别是社会的经济生活要向前发展之间的矛盾。为了解决这一矛盾，语言就必须突破限制的藩篱，尽快适应社会发展的节奏。在中国几千年的历史发展进程中，一直是农耕经济占主导地位，人们之间的交流往来基本限于本乡本土，因此，只会说当地的方言与当时的经济体制是相互适应的。但是当社会发展到工业化阶段，全国大市场的形成带来了商业交际的复杂化，交通的发展带来了南北城乡人口流动的频繁化，人们对掌握标准语的渴望就会越来越强烈，对于科学评判自己掌握标准语程度的工具的需求越来越高，这种需求催生了普通话分级、标准拟定和PSC研制。

1982—1994年是PSC研究的萌芽起步阶段，在这个阶段，学者们进行了大量的调研、讨论、资料收集等工作，并且进行了比较成熟的试验，为PSC的推出做好了充分的准备。该阶段，陈章太的学术观点具有较为深远的影响。

第一节 研制背景

PSC 不是凭空创造的语言测试，而是根据特定社会和历史条件下的经济、政治、文化、社会的需求而开发的。从中华人民共和国成立到 20 世纪 80 年代前的这段时间，由于会说普通话，特别是会说标准普通话的人比较少，人们还没有感到研制 PSC 的必要。因此，PSC 在 20 世纪 80 年代之前尚未诞生。但是，普通话的推广一直受到我国政府的重视，与普通话标准确定有关的学术研究和学术活动已经开始出现，推普的各项举措和与标准确定相关的各项研究共同构成了 PSC 研制的时代背景和学术背景。

一 学术背景

PSC 的学术发展，绝不是无源之水、无本之木。进行 PSC，首先要从语言本体的角度明确作为国家通用语构成要素的语音、词汇、语法的具体标准，以及汉语规范化的必要性。

（一）与普通话语音标准相关的研究

语音面貌是 PSC 三个考查要素中最重要的一项。因此，对语音现象的探讨为 PSC 标准的界定奠定了基础。中华人民共和国成立之后，党和国家领导人对推普工作一直极为重视，成立文字改革委员会专事普通话推广和文字改革的相关工作，该阶段语音方面的学术成果主要集中于以下几个方面：

第一，对轻声问题的探讨。轻声是一个比较复杂的现象，不仅涉及语音问题，也与"词汇、语法密切联系着"①，因此，对这一问题的研究、整理很有意义。这方面的研究成果既有轻声词语的汇编（张洵如，1957；徐世荣，1963；孙修章，1985），也有声学性质的探讨（林茂灿、颜景助，1980），还有语音标注的实践。例如，1977 年版《现代汉语词典》对轻声字和可轻读字的语音标注，在调号和斜的双短横的运用上作出规定。但是，这些研究成果对轻声现象的标准、原则甚至标注方式尚不统一，给人们的学习带来了一定的困扰，因此，需要 PSC 研究小组在进行测试研

---

① 罗常培、王均编著：《普通语音学纲要》，商务印书馆 1981 年版，第 134 页。

制时，就该问题的标准给出一个明确的说明。

第二，对儿化问题的探讨。儿化是普通话学习的一大难点，赵元任（1980）提出的"并存音的同时性"原理，为儿化韵的音变提供了理论性解释。但是"并存音的同时性"原理相容迭缩的特点对于"儿化"中某些音的缺损现象缺乏解释力，因此，语音学界提出了"协同发音"原理，用来解释连续发音中发音器官为协同发音所做的准备。

第三，对普通话语音知识的普及性介绍。对于语音知识的了解，不仅能够帮助人们更好地学习和掌握普通话，而且是PSC评分标准制定的依据。比如，学者们很早就意识到语音的不同可以分为两种：能够区别词义的和不能区别词义的。能够区别词义的语音如果发错，就会引起误解；不能区别词义的语音如果发错，也会觉得刺耳。这种朴素的表达，已经蕴含了区别语音错误和语音缺陷的朦胧认识。该时期，这方面的研究成果主要有：《汉语知识讲话》小丛书中的《发音基础知识》《声母和韵母》《字调和语调》《方普辩证》和《普通话语音常识》[①]。前者按照不同专题，各自成书，讨论与普通话语音相关的知识；后者按照语音基础知识、声母、韵母、声调、字音构造、音变的顺序介绍了普通话的语音知识，帮助学习者掌握发音要领、养成正确的发音习惯。

第四，具有方言针对性的普通话语音教材。由于不同的方言跟普通话有不同的对应规律，当方言区的人们学习普通话时，难点各有不同，针对这一现象，学者们编写了具有方言针对性的普通话学习教材。1956年，王力为江浙、广东等地人们所写的系列普通话学习用书[②]中的语音部分，可视为这类教材的代表。贯穿于王书的主要方法是比较法，通过让学习者知道方言和普通话的异同点，达到矫正方音、有效提高口语水平、加强语言交际效用的目的，这显然受到苏联教学经验的影响。

(二) 与普通话词汇标准相关的研究

词汇是PSC三个考查要素之一。那么，什么是普通话词汇？或者说判定普通话词汇和非普通话词汇的标准是什么？要回答这个问题，我们首先必须清楚，讨论普通话词汇标准的目的，是确定词语是否符合普通话规

---

① 金有景：《普通话语音知识常识》，北京出版社1981年版。
② 王力：《江浙人怎样学习普通话》，文化教育出版社1955年版。王力：《广东人怎样学习普通话》，文化教育出版社1956年版。中国语文杂志社编：《汉族的共同语和标准音》，中华书局1956年版。

范,而非区别语言学意义上的词和词组。当然,对于词语的规范并不是靠死记硬背规则,而是要在日常的普通话使用中逐渐形成和完善。中华人民共和国成立后,词汇研究取得了丰硕成果,主要体现在以下几个方面:

第一,对普通话词汇知识的普及性介绍。周祖谟于1955—1957年在《语文学习》上连续发表了18篇关于普通话词汇知识的文章,从词和词汇,词义,同音词、同义词、反义词等基本概念入手,讲到现代汉语的词汇和词汇的变化,最后提出汉语词汇规范化问题,帮助人们理清了词汇学的发展轨迹,明确了词汇规范化的主要问题,给出了具体工作方案①。《汉语知识讲话》小丛书,则分专题介绍了与普通话词汇相关的知识。

第二,规范化词典的编纂。汉语作为世界上使用人口最多的语言,其使用人口分布地域广阔,由于历史发展的原因,不同地域的语言发展速度不均,时间的沉淀使不同方言中对同一事物的表达方式各不相同。规范词典的编纂,在语言规范和语言应用之间搭建了一座沟通的桥梁,为不同地域的人提供了对事物的统一称说方式,让不同方言区的人交流起来更加顺畅。作为规范词典的典范,《现代汉语词典》整理、汇集了约百万张卡片(收集了约70万张,原新华辞书社约30万张),最终从中选取了5万余词条②,这项工作本身就是对国务院"确定词汇规范"编写指示的践行。从1960年试印本的刊行到2016年第7版的出版,该词典对现代汉语常用词汇的规范给出了具体规定。1977年版的前言中,更是对该词典"为推广普通话、促进汉语规范化服务"③的编纂目的进行了明确。

第三,频率词典的编纂。频率词典,通过对词汇的计量研究,确定词语的常用度等级。《现代汉语频率词典》④是北京语言学院(现北京语言大学)语言教学研究所的70多位教师,自1979年6月至1985年7月,采用人工和计算机相结合的方法,根据从报纸和期刊、科普书籍、口头语言和文学作品中选出的200万字的汉语语料,研制出的字词统计兼顾的词典。该词典既有频率表又有使用度表,还有显示数据分布详情的统计分析

---

① 周祖谟:《汉语词汇讲话(一—十八)》,《语文学习》1955年第4—8、10期,1956年第1、2、4、5、8、9、11期,1957年第2、3、5、7、10期。

② 刘庆隆:《〈现代汉语词典〉编写工作二十年》,《辞书研究》1981年第3期。

③ 中国科学院语言研究所词典编辑室编:《现代汉语词典》(试用本),商务印书馆1973年版,第2页。

④ 北京语言学院语言教学研究所编著:《现代汉语频率词典》,北京语言学院出版社1986年版。

表，为确定 PSC 的字词难度提供了科学的数据支持。

第四，关于词语规范的讨论。陈章太、侯精一在 20 世纪 60 年代初，就从方言词语和普通话词语的差异谈普通话词汇规范的必要性，并提出选择"比较普通的、意义最明确的、而共同性又比较大的词"[①] 作为规范词汇的标准。此外，他们还提出了探索普方词汇对应规律、编制普方词汇对照表的教学建议，这些想法在当时是非常有先见性的，30 年后的《大纲》中"普通话水平测试用普通话与方言词语对照表"（以下简称"普方词语对照表"）可以说是对该想法的科学实践。继陈章太、侯精一之后，学者们从词性和词义的关系[②]、普方词表编制的人选[③]等角度讨论了普通话和方言词汇的相关问题。

（三）与普通话语法标准相关的研究

中华人民共和国成立后，我国语法研究的成果主要体现在以下几个方面：

第一，探讨语法规律的著作。如 1951 年发表于《人民日报》的《语法修辞讲话》[④]，援引了大量错误的例句，从反面说明人们容易出现的语法问题。它在普及语法修辞常识和减少人们遣词造句的问题上发挥了积极作用。此外，《汉语口语语法》[⑤] 以及《汉语知识讲话》小丛书等研究著作也从不同角度对语法规范问题进行了探讨总结。

第二，语法教学规范。1954 年，中央决定在我国中学阶段进行语、文分离的教学模式，但是当时的学者对语法体系的认识很不统一，为了满足实际教学需要，由张志公主持撰写了《暂拟汉语教学语法系统》，并于 1956 年以《语法和语法教学——介绍"暂拟汉语教学语法系统"》[⑥] 为题，以著作形式呈现在大众面前，成为中学语法教学的圭臬，产生了非常大的影响。当然，该系统的使用范围不仅仅是中学汉语课堂，很多师范学校也将其定为语法课本。此外，高校常用的《现代汉语》教材有三个主

---

① 陈章太、侯精一：《有关普通话词汇教学的几个问题》，《文字改革》1964 年第 10 期。
② 许宝华：《略说方言和普通话词汇的异同》，《文字改革》1965 年第 2 期。
③ 薛生民：《也谈普通话词汇教学》，《文字改革》1965 年第 3 期。
④ 吕叔湘、朱德熙：《语法修辞讲话》，中国青年出版社 1952 年版。
⑤ 赵元任：《汉语口语语法》，商务印书馆 1979 年版。
⑥ 张志公主编：《语法和语法教学——介绍"暂拟汉语教学语法系统"》，人民教育出版社 1956 年版。

要版本，主编分别为黄伯荣、廖旭东①，胡裕树②和张静③，这些书中关于语法部分的讨论，可以看作是高校语法教学的规范。

（四）与汉语规范化必要性相关的研究

所谓汉语规范化，是要使汉民族共同语的组成成分尽可能符合一定标准，并根据语言发展规律，采取必要措施，减少民族共同语在语音、语法、语汇方面的差异，增加统一性④。为了促进现代汉语规范化进程，1955年10月在北京召开了现代汉语规范问题学术会议，从实际工作出发讨论现代汉语规范的必要性、需要解决的问题及工作的方法，以及少数民族语言规范等问题，讨论结果以文件汇编的形式出版。另外，王力（1954）从语言规范的角度，分别对标准语的选用基础及标准问题进行了探讨，对建立PSC的规范体系起到了直接的理论指导作用。王力（1956）从什么是汉语、什么是规范化、为什么要规范化、为什么及怎样推广普通话、学会普通话以后是否还要规范化等方面，对汉语规范化问题进行了探讨。

（五）推广普通话的学术活动

普通话的推广是一段连续的历史，"官话"时期打下的根基，"国语运动"形成的建树，都对推普工作作出了有益的贡献。中华人民共和国成立后，特别是1956年后，普通话推广所取得的成绩更是前所未有的。为了提高北京音系研究的科学性、寻找普通话和各地方言对应规律、确立统一的正音法，进行了非常多的学术活动：《汉语拼音方案》的研制为普通话提供了语音标写体系；普通话审音从理论角度为普通话语音规范提供了学术依据；全国方言调查为制定普通话词汇规范和确定普通话基本词汇提供了实证依据；普通话语音研究班的举办培养了推普师资、积蓄了人才力量、提供了PSC研制的实践基础，同时，为保证语音研究班的教学效果而编制的教材，也完善了我国的普通话教材建设体系。

---

① 黄伯荣、廖旭东主编：《现代汉语》（试用本）（上下册），甘肃人民出版社1980年版。
② 胡裕树主编：《现代汉语》，上海教育出版社1962年版。
③ 张静主编：《新编现代汉语》（上下册），上海教育出版社1980年版。
④ 郭沫若：《现代汉语规范问题学术会议开幕词》，载现代汉语规范问题学术会议秘书处编《现代汉语规范问题学术会议文件汇编》，科学出版社1956年版，第1页。

二 时代背景

苏培成在2004年接受张宜访谈时说，普通话的推广"是语言应用的改革"①，语言作为最重要的社交沟通工具，其改革应被视为社会性变革，而任何一种社会性变革必定有某种物质基础。推广普通话的物质基础为当时的社会状况、政治经济环境，以及科技发展、教育公平、军队建设对共同语的需求。进行PSC的研制，既要有需求，又要有条件，两者缺一不可。需求，指的是人们对测试的需要，如果测试研制出来没有人需要，那等于在做无用功；条件，指的是具有一定数量的能够达到测试水平的人群存在，如果没有人能够通过测试，那么测试也就失去了研发的意义。

（一）普通话学习应用的新需求

中华人民共和国成立初期，党和政府将"一化三改"确定为过渡时期的总路线，人们投入到社会主义建设中来。列宁说，文盲建设不了社会主义，因此，当时我国语言文字工作的迫切任务是扫除文盲，在全国逐步普及普通话的使用。但直到1980年12月，我国10亿人口中仍有80%是农民②，他们散布在960万平方公里的土地上。地域间交通的不便，农业经济的主导地位，客观上造成了较低的跨地域人口流动频率，加之中国自古以来对乡情的重视，形成了使用方言交谈更显亲切、自然的心理认知。因此，尽管经过了30多年的推普实践和文化教育工作，普通话推广也取得了一定的进展，但是全社会的普通话普及度、掌握情况并不理想。

20世纪70年代末80年代初，中国进入了一个大发展、大变革的时期。该时期，交通工具的多样化扩大了人们的活动半径，减少了人们出行的时间成本，也使得人口有了大量流动的可能。据统计，仅1982年1月，铁路客运量就达9037万人次，1982年全年更高达98888万人次③；经济的发展，工业化时代的到来，具有人才吸引力的中心城市的崛起，使来自不同地区、说不同方言的人汇聚到一起，形成了"五方杂处"的社

---

① 张宜：《历史的旁白——中国当代语言学家口述实录》，高等教育出版社2012年版，第236页。
② 中共中央文献研究室编：《三中全会以来重要文献选编》（上册），人民出版社1982年版，第560—566页。
③ 钟秋海、黎新华、张志方：《一类非线性模型建模方法及其在铁路客流量预报上的应用》，《控制理论与应用》1985年第1期。

会现实。他们彼此交流时，发现使用各自的方言，沟通起来有一定的障碍，交际时有诸多的不便，因此，急需在相互不能理解的方言之间架起一座桥梁，使彼此都能听懂，由此引发了人们学习、掌握、使用国家通用语的新需求。

1. 经济建设需求

改革开放以来，发展经济成为我国的基本国策之一。为促进经济发展，我国采取了建立统一的全国大市场、兴办经济特区等一系列措施。全国大市场的形成，促使我国市场经济进入一种多元竞合的阶段。为实现多赢，全国各地必须加强合作协调，而协调的前提是言语沟通交流的顺畅，最有效的通达路径便是对国家通用语的掌握。经济特区，一般为移民城市，人员构成来自全国各地。此外，由于商业谈判的频仍、外资公司的融入，实际语言使用更加复杂。在这种语言环境下，如果各自坚持说自己的方言，在沟通交流中可能就会需要多位翻译，而信息在层层转述过程中难免出现偏差，这将极大地妨碍人们思想、文化、科技、信息的交流，因此，掌握普通话成为创设良好投资环境的需求。

2. 政治建设需求

中华人民共和国成立后，"正确使用祖国语言的问题成为时代的需要，并被提到了历史日程上"[①]，这一需求随后体现为1982年《中华人民共和国宪法》中"国家推广全国通用的普通话"的明确表述，从国家法律层面肯定了推广普通话的重要性，以根本法的形式赋予了普通话国家通用语言的地位。1986年，《新时期的语言文字工作》更是将"大力推广和积极普及普通话"确定为我国语言文字工作的首要任务，加强语言文字规范化被提到战略性高度来考虑。为了保证该任务的顺利完成，教育领域、服务领域出台了一系列与推广、普及普通话有关的文件，成为研制PSC的催化剂。

3. 社会建设需求

新时期，人们以往的生活方式已不再适应新的社会状态，人们的公共生活方式和个人生活方式都发生了巨大的变化。生活方式的改变使人们的言语交际圈发生裂变，进而对人们的普通话使用提出了新的要求。

国防领域，入伍战士来自五湖四海，如果彼此之间语言不通，将会影

[①] 宗廷虎：《中国现代修辞学史》，浙江教育出版社1990年版，第267页。

响集体生活的融入、作战指令的传达甚至战场上彼此之间的配合；工业生产领域，仍实行师徒制，如果师徒之间互相听不懂对方讲话，就无法进行经验交流，导致生产率的降低；农业生产领域，家庭联产承包责任制的实行、统购派购制度的取消，为农村商品经济的发展创造了机遇、为乡镇企业的建立创造了条件，也对供销员去各地销售农副产品提出客观要求；教育领域，各级各类学校的师生不再完全本地化，若将方言作为教学语言，将造成师生、生生互相听不懂或误解，拖缓课堂节奏、拖滞教学进度、影响教学效果，阻碍人们科学文化知识的丰富；医疗领域，各地医院的医生群体和就诊人群的非属地化趋势，使医患之间如果使用方言交流，语言理解的障碍会影响医患沟通效率。

综上，社会生活各领域都对普通话的使用提出了新需求，人们对国家通用语作用的认识更加深刻、理性，学习国家通用语的动力更足。

4. 文化建设需求

中共十二大将教育和科学技术定为经济发展的战略重点之一。要实现科学技术的现代化，首先要抓好科学教育和人才培养，全面提高劳动者的综合素质，劳动者素质的重要组成部分是语言素质。语言素质的提高一方面是夯实语文修养的基础，另一方面也是通达其他学科之巅的路径。在我国民族众多、方言复杂的语言国情下，只有灵活掌握国家通用语言这一全民交际工具，才能降低人和人之间的交际成本，更充分地交流科技、管理经验，分享科技发展的信息红利。

另外，我国对公民道德素质标准的提出，文化整体实力和竞争力的打造，均需通过语言来传达。因此，我国公民对国家通用语言——普通话的掌握程度，直接关乎对于国家道德标准的理解。从这个意义上讲，PSC 还有助于推动社会主义核心价值体系的建设。

5. 语言生态建设需求

PSC 的研制，有利于建设语言资源节约和语言环境友好的社会语言环境。20 世纪 80 年代，通信、交通等基础设施的完善使人员流动、经济交往越来越频繁。在此背景下，跨地域的语言交流成为一种社会常态和基本的社会需求。过去只懂一乡一地方言的情况远远不能适应时代发展的要求，人们迫切需要一种能够在全国进行无障碍交流的语言，这激发了人们学习国家通用语言的内生动力，成为说普通话新需求的重要契机。

（二）普通话水平测试研发的条件

教育的普及，地域性人员流动的增加，国家广播电视系统的覆盖，电影、话剧等文化作品的播放，从应试人方面为 PSC 的研发准备了人员基础；思想的解放，学术交流的开展，学术经费的投入，从学术角度为 PSC 的研发准备了条件。

1. 推普保证应试者来源

20 世纪 50 年代，教育部向各级学校发布的一系列推普文件，使学校作为推普阵地的作用得到了有效发挥，培养出了一批具有一定普通话听说能力的人；中国人民解放军总政治部向全军发出的一系列推普通知，在军队中掀起了学习普通话的浪潮，取得了明显的成效。

新时期，推普被列为语言文字工作的首要任务，并提出到 20 世纪末普通话成为"四用语"的具体要求。要求的提出使学校、政府、媒体及公共服务行业的相关人员努力学习普通话，提高自己的普通话水平，各行各业都涌现出了一批学习普通话的积极分子。他们不仅自己说普通话，还带动身边的人加入到说普通话的行列中，这在客观上保证了 PSC 的应试者来源。这部分人的普通话具有以下两个特点：

第一，他们的普通话已经达到一定的水准。如果他们所说的语言不能被不同省份的人听懂，达不到交际的要求，也就是说无法进入普通话序列，则不能被划归测试潜在人群。

第二，他们的普通话尚未达到完全规范的程度。如果社会上所有人的普通话都达到了完全标准的程度，彼此之间不存在规范度的差别，也就是说，普及、提高普通话的任务已经完成，那么 PSC 这一推广普通话的重要抓手也就失去了其存在的意义。正是因为一部分普通话使用者的标准语能力超出了社会其他人群，形成了具有异质性特征的被测群体，才产生了开发测量工具以区分人们普通话水平的需求。

中华人民共和国成立以后，扫盲运动，特别是"八五计划"在五年内让占全国人口 30% 以上的地区普及九年义务教育的规划，使越来越多的人具备一定的汉字认读能力。上述措施的实施，保证了 PSC 拥有一定数量的潜在对象人群。

2. 解放思想，创建测试研发学术环境

十一届三中全会提出了解放思想的口号，这不仅是整个学术界的一股春风，更是 PSC 得以研发的直接条件。学术界唯有解放思想，才能打破

思想僵局；唯有分清学术问题和政治问题的界限，允许学术界通过自由讨论的方法取得对学术理论复杂问题的科学认识，才能打开学术思路、活跃学术思维。另外，国家经济实力的增强，能够加大对学术研究财力、物力的投入，使学会的建立和学术活动的召开、学术期刊的创刊和科研项目的开展有雄厚的资金保证。

该时期建立的影响力较大的语言学学会有：1980年成立的中国语言学学会和中国修辞学学会；1981年成立的中国音韵学研究会和汉字信息处理系统研究会等。这些学会的成立促进了语言学各方面学术的交流，凝聚学者的智慧形成研究的合力，为PSC的提出积累了语言本体的厚植。该时期创刊的较有影响力的语言学术期刊主要有1979年的《语言教学与研究》，1980年的《语文研究》《语文建设（通讯）》，1981年的《语言研究》和1982年的《中国语言学报》，这些语言学专业期刊刊载专业论文，为普通话推广工作提供更好的服务，为PSC的开发积淀理论基石。这些语言学学会的建立及重要语言学期刊的集中创刊，为PSC的研制创设了良好的国内学术环境。

3. 加强对外交流，拓宽学者视野

改革开放初年，国门刚刚打开，尽管那时我国与其他国家和地区的联系还存在很多限制条件，但来自国际上的声音已经开始有了传入人们耳中的渠道。通过这些渠道，我国测试领域的学者了解了世界语言测试领域最新动态，拥有了更广阔的国际视野，加速了对国际测试理论成果的吸收。例如，1982年3月24日至4月17日，我国教育部专家代表团出席了在美国举行的"汉语作为第二语言教学问题讨论会"，并参观访问了美国的基础语言教学中心；1986年，国家语委语言文字访问团应邀对新加坡进行访问，就语言政策、语言文字规范、推广普通话等问题进行学术讨论，同当地学者交流观点，这是我们更好地研究、发展我国语言测试的基础。

另外，1983年《语言测试》（*Language Testing*）的出版，是语言测试领域一个重要的里程碑，该领域的学者第一次有了研讨测试问题的专门阵地，我国测试界学者也多了一条了解国际测试学术动态的渠道。

尽管国际学术交流并未给PSC带来母语测试的借鉴，但国际语言测试界却从测量理论方面为PSC提供着学术滋养，这可以看作是国际语言测试界对PSC的直接影响。另外，国内HSK的早期开发人员到国外学习相关测试理论，然后结合汉语实际进行研发，其相关经验和取得的成果也为 PSC 的开发提供了思路借鉴,这可以说是国外语言测试对 PSC 的间接启发。

(三) 普通话水平测试的研制是时代的要求

1. 国际交往要求测试开发

1973 年在第 28 届联合国大会上通过"将中文作为大会和安理会工作语文"的决议①。中文在国际社会的地位初步确立。由于我国民族众多,方言分歧严重,同属于中文范畴的各项变体彼此之间差别巨大。因此,在国际社会采用中文的哪种变体,其具体标准是什么,如何判定一个人说这种变体的规范化程度等问题就摆在了人们面前。对于第一个问题,在中华人民共和国成立之初就已经有了明确的答案——普通话,要回答剩下的问题,就需要一种能够客观评价人们普通话水平的尺度,因此,开发 PSC 的要求就变得越来越迫切。

2. 推普实践催生测试研制

要推广普通话,除了对前文讨论过的什么是普通话应有一个正确的认识外,还应该明确推广到什么程度就算是达到了要求,这一点又包含两层含义。第一,从量的层面来衡量,全国有百分之多少的人能听会说普通话就算是普及了;第二,从质的层面来衡量,人们的普通话达到什么水平就算是会说普通话了。

普及普通话得有一批具有较高普通话水平的老师,普及的结果必然是有一批能听会说普通话的人群出现。对于老师的筛选、对普及结果的评价、对人们普通话水平的准确衡量,都要求有一个合格有效的标尺,这成为 PSC 研制的社会现实需要。

此外,国家教委于 1991 年颁布《关于在各级各类师范院校开设普通话课程的规定》后,各级师范院校大多设立了普通话课/教师口语课,进行拼音和普通话的学习。学习成绩的考查,需要科学的尺度;学习效果的检验,需要客观的评价标准。学校推普实践成为 PSC 研制的催化剂。

3. 评比活动呼唤标准出台

新时期,普通话教学成绩观摩活动的开展、行业内普通话人才的选拔、中小学的普通话量化评估,以及文化艺术领域普通话比赛的举办,使

---

① 联合国中文网站,http://www.un.org/zh/documents/view_doc.asp?symbol=A/RES/3189 (XXVIII)。

越来越多的人开始关注自己的标准语掌握水平。1985年，普通话电视评比活动——"我爱祖国语言美"在全国多个省市的开展，将这种关注推向了高潮。人们发现，这些活动往往都跟普通话的评分联系在一起，但是这种评分多是基于经验，主观性比较强。如何客观地判断普通话水平？对这个问题的回答，要求能够客观、科学评定人们普通话水平的工具出现，要求统一、明确的普通话标准出台，使一般性评价上升到科学性评级。

三 小结

本节从学术和时代两个维度，讨论了PSC研制的背景。从学术维度看，PSC研制之前，已有很多学者的研究涉及对普通话语音、词汇、语法标准的探讨；中华人民共和国成立后，我国开展了一系列与推普有关的学术活动，比如《方案》的研制、普通话语音研究班的开设及审音工作的开展。上述研究与学术活动，为PSC的研制奠定了良好的知识准备和学术基础。因此，我国的PSC研究绝不仅仅是学者们的书斋墨论，而是各方面研究形成的强大合力的共同推动。从时代维度看，改革开放之初，国家政治、经济、社会、文化和语言生态建设都对PSC的研制提出了要求；推普活动的开展、学术思想的解放、对外交流的加强，为PSC的研发准备了条件；推普实践及各种评比活动的举行，成为研制PSC的催化剂。该测试将国家、社会发展的宏大主题与个人心理需求联系到了一起，让个人需求在社会发展中得到了满足。

第二节 测试标准讨论时期（1982—1988年）

PSC学术活动的开展是内因和外因共同作用的结果。从外因来看，是国家政治、经济、社会、文化发展的共同诉求；从内因来看，是学者们对推普活动的思考和升华形成的内动力，促使他们去开发、研制这项测试。本节将在概览标准讨论时期学者们在PSC方面所做研究及所开展学术活动的基础上，进一步对该时期影响力较强的学术作品进行挖掘，探求这些学术成果产生的深层原因及影响因素，以及在PSC学术发展中所处的位置及所起的作用。

一 标准讨论时期研究概览

1982—1988年，PSC领域并无学术专著问世，能够找到的研究成果主要有学术论文集1部——《普通话测试论文集》，该论文集收录论文15篇，内容涵盖普通话教学与测试的各个方面；学术期刊论文8篇，年均发文量1篇，且发文期刊比较分散，尚未形成自己的学术阵地。该时期的学术成果尽管数量很少，却出现了四个第一：

文献记载的探讨普通话水平等级的第一份方案——《普通话等级标准条例草案》；现存文献中论及普通话标准的开篇之作——《略论汉语口语的规范》；第一篇有关普通话测试的研究文章——《关于普通话教学和测试的几个问题》；第一篇题目中包含普通话水平测试字样的学术论文——《普通话水平测试刍议》。该文后附的普通话测试表首次给出了测定人们普通话掌握程度的具体方案。这一时期，普通话水平测试的研究成果虽然不多，但符合时代发展需求，代表了此后一段时间的研究趋向，成为普通话水平测试研究的最初火种。

本书参照聂丹（2012）的划分方法，将学术成果分为八大研究领域，但对八大领域内部小类的划分进行了局部调整。对该时期的学术成果进行分析，不难发现，此期的学术探讨主要在宏观课题、测试依据、测试界域和测试作用四个领域中进行，并且随着时间的推移，学者们对于问题的看法逐渐深入。

（一）宏观课题

1. 必要性

语言测试研发的第一步就是需求分析，论证测试研发的必要性。在该问题讨论之初，有的学者认为，进行PSC将会压制语言活力、牺牲语言流利性、损害语言明确性，因此反对研制该项测试。但是，也有学者认识到PSC是促使人们在掌握各自母方言的基础上，另外获得一种能够满足复杂的现代社会各种需求的语言技能的一种手段，是对人们思维方式的拓展、语言能力的丰富。对该测试的研制并不是认为方言低俗，也没有要贬低方言的意思，更不是要通过这种手段去取代方言。这些学者对PSC在普通话和方言关系中扮演角色的说明，得到了大多数学者的认可。

另外，邢福义（1987）、鲁允中（1987）分别从方言口语表达方式和普通话标准表达方式的区别及从普通话教学成绩观摩评比的实际需求出发，论证了研制PSC的必要性。

2. 可行性

进行PSC的研发，需要一支专业的研发团队。由于PSC是一门跨领域交叉性学科,既有语言学做基底,又有语言习得做辅助;既有测量理论做支撑,又有统计方法来护航,因此,团队建设显得特别重要。PSC作为一项国家语委牵头组织的测试,能够有效整合各领域人员优势,迅速组建测试研发团队,由语言学家负责详述所需测试的语言技能和语言项目;由心理测量学家和统计学家负责设计分数体系,平衡试题难度,指导信度、效度的整体提升;由行政管理人员负责测试的组织实施和推广;由信息技术人员提供测试技术支持。整个团队各司其职,合力保障测试的研发。

(二) 测试依据

该时期,学者们已经意识到必须把普通话的普及和提高结合起来。当大多数人都不会说普通话的时候,推普的重点应放在普及上,只要大家能够开口说就行,对于标准程度并不作过高要求;当大家都能够开口说普通话之后,对普通话的标准程度有了进一步要求,希望人们都能够自如运用普通话,最终做到"语音标准、用词确切、语法规范"[①]。这种表述虽然很朴素,但其中已经蕴含了将普通话水平看作一个由低到高的连续统的思想,为普通话分级奠定了基础。"对学校的要求比对社会其他系统的要求高,对语文教师的要求比对其他学科教师的要求高,对青少年的要求比对中老年人的要求高"[②]的带有经验总结性的表述,又为普通话测试对象的确定提供了经验借鉴。

1. 普通话水平的分级探讨

在1982年之前,已有学者开始讨论普通话水平与测试问题,关于测试分级的想法也零星散落于早期文献中。该时期,学者们对普通话的分级标准有不同的看法,大致可以分为两种,即三级观和五级观。三级观的主要代表学者是陈章太、鲁允中,五级观的主要代表学者是李英哲,其中三级观又分为严式和宽式两种。

陈章太尽管是三级观的代表学者,却并非论及普通话水平分三级的第一人,其多篇论文均提及北京市语言学会(1982)对分级问题的讨论,2017年夏陈章太在接受笔者访谈时也提到其分级思想提出之前,曾与北京市语言学

---

① 刘元璋:《积极推广普通话,努力为社会主义现代化建设服务》,载全国语言文字工作会议秘书处编《新时期的语言文字工作——全国语言文字工作会议文件汇编》,语文出版社1987年版,第121页。

② 刘元璋:《积极推广普通话,努力为社会主义现代化建设服务》,载全国语言文字工作会议秘书处编《新时期的语言文字工作——全国语言文字工作会议文件汇编》,语文出版社1987年版,第121页。

会会长奚博先谈及此事。但正如刘照雄先生接受笔者访谈时所说的,"当时对这个问题的认识,没有超出陈先生的(高度)",三级观的系统提出者应为陈章太。陈章太(1983)提出,将普通话分为三个级别,从语音、词汇、语法三个方面给定判断级别的标准、要求,将各级描述语的首句确定为总描述语,概括该级语言面貌的整体特征。支持三级观的学者还有徐世荣等,他认为三级的划分是比较合适的,"虽然粗一些,但界标明显"①。

鲁允中(1987)从交际的实际效果出发,提出了宽式三级观,将普通话水平分为一级、二级、三级或曰高级、中级、初级三个等级,分别规定了不同等级的分数设置,并初步描述了不同等级普通话水平者应具有的普通话面貌。

李英哲(1988)受美国外语学会语言分级的影响,提出五级观,并对各级别所能应对的语言情景、所显示的语言功能及所能达到的准确性都进行了限定性说明,但没有进一步探讨各等级分数线的厘定。

五级观对人群的分级界定虽然更为细致,但是级数多必然导致级间差别小,对考试的精度要求必然很高。PSC作为一个尚不具体形态的测试,在当时还达不到这种精度的要求,因此,三级更适合当时的语情和测试技术水平。

2. 评分系统

PSC研制初期,学者们对于评分系统的探讨主要围绕测试分数体系进行,比较有代表性的有陈章太(1983)、鲁允中(1987)和金慧宁(1988),其中陈章太(1983)虽对扣分比例做了明确说明,但并未涉及各等级的分数划分。详细规定见表2-1。

表2-1　　　　PSC研制初期普通话水平测试分数线

	陈章太(1983)	鲁允中(1987)	金慧宁(1988)
一级		750分以上;任何单项成绩扣分不得超过所允许扣除的最高限额	不低于568分
二级	语音误差不应超过5项;非普通话词汇不超过4%;不规范句子不超过3%	670分;不得有2个以上单项成绩扣分超过所允许扣除的最高限额	不低于511分

---

① 徐世荣:《普通话测试的标准问题》,载香港普通话研习社、香港中国语文学会编《普通话测试论文集》,香港普通话研习社1988年版,第163页。

续表

	陈章太（1983）	鲁允中（1987）	金慧宁（1988）
三级	语音误差不应超过6项；非普通话词汇不超过7%；不规范句子不超过6%	529分；不得有5个以上单项成绩扣分超过所允许扣除的最高限额	不低于429分

从表2-1可见，在普通话水平标准及分数线厘定的初期探讨中，学者们只涉及了"级"的讨论，并未触及"等"的划分，而且彼时对于报告分数的使用也没有统一认识，但是从分数线设定可以看出，当时使用的并非百分制分数，另外，对于分数给定方法的选用是比较一致的，多采取失分率的计算方法。

对于标准的把握方面，鲁允中（1987）认为，可以将达标标准设置为具有一定灵活幅度的分数段，而非一个全国统一的分数点。本书认为，其坚定被试信心、关注学习者差异的初衷是好的，但对问题的处理方式值得商榷。不同等级的达标分数线应该是确定的，否则极易造成测试工作的混乱，降低测试的信、效度。假如要求教师的普通话水平达到二级，但A、B、C三地的达标分数线分别为660分、670分和680分，那么，对于B、C两地的必测人群来说，去A地考试可能就会成为一种趋势，而同一等级证书在不同地方的获得条件不一致，也会影响证书的含金量，降低测试的信度，这对于维持考试的科学性是非常不利的，对于提高人们的普通话水平也是没有好处的。另外，从"且不得有五个以上的单项成绩的扣分超过所允许扣除的最高限额"等表述，也可以看出，该标准的自足性不强，最低分数线的设置并不能将附加条件的人拦在门槛之外。

3. 测试任务研究

PSC的标准作为指导性原则，要有所依附，需要一套高质量的试题任务引导出应试者的语言样本，再根据标准进行评分定级。因此，出现了针对试卷设计的研究成果，大致来说，包括两方面内容：测试内容和题型与试卷结构。

（1）测试内容

在PSC的萌芽阶段，学者们的讨论聚焦于测试的通用性和针对性上，大部分学者倾向于强调测试题目的方言针对性（鲁允中，1987；邢福义，1987；金慧宁，1988）。

对考查的语言要素，鲁允中（1987）、邢福义（1987）均认为，PSC的考查面应全面，测试内容应涵盖语音、词汇、语法各方面的因素，鲁文认为语境也应被纳入考查项，并且应该拉开测试难度以显示不同级别之间的层次。但有一点值得注意，这些内容要素并未将停连、语气、语调涵盖在内（陈章太，1983）。

既然普通话的测试内容涉及普通话的各个要素，那么对这些要素是什么的回答就显得尤为重要。对普通话语音标准的研究，前文已经讨论过，在此不再赘述。对于什么算普通话词汇，陈章太在《关于普通话教学和测试的几个问题》一文中作出如下回答：影响较大的词典中标〈方〉〈书〉〈古〉以外的词；语言较规范的现当代著名作家作品中，北京和小北方话中，省市级以上电台、电视台普通话播音中使用的一般词汇。

该时期大部分研究普通话测试考查内容的学者是师范院校的老师，他们的着眼点主要在对教师口语课程的考量上。作为教师口语课的学习主体，师范生除了需要很好地运用普通话之外，还要具备指导别人进行普通话学习的能力，因此，培养师范生找寻规律的能力尤为重要。相应的，作为教师口语课的考核形式，前述测试方式能够充分体现教师口语课程标准所要求的各项内容，是合适的。但是PSC并不是针对教师群体设计的行业性测试，而是面向所有具有中等以上文化水平的汉语母语者的测试，因此，可不考查知识性内容。

（2）测试题型与试卷结构

该时期，涉及测试题型与试卷结构的论文主要分为两类：对测试方式的探讨和对各省测试实践中所采取方式的总结。前者是学者根据自身学养和对语言的认识，所设想出来的测试方案；后者主要是师范院校或各省语言文字工作部门用于评估普通话水平的具体方法。

①对测试方式的探讨

该时期，学者们围绕测试方式的探讨主要从两个维度进行：第一，从具体题型维度，讨论了各种题型在母语能力测试中的适用性；第二，从测试介质维度，讨论了口试、笔试及两种测试方式结合的可取性。

傅雨贤（1988）总结了使用笔试方法测试普通话水平的各种题型，认为可以用填充、注音、拼写、标字、选择、改错题考查语音；用对译、填充、选择题考查词汇；用对译、选择、改错、填充题考查语法。此外，傅文还对电脑测试中试题的难易度、答案的确定性、标准化等问题进行了初步探讨。

邢福义（1987）认为，应采取口试和笔试相结合的方式，其中口试可以采用词语和句段识读两种题型，重点考查发音准确性及汉字识读能力；笔试则重点考查拼音、汉字书写及汉字类推的能力。

厉兵（1988）明确提出，普通话测试应该是口语测试，测查应试人普通话说得怎么样。另外，考虑到听懂和说通普通话的难度对第一语言为汉语的人来说存在着较大差异，在普通话测试时可以不列听力测查专项。

②对各省测试实践使用方法的总结

该时期，云南、湖北、河南、江苏、中国香港、河北等地均积极开展了普通话测试实践活动，本书将这些地区测试中采用的题型列于表2-2，借以探查该时期测试方法的共性特征及存在的差异。

表2-2　　　　　　　　标准讨论时期各省区普通话测试方式

省区	时间（年）	笔试				听力	口试			
		拼音	词汇	语法	普通话知识		音节拼读	词语认读	朗读	说话
云南	1982	+	-	-	-	-	-			
	1987	+	-	-	-	-	+	+	+	+
湖北	1982	+					-			
河南	1982									
江苏	1984	+	-	-	-	-	+	+	+	+
中国香港	1985	+	-	-	-	+				
河北	1988	-				语音专项			+	+

注：云南、湖北等省1982年的测试中也包含口语部分，但大多是以日常表现、实习试教等形式体现，不宜作为真正的口试形式在表中体现。

从表2-2可见，在1985年以前，受传统语文考试的影响，大多数省区倾向于采用笔试的方法考查应试者的普通话水平，且考查重点多放在对汉语拼音的掌握和对普通话基本理论、基本知识的知晓上。在测后实际调研的过程中，发现了一些笔试的弊端，比如，笔试成绩的高低并不能代表普通话水平的高低，忽略了效度。这涉及考试目的与考试方法的一致性问题。汉语拼音只是掌握普通话的工具，因此，测试汉语拼音仅为对应试者掌握学习普通话的一种工具的测查，而不是对其实际听说普通话能力的测试（刘泰和，1988）；纯理论知识的学习也并不是目的，学习理论的目的在于指导实践，最终的考查重点还应落在实践上。意识到了这一点，学者们开始在试题研制时加入了口试的内容。

1985年之后的测试通常采用笔试+口试的测试方式，但测试中存在两种倾向：一种是完全参照国外外语/二语测试中对听、说、读、写四种语言技能全面考核的方式，过于考虑与国外语言测试形式的对应。尽管国外的语言测试机构在对被试水平的判断和测试方式的设计方面确实积累了较多经验，但这些语言测试都是对二语/外语设计的，对母语测试特点的考虑不足，而母语者的语言能力通常被当作外语/二语测试最高水平的参照标准，PSC要在母语者中间进行水平级别的划分，所以国外现成的经验可以作为参考，却不宜奉为圭臬。第二种倾向是与传统语文测试的纠缠不清。具体表现为在测试中注入过多的语言学知识的考查，大部分参加PSC的应试者并不是语言学出身，对于该方面知识的了解可能并不深入，但是这并不妨碍他们说流利规范的普通话，基于这种实际，部分学者提出对这些内容的考查应放在更加专业的《现代汉语》测试中。

（三）测试界域

测试界域研究，是对测试在不同地区、不同民族、不同人群中实施情况的研究。该时期，此类研究较少，王均（1985）在论及该问题时提出，对汉语方言区的部分人员在一定场合的交际用语可以提出要求。此处，"部分人员"主要指"广播员，电影、电视、话剧演员，讲解员，各级学校的师生，军人，干部，医生和各行各业的服务人员"，已经能够看到《大纲》中对应试人员要求的端倪；"一定场合"主要指工作场合和"公共场所"，与后期对普通话作为工作语言的界定也是一致的。

（四）测试作用

金慧宁（1988）根据实践，得出PSC对于提高潜在测试人群的普通话水平大有助益的结论。尽管该文并不是专文研究测试后效的，但是学者关注测试对社会反馈作用的意识是不应被忽略的。

二 标准讨论时期开展的学术活动

该时期比较重要的学术活动主要有两场，一是1983年在美国夏威夷举办的"华语社区语文现代化和语言计划学术研讨会"；二是1985年5月在中国香港举办的"普通话教学与测试研讨会"。前者是标准的初步提出，后者则可视为第一个普通话测试方面的学术研讨会，具有重要的里程碑意义。

(一) 华语社区语文现代化和语言计划学术研讨会

华语社区语文现代化和语言计划学术研讨会于1983年9月6日至11日，以美国国务院东西方中心之义在檀香山举行。该会吸引了来自11个国家和地区的60多位华语研究者，收到论文46篇。学者们主要围绕着世界范围内华语的交流和变异、发展与规范等问题展开讨论，对于发挥华语在国际交流中的作用、建立华语规范标准具有现实意义，对于我国当时正在进行的普通话规范化研究、建立普通话分级标准具有启发意义。

(二) 普通话教学与测试研讨会

20世纪80年代中期，香港虽尚未回归，经济发展亦领先于内地，位于亚洲四小龙之列，但已经意识到了与内地及世界华人合作的重要性，注意到了普通话在与世界华人社区沟通方面的重要作用。因此，积极开展在港普通话教学和测试工作，并于1985年5月1日至5日举行了"普通话教学与测试研讨会"。

与两年前的夏威夷会议相比，本次会议"普通话测试"的主题更为凸显。从研讨会的名称可以看出，本次会议主要是为了解决两个问题：第一，普通话教学效率的提高；第二，PSC理论与实践的探讨。教学效率的提高能够保证PSC拥有一定的应试人群，PSC实践则能够促进人们普通话水平的进一步提高。会议共宣读了50多篇论文，有3个涉及PSC的专题讨论组。参加本次会议的200多位学者分别来自中国大陆和中国港澳台地区以及新加坡、美国、新西兰、澳大利亚、马来西亚等国。

三 标准讨论时期代表性成果述评

(一)《普通话等级标准条例草案》

《普通话等级标准条例草案》(1982) 是文献记载的最早讨论普通话标准问题的方案，由北京市语言学会①普通话等级标准研究小组的相关专家所提出。遗憾的是，由于北京市语言学会的搬迁等，已难觅原稿。尽管如此，该方案的影响却是长久而深远的。从事语言文字研究的学者们从中汲取了营养，形成了流传面更宽、流传度更广、流传性更久的学术文章，

---

① 北京市语言学会于1982年4月22—25日召开了首届年会，与会人员近500人，共收到论文125篇。

（二）《略论汉语口语的规范》

陈章太 1983 年所著《略论汉语口语的规范》一文，是现在能够找到的最早探讨 PSC 和分级标准的文章。该文不仅对普通话分级问题进行了清晰地阐述，还尝试为如何分级提供学术思路。1983 年 9 月，陈章太在美国夏威夷举行的"华语社区语文现代化和语言计划学术研讨会"上首次宣读此文，引起了国内外语言学界的高度关注。国内语言学界最高级别期刊《中国语文》，在该文宣读之后不到三个月的时间就将此文刊录，这本身就意味着对文章的肯定。1989 年，该文又作为能够代表中华人民共和国成立至该书出版之前中国语言学面貌的重要研究成果[①]被收入苏联的《国外语言学新论》丛书第 22 卷——《中国语言学》，获得了世界语言学界的高度认可。虽然从文章题目来看，并未明确提出"PSC 等级标准"的概念，但在行文中指出了这一测试的具体分级，并且在此之后，学者们对于 PSC 的学术思考就再未间断，因此，可以将该文视为 PSC 研究的拓荒之作。

（三）《新时期的语言文字工作》

1986 年，新时期的语言文字工作会议在北京召开，时任国家语委主任的刘导生所做的主题报告，是语言政策和学术精神融合的典范。报告明确了 PSC 分三级的设想，这既是对陈章太（1983）的肯定，又将三级设想从学者个人方案提升至得到政府肯定的集体智慧。尽管此文为工作报告的性质，但从陈章太（1983）的文章到工作报告的提出，中间经历了 3 年时间，在此期间，陈章太、于根元、傅永和、佟乐泉、王凡等学者对该设想进行了反复论证。本书认为，该文件应被视为更高水准的学术成果。但报告对不同等级差错量表述所使用的"很少""较少"，无规定性的定量说明，因此这种提法是比较笼统、空泛的。

四 三级思想确立的影响因素

普通话等级是本时期学术探讨最重要的研究课题，但是，对于等级确定的相关记载却较少见，因此，我们尝试通过访谈的方法对该部分的历史

[①] 水甫：《苏联〈国外语言学新论〉丛书中国卷简介》，《外语界》1990 年第 2 期。

予以还原。

2017年6月21日，于根元在接受笔者访谈时提到，对于普通话的分级，应该像劳卫制①那样简单明确，不要太复杂。

2017年7月3日，陈章太接受笔者访谈，在论及普通话分三级思想时，说这主要涉及三个方面的问题。首先，从现代汉语书面语和口语的关系来看，"口语是第一位的""是书面语的基础""是大量的"，因此要"重视口语"。其次，"口语要规范"，为了使规范有依据，应以普通话为基础。最后，口语要规范应有一个等级标准，考虑到级别划分过细，于学习者、应试者、描述语设定者都不易，因此，考虑将测试等级分为三级比较合适。

在谈到分级思想的来源时，陈章太坦言主要受到以下三方面因素的影响：第一，社会语言调查实践。在写作《四代同堂的语言生活》时，发音人家庭成员的特殊语言背景使陈章太意识到共同语存在的必然性和分级的必要性，因此，分级思想的提出是对"从实践中进行理论总结"的践行。第二，国外测试的影响。通过阅读祝畹瑾对国外语言学的译介资料，了解到欧盟的语言水平分为A、B、C、D四级，法语水平测试也有分级，并接受了语言水平测试的分级思想。第三，国内同期学者的思想激荡。时任北京市语言学会秘书长的奚博先曾与陈章太说起过普通话考试的分级问题，认为可以划分为三级，这也给了陈章太一定的启示。

五　对早期三级思想的评价

首先，普通话水平分三级的设想，既是一种创见，又符合人们的认知规律。我国推行国家通用语的传统古已有之，即使从中华人民共和国成立国家大力推广普通话算起，到20世纪80年代也已经过了30多年，其间收获了很多成果，但从没提出过将普通话分级的理念，因此，该理念的提出具有创新性。但是，创新的同时，又符合人们将事物分为"好、中、差"或曰"优秀、良好、及格"的认知心理，因此，容易被人们认可、接受。

其次，普通话的分级思想体现了形式逻辑的分类原理。分类的两大要

---

① 劳卫制全称"准备劳动与卫国体育制度"，是中华人民共和国成立后，为了增强学生体质，借鉴苏联经验而推行的一项体育锻炼制度。劳卫制分为少年级、一级和二级三个级别，每个级别都有相应的达标标准。

素分别为母类和子类，这两大要素在普通话分级思想中具体表现为，所有人的普通话水平都是分类前的存在，是母类；不同级别人们的普通话水平为从母类中分离出的子类；各子类处于同一层次，代表不同水平的普通话。将母类和子类系连起来的是划分的标准。因此，子类的构成除了明确表述出来的一、二、三级之外，还有一个隐含的不入级。

再次，普通话分级思想的提出为PSC奠定了理论基础。该思想突破了中华人民共和国成立初期"只有播音员才能说出真正的普通话"的认知，为PSC的研发、推广提供了理论基础。另外，"三级"水平的区分，为人们普通话的提高提供了一条连续上升的发展途径，为人们通过测试敦促自己普通话水平的提高提供了一条通道。

最后，早期普通话水平分三级的设想，有待进一步完善。例如，对于三个级别描述语的模糊性主观表述，以及由于级的跨度较大带来的晋级难度和对等级特征的描述难度。因此，学者们逐渐有了进一步增强分级科学性的意识和要求。

六　陈章太自我述评

该时期，在PSC的学术研究中最为突出的研究者是陈章太，2017年7月3日，笔者有幸对陈章太进行了访谈。访谈中，他畅谈了自己如何走上普通话学术研究之路，并对自己对PSC学科的贡献、对学科未来发展的认识进行了总结，现将访谈重点整理如下：

第一，走上语言研究之路。1955年，陈章太毕业于厦门大学，毕业论文选定语言学方向，开始接触语言研究。1956年，进入中国科学院语言所工作，为了帮助新入所的大学毕业生打牢语言学基础，时任所长的罗常培要求所有新入职人员都要先行学习。因此，陈章太参加了第三期普通话语音研究班。在那里，陈章太跟随丁声树、李荣、徐世荣、吴宗济系统学习了音韵学、方言调查、北京语音和普通语音学等课程，正式走上语言研究之路。结束在普通话语音学习班的学习之后，在丁声树和李荣的主张下，陈章太正式进入中国科学院语言所方言组，专研闽语。该时期积累的调查研究经验和方法，为后来的"北方话调查"等研究打下了扎实的基础。

第二，开启普通话研究之门。陈章太在语言所工作期间，有较多机会接触当时语言学界、文改会的专家、领导，因此，对语言文字工作有较多思考。另外，对于社会问题的关注，也让陈章太意识到普通话的推广、简化汉字的推行是国家、社会的需要。1982年，陈章太被借调到中国文字改革委员会（国家语言文字工作委员会的前身，以下简称"文改会"），1983年，关系正式转入。进入文改会之后，陈章太开始更加系统地思考新时期语言文字方针政策的制定等问题，认为应重视口语研究，特别要重视如何将普通话树立为口语标准的研究，对这个问题的不断思考，凝结为后来对PSC研究具有深远影响的《略论汉语口语的规范》。

第三，对PSC研究的贡献。陈章太认为，他对PSC的贡献主要有以下四点：一是较早提出了"三级六等"的等级划分标准。二是紧密联系中国的语言实际和语言生活实际，完全结合中国的语言国情和语言生活国情进行研究。三是注重逻辑思维的培养，注重实践的理论总结。当他发现社会语言生活发生变化时，就会想办法对这些变化进行概括，并从语言学理论上对这些变化加以解释。四是对人才的培养。20世纪80年代中期，在语用所工作期间，陈章太培养了3名社会语言学的硕士研究生；2000年，他被聘为北京广播学院（现中国传媒大学）的兼职教授，在那里他招收并培养了11名社会语言学的博士研究生。截至访谈时，在这些博士生中，有5名成长为大学教授；1名供职于商务印书馆；3名任职大学副教授；2名任职讲师。

第四，对PSC未来发展的思考。陈章太认为，未来的PSC研究，首先应与"十三五"语言文字事业规划和《语言事业规划发展纲要》紧密结合，这两份文件是语言文字工作的重要依据。另外，应尽可能加强PSC的理论研究和总结，逐步建立普通话水平测试学，使其作为一门学科，有比较完整的学术体系。

七 小结

本节主要探讨了标准讨论时期PSC领域的研究重点，开展的学术活动，对该时期的重要学术成果进行了点评，并运用学者访谈的方式补充了现有文献对三级思想确立影响因素记载的不足，获得了该时期学术领军人物——陈章太对其在PSC领域所作贡献的自我评价。

20世纪80年代初期，已有学者就PSC标准问题进行讨论、研究，但那个时候这一想法并不明确，学术自觉尚未形成。尽管如此，这一时期PSC的朦胧想法、学术的争鸣对于日后的PSC研究起着积极的铺垫作用。

标准讨论时期，PSC 领域的学术研究主要集中于对于级别划分及其标准的讨论，形成了"三级说"和"五级说"两种主要的意见。学者们对于级别的划分虽未取得统一认识，但各自都有其学理依据，应该说这方面的探讨取得了相当的成绩；部分省份虽已展开测试实践活动，但是并未形成统一的标准，尤其是对口语水平的辨识方面，很多地区还停留在日常课堂表现、学校自主出题等方式的运用上，远未达到标准化的要求。在研究方法上，学者们主要采取阐释性的定性研究和思辨式的学术探讨。

标准讨论时期，比较重要的学术会议有两场，在夏威夷举行的"华语社区语文现代化和语言计划学术研讨会"及在中国香港举行的"普通话教学与测试研讨会"。陈章太在夏威夷会议上宣读的论文《略论汉语口语的规范》，成为 PSC 的拓荒之作；学者们在香港会议上对 PSC 理论与实践的讨论，则使 PSC 研究问题更加聚焦。

第三节　测试标准建立时期（1989—1994 年）

PSC 标准讨论时期和标准建立时期的分野点是 1988 年年底"普通话水平测试标准研究"课题组的成立。课题组的成立，标志着 PSC 研究从纯学术层面的操作发展为政府领导下的学术行为。在教育部和国家语委的支持下，在国家社科基金①的资助下，课题组主要进行研制 PSC 标准、制定普通话测试大纲、编制测试题三项工作。当然，该时期除了教育部推普办和国家语委语用所的相关研究外，还有更多的学者参与到 PSC 的学术研究中来。

一　标准建立时期研究概览

由于"标准研究"课题组成立于 1988 年年底，因此，该时期学术成果的统计时段为 1989—1994 年。这段时间，PSC 领域出现了学术论著零的突破，科研立项从无到有，研究成果主要有学术论著 1 部——《普通话水平测试大纲》；学术期刊论文 12 篇，年均发文量 2 篇，尽管该时期的期刊发文量仍然不大，但较之标准讨论时期年均发文量翻了一番，且发文期刊较为稳定，其中 7 篇文章发表在《语文建设》上，2 篇文章发表在

---

① 该项目于 1993 年获得国家社会科学基金资助，项目号：93BYY010。

《语言文字应用》上,也就是说四分之三的文章发表在国家语言文字部门主管的核心学术期刊上,初步形成了自己的学术园地。

对该时期的学术成果进行分析,可以看出,此时期的学术探讨继续围绕测试标准的制定、方式的确定进行,与标准讨论时期相比,还展开了对于测试范围界定的研究,并且近半数的期刊论文发表主体和全部学术论著研究主体为国家语委专职研究人员,研究成果以集体性智慧结晶——《标准(试行)》(1992年发布)和《大纲》(1994年出版)的形式确定下来。

(一)宏观课题

1. 测试性质

该时期,学者们对 PSC 的性质定位进行了认真的探讨,并对该问题进行了明确的界定和详细的说明。

吴积才、王渝光(1989)较早探讨了该问题,《普通话标准化考试的理论与实践》首次以现代测量学的眼光,全面探讨了普通话测试的性质,将该测试定位为标准化的常模——目标性参照测试;并用实证的手段,检测了标准化测试的可行性。王渝光的《试论普通话标准的方法论基础》(1993)将该测试定位为普通话口语实际运用能力的普及性测试。刘照雄的《推广普通话的重要举措——普通话水平测试简论》(1994)将测试的性质表述为"对说汉语方言的人学习和使用普通话所达到的标准程度的检测和评定"。这三篇文章中,前两篇分别从参照体系和考查方式讨论了测试的性质,第三篇则从测试对象和测试目的入手,对该问题进行了进一步的阐述。

1994年,《大纲》从正反两方面对 PSC 的性质问题进行了详细的说明,将 PSC 的性质定位为评检人们普通话标准程度的测试,这一定位是符合当时社会推普现状的。虽然中华人民共和国成立之初就开展推普工作,但 PSC 推出之时,大多数人的普通话还处于普及的阶段,达到提高要求的仅为少数。PSC 作为检测普通话提高成果的一种手段,其定位设置在"标准程度"是实事求是的。虽然《大纲》没有从测试目的角度阐明测试性质,但根据测试名称的表述可知,该测试是一项水平测试。按照参照系统的性质,应试者的测试成绩跟其他参试人员无关,只跟确定好的标准——满分100分的普通话样貌进行比较,因此,该测试是标准参照测试。

2. 理论方法

该时期，涉及测试理论方法的研究成果较少。庄守常（1992）提出，普通话测试中出现的是过渡性语音，虽然没有用二语习得理论的术语进行表述和解释，但其中已经蕴含着人们的普通话处于中介语连续统中的思想雏形。

（二）测试依据

1. 等级标准

PSC 标准的制定是该时期最核心的研究课题之一，要制定出科学的标准，首先要对"标准"有一个统一的认识，因此，学者们围绕"标准"的所指、适用范围和等级的划分展开了进一步的研究。

（1）"标准"的所指

要对一件事物进行科学的研究，首先应对其名称所指有一个统一的认识。尽管刘导生的《新时期的语言文字工作》（1987）明确提出"标准只有一个，要求可以不同"，但研究初期的学者对"测试标准"这个概念的认识其实是不统一的。

吴积才、王渝光的《普通话标准化考试的理论与实践》（1989）中多次出现"标准稳定"的说法，根据对文章的理解，其内涵应为根据测量数据得出的试题选配标准，主要指整个试卷中不同难度题目的比例。

庄守常的《关于普通话测试标准的思考》（1990）区别了规范化和标准两个概念，其文中所指的规范化是我们今天所说的满分标准；测试标准则是我们今天所说的测试要求。

孙修章（1992）明确了"标准"的所指是 PSC 等级标准，有且只能有一个，是客观评定人们普通话水平的尺度，也是普通话推广的方向。

（2）等级的划分

标准讨论时期，特别是 1986 年全国语言文字工作会议之后，学者们对普通话分级问题有了更加一致的认识，但对分级标准的表述比较模糊、抽象，另外，对于两级之间的跨度造成晋级的鸿沟也有了初步的感知，因此，学者们意识到对于等级标准的讨论不能止步于此。

陈章太（1990）在谈到普通话系统的多层次性时，首次在三级的基础上提出每级下设两等的想法，这是 PSC 学术研究上的一大创新。另外，他还对标准普通话和不标准普通话的主要使用域做出了区分，前者为教学语言、宣传语言，后者为工作语言、社会交际语言。这种表述已经初步透露出了对不同行业人员的普通话有不同要求的意思。

宋欣桥的《普及普通话的语音标准框架》（1991）从划分普通话和非普通话的语音分界线入手，对能够进入普通话范围的最低语音面貌进行了探讨。该文对各地方音系统与普通话语音系统的对比，为 PSC 等级标准难点音的设定提供了参考依据，其中"限定要求"成为后来实际评分中语音错误的判定标准，在普及普通话的语音标准中"暂不做要求"的内容和范围则成为语音缺陷的判断参考。这些也可以看作是《实用手册》的研究起点。

孙修章于 1991 年 9 月代表课题组向国家语委的专家做汇报论证时，将三级水平特征分别描述为双语、专业、初级水平。孙修章（1992）汇集了前代学人关于普通话等级划分的思想精华，将之凝结成"三级六等"的精练表述，并明确界定了不同普通话水平的六组语言行为的基本特征。从正式施测二十多年来的情况看，测试分数能够客观地体现应试人在其所处分数段的普通话特征。

（3）标准的适用范围

标准讨论时期，标准的制定主要是为了提高行业系统内或特定地域人们的普通话水平，因此具有一定的行业或地域针对性；标准建立期，学者们意识到测试标准唯有全国通用，才能保证衡量尺度的统一，建立不同行业、不同地域测试间的可比性和全国通用性，制定统一的行业准入标准，提高测试的科学性和客观公正性，形成竞争机制、提高普通话学习的积极性。这一思想在《标准（试行）》中集中体现出来，孙修章（1992）对此进行了明确说明。

（4）对标准的把握

庄守常（1990）提出针对不同普通话水平的应试者，测试标准应具有一定的相对性，且标准的制定应建立在量化分析的基础之上。两年后，庄守常（1992）又提出，根据普通话水平的高低，对于正确部分标准度的把控也应有紧松之别。也就是说，应将正确比例和规范程度共同作为评判普通话水平的标准。这种设想在当时的推普环境中对保护处于普通话学习起步阶段的人们的学习积极性是起到了一定的促进作用的，但从长远来看，对于统一评分员对标准的认识和把控是不利的，对于提高测试的科学性是无益的。但有一点值得学界注意，庄守常（1992）在讨论正误相对性时所提出的两个概念——"显形过渡性音节"和"隐形过渡性音节"，与这两个概念对应的语音问题其实是方音性错误和过渡性缺陷的区别，这为后来 PSC "语音错误"和"语音缺陷"的提出奠定了思想基础。

测试标准的全国通用性保证了全国不同地区、不同职业人群使用同一份试卷测试时取得的成绩具有可比性，但是，不同时间、不同批次试卷的测试成绩之间的可比性还是无法解决，针对这一问题，王渝光的《试论普通话测试标准的方法论基础》（1993）在综合考虑理论、人力、物力的可行性，技术的可操作性后，认为应采取相对量化的方式来确定普通话测试的标准，即运用统计语言学和教育测量学的方法，计算出语言概率进行试卷组配，在此基础上建立抽样具有代表性的 PSC 题库，从根本上解决试卷等值问题。该设想的提出，可以看作是科学量化"三级六等"标准道路上迈出的第一步，对引领测试科学发展起到了积极作用。论文发表之前，没有学者从方法论的角度进行汉语语音、词汇、语法出现频度的论证；论文发表之后，出现了使用数理统计等实证方法进行的系列研究。

（5）调查实验

PSC 标准制定过程中，进行过多次调查，其中规模较大、影响较深的有两次。

第一次是在 PSC 标准研制接近尾声时，为确保在实际测试中标准的均衡性、适用性、承继性，课题组在广东省进行的试测。在试测过程中发现标准定得偏高，于是根据试测结果，对标准进行了调整。

后来对广东、上海、石家庄等市及北京中央普通话进修班进行了第二次测试实验，共测试 179 位相关人员，获得 162 人的笔试成绩，171 人的口试成绩。试测范围广，样本量也比较充分，试测结果符合预期效果，体现出我国由南到北人们普通话的梯形分布特点。

这两次试测活动积累了大量的数据，为普通话水平等级标准的科学性奠定了坚实的基础。1991 年，"等级标准"通过了专家认证，并于 1992 年在全国颁布。

2. 评分系统

与标准讨论时期的分数体系不同，标准建立期学者们（吴积才、王渝光，1989；刘行军、孟祥贵，1992；孙修章，1992）对于分数体系的设计多采用百分制方案。

刘行军、孟祥贵（1992）将普通话水平三级的分数段分别设定为 90 分以上，为一级；80 分以上，不足 90 分的，为二级；60 分以上，不足

80分的，为三级。从语音和表达两个层面对应试者的普通话面貌进行考查，权重分配为4∶1。该方案在评分标准的设定方面，虽然对语音方面按照出错率进行了严格的量化扣分规定，但是将语音之外的其他项目全都划归为表达，评分时完全采取主观评定法，将影响测试的信度。另外，当按总分对级别的划定与语感整体印象差异较大时，可以做出调整的表述，已经暗含了定量与定性相结合的评分思想。

孙修章（1992）提出，PSC采取定量扣分和搜索式扣分相结合的计分方式，根据内容、数量和重要性，将笔试、读单字、读词语、读文章和说话5个测试项的权重分别确定为20%、8%、12%、20%和40%。

3. 测试任务研究

普通话水平的等级标准作为指导性原则，要有所依附，需要一套高质量的试题任务引导出应试者的语言样本，再根据标准进行评分定级。PSC既然将应试者的语言样本作为考查对象，就一定要尊重语言的社会性和心理特性，依据一定的心理测量学理论和方法，进行任务设计，确定测试的内容、试卷的结构、长度、试题类型和施测过程，并根据试题类型确定评分方法，细化评分规则。因此，该时期出现了针对上述问题的研究和实践。

（1）测试内容

标准讨论时期，学者们倾向于强调测试题目的方言针对性及对拼音的掌握。孙修章（1992）认为，拼音和普通话的关系是工具和目的的关系，学习普通话可以有多种途径，可以通过拼音，也可以通过别的方式达到殊途同归的目的。换句话说，掌握拼音和说好普通话之间并不是一种对等的关系，因此，作为工具的汉语拼音不应被列入普通话的测查范围。另外，根据各省测试实践的反馈，由于普通话学习的个体差异，试卷难点分布的不均衡性会导致测试结果有失公允，甚至导致学生的投机心理。因此，刘照雄（1994）提出，客观、统一的测试应强调测试项目的全面覆盖性而非方言针对性。尽管要求考查内容具有广泛的覆盖面，但毕竟要限定在一定的范围内，对此学者们主要进行了以下研究：

吴积才、王渝光（1989）认为PSC是对应试者运用普通话能力的考查，不应将知识性内容作为考核项，并给出了8000个常用词及常用地名、国名的词汇考查范围。

刘行军、孟祥贵（1992）探讨了自由交谈的内容范围和朗读选文的用字范围，两位学者认为，前者应圈定在学生熟悉的话题范围内，后者不应超过 3700 个常用字。另外，文章从控制文本难度的角度考虑，给出了朗读材料从小学中高年级或初中语文课本中选取的建议。

史定国（1992）从静态统计、词频统计、声调结构等方面对轻声词进行了统计分析，并划定了 PSC 中常用必读双音节轻声词的选用范围。

庄守常（1992）从测试的考查重点切入，认为应重点考查语音的规范程度，且须将声、韵、调从音节中切分出来单独考查。

孙修章（1992）指出，测试应全面考核语音、词汇和语法，但考核内容有主次之别，应以语音为主。

在测试考查的内容范围基本确定后，学者们开始思考施测对象的范围。刘照雄的《推广普通话的重要举措——普通话水平测试简论》（1994）指出，PSC 的开展应跟工作相结合，先在部分行业、部门、系统中进行，而不是在全民范围中施测。随后，该文在教育和广电系统等对普通话要求较高的行业率先推行 PSC 的原因进行了深度解析。尽管如此，我们还是应该清醒地认识到，等级标准不只是适用于这部分先行测试的人员，还应具有更广泛的适用性，能够通用于评价所有中等文化水平汉语母语者的普通话讲说能力。

（2）试卷结构

试卷结构，指试卷的组成部分及各部分之间的关联方式。规范合理的试卷结构，有助于提升测试的整体效应。标准建立时期，关于试卷结构的研究成果，主要体现为对各省测试方式的总结，本书选择了几种较具代表性的样本结构，列于表 2-3。

表 2-3　　　　　标准建立时期各省普通话测试方式

省份	时间	笔试	听力	口试				
				读单字	读词语	朗读	方普转述	说话
云南	1988	+	-	-	-	-	-	-
云南	1990	-	-	+	+	+	+	+
河南	1992 年前	-	-	-	-	+	-	+

由表 2-3 可知，云南省自 1990 年起，大胆突破了以往语言测试必有笔试的思维定式，全部采用口试方式，证明了口试用于评价人们普通话水平的可行性。自此之后大多数省份的 PSC 采取了口试的形式。从笔试到

口试是普通话测试史上的一次根本性转变，反映了人们对测试目的认识的深化，以及对母语语言能力特点认知的进步，同时，该测试方式的选择也符合当代语言学理论关于"作为交际工具的语言，本质上是口语"① 的认识。

PSC 研发最终是为了提高人们使用普通话即兴表达的能力，是要帮助人们把陈述性知识转化为程序性知识，而两种知识转化的桥梁是"说"。方言区的人学说普通话并不是学说一种如同外语那样的新的语言，因为基本的词汇和语法系统是他们从小就习得、掌握了的，他们所需要的只是提高语言的规范度和语音的标准度。因此，在测试中，应重点考查应试者的说话能力，而非对语言能力的全面考查，检测说话能力采用口试这一表达技能测试手段是最恰当的。

口语测试长期以来一直受到世界语言测试界的关注。第二次世界大战期间，美国外交学院、国防语言学院及中央情报局都进行过大量的口试方面的研制和实验，英国更是一直坚持在其语言水平测试中使用口试的方式。针对口试评分的主观性所带来的分数稳定性差、信度较低等问题，学者们进行了一系列研究，并提出了较客观的评分方案。有的学者提出可以参照体育赛事评分时采取的去掉最高分和最低分，取平均分的方法；有的学者提出采取主考评分，辅考统分以统一评分标准的方法；在众多方案中，比较值得一提的是美国外事服务中心所设计的基于 5 度评分的口试记分表（Thompson，1989）（见表 2-4）。

表 2-4　　　　　　　　美国外事服务中心口试记分表

综合能力					
发音					
语法					
词汇					
流利程度					
得体性					
	很好	好	一般	差	很差

从表 2-4 可知，美国外事服务中心从多个侧面对人们的口语成绩进

---

① 程曾厚：《"词汇计量学"的三项选词标准》，《语文现代化》1983 年第 1 期。

行综合测评，而且表格使用者可以根据实际情况，增删考查的项目。尽管如此，学者们还是认为口试评分的稳定性未得到有效的解决，因此直到PSC 研制之时，托福和 HSK 都未设口语考试项。PSC 的研发人员针对母语测试的特点，大胆提出所有考试项目均采用口试方式进行，这既是一大创新，也是该测试的一大亮点。该测试方式的使用，能够较好地区分出应试者普通话水平的高低，题目范围一般也比较宽泛，使应试者拥有较大的表述余地，引出足够量能够代表应试者水平的言语，供评分员评定等级。

当然，对这个问题认识的过程中也出现过一定的反复，直到 1992 年《大纲》研制初期，还有学者坚持采取口、笔测试相结合，但以口试为主的测试方式。直到实证发现，造成说话成绩和总评分不一致的因素中，笔试成绩占到了 51.7%（孙修章，1992），笔试项才最终退出了 PSC。尽管学者们对该问题的认识存在一定的反复，但这种反复是符合人们认识事物的规律的。

(3) 试题类型

在确定测试方式后，学者们开始讨论具体的测试题型。经过前期的探索，学者们意识到 PSC 应该是一种既有别于外语考试，又不同于现代汉语考试的测试，并沿着这一思路从应然和应弃两个方面继续探索 PSC 的科学施测方式。

吴积才、王渝光的《普通话标准化考试的理论与实践》（1989）从普通话正确读音的唯一性、考查的多层次适用性、对于学习效果的诊断性、评分的客观性和阅卷的迅捷性等角度，论述了将单一选择题确定为测试题型的理由。

也有学者从测试可操作性和测试信度考虑，在最终确定考试题型的时候舍弃了部分考查形式。例如，由于汉语方言的复杂性和普通话词语、语法规范的未决问题，很难保证所有应试者都能够完全理解方言词语的含义，因此，普方转述考查方式的可行性较低；出于对话对主试要求较高及保证测试信度的考虑，在正式考试的时候，未将其纳入考试题型。

综合各项考虑，《大纲》将 PSC 确定为一项单向口试，鉴于普通话有口语和书面语之别，在测试中也采取了有文字凭借和无文字凭借的两种考查方式。

(4) 测试长度

①试题数量

试题数量对测试质量有着重要影响，试题数量过少，抽取的样本对于考生语言水平的整体代表性较低，无法充分反映应试人普通话水平；试题数量过多，又会带来疲劳因素等一系列影响测试结果的问题。因此，如何确定每个部分的试题数量，达到题量与效率的均衡是测试开发人员无法回避的问题。

吴积才、王渝光（1989）结合云南省测试实践，认为100道题目的测试量，能够保证足够大的考查覆盖面，考查结果可以代表应试人普通话的真实水平，所以这个题量是合适的。

刘行军、孟祥贵（1992）撰文对河南省普通话分级测试的实践情况进行了说明，河南省实行的测试以口试方式进行，包含说话和朗读两部分，说话部分采取1分钟对话和2分钟命题说话两种形式，朗读部分则为读一段350个音节的文字材料。

孙修章（1992）介绍，经过课题组的反复思量，将最初的试题数量设置为：笔试50题，读单字和读词语各100个音节、读文章500个音节、说话500—700个音节。

②测试时长

孙修章（1992）在参考了HSK［高等］口试部分（总共20分钟，其中10分钟用来准备，10分钟用来考试）和美国外语口语测试（10—30分钟）的考试时间分配后，将PSC的总时长确定为30分钟。

（5）数据库建设

1989年，云南省就初步建立了普通话测试题库。虽然为了保证评分的客观性，该库所有题目均为单一选择题，但在摸索以科学数据为依据的数据库建设及计算机自动等值试卷的组卷方面作出了开拓性贡献。

1994年，云南省基于万余名师范生及中学、小学、幼儿园教师的实测数据，建成云南大学普通话语音信息数据库系统，为普通话难点音和教学重点的确定提供了科学、准确的量化信息，为国家语音数据库的建立提供了可供借鉴的先例。

（三）测试作用

何国祥（1994）认为，标准的制定对于"香港普通话科教师基本要求"等级结构的制定有着重要的参考、指导价值，这是较早提及等级标准社会效用的文章。

（四）测试评价

吴积才、王渝光（1989）以实证的方式，获得了云南省开发的普通话标准化考试的质量分析数据：考试的难度为 0.52，区分度为 0.3 以上，信度为 0.9 以上。从数据来看，该测试是可信、有效的，这是较早从教育测量学的角度进行测试质量评价的文章。

刘行军、孟祥贵（1992）意识到了评分员对评分结果的影响，虽未对评分员的素质要求给出具体设想，但是问题的提出对进行测试研究、提高测试信度也有着积极意义。另外，《普通话分级测试暂行办法》对施测过程进行了探讨，认为测试应由两个以上的老师主持，在进行按话题说话测试时，应给学生大概 1 分钟的准备时间。

二 标准建立时期的重要学术事件

标准建立时期，全国很多省份开展了普通话教学和考核研讨会，其中比较成功的有云南省语委办 1989 年组织的研讨活动。本次活动中，来自各高校的专家就普通话考核的理论和技术问题进行了探讨，形成了只考口试、集中评分的意见，并于 1990 年开始试行。试行期间，学者们继续探讨测试的内容、题型、评分标准等问题，并于 1991 年形成了《云南省普通话水平测试大纲（草案）》（1991）。云南省还于 1992 年 6 月率先成立了 PSC 中心，使该省的测试科研工作更加系统地往前推进。另外，辽宁省也于 1993 年确立了相关的教学项目，探索高校师生的普通话教学规律。

标准建立时期，PSC 学术领域的另一个重要事件是 1992 年《语言文字应用》杂志的创刊。该刊物是语言文字应用领域的首份学术期刊，其办刊宗旨为通过学术研究为国家服务，通过理论探讨提供语言文字政策法令的学术依据[①]。刊物在创刊伊始，就设置了"汉语规范化"及"普通话与方言"等与 PSC 相关度高的栏目，且从创刊至今一直注重反映 PSC 领域的科研成果，是该领域学术成果最重要的发表平台之一，担负着该领域标志性刊物的责任。

三 国家级测试标准研制的基础

PSC 要制定出一个独特的、明确的等级标准，并推广实施，并不是一蹴而就的，而是有着丰厚的学术土壤、广泛的实践基础和长期的行业探索。

---

① 龚千炎：《我们的设想》，《语言文字应用》1992 年第 1 期。

(一) 学术基础

从世界范围来看,20世纪70—80年代,二语教学领域最显著的变化是学界对听说教学法逐渐失去信心,与此同时,个性化教学开始流行。对于个人的强调,反映在测试领域主要表现在对语言能力测量的更多关注和对标准参照的兴趣,在这两者的共同作用下,引发了第二代、第三代语言测试体系的更迭。结构主义语言测试观强调对应试者掌握、操作语言形式系统技能的考查;交际语言测试观认为语言测试不仅要测查语言能力,而且要测查语用、语篇等能力。等级标准研制小组正值此时期成立,这两种测试观互相交叠,共同影响着PSC的研制。结构主义语言测试观在PSC中体现为将语言分为语音、词汇、语法三部分进行考查,且语音又分为声、韵、调三个测查重点;交际语言测试观主要体现在说话项的设置上。20世纪90年代,科学技术的进步带来了测试方式的转变。语言测试研究者尝试采用电话答录机或电话会议的方式进行口语测试,使用计算机自适应测验为每个被试量身定制测验,一系列尝试给了PSC研发人员更广阔的思路,这是标准研制的国际语言测试大背景。

从国内语言测试的学术发展情况来看,20世纪80年代初,教育部多次举办语言测试短训班,培养了一批掌握一定语言测试知识和技能的骨干教师;学者们对按照用途、评分方式进行的语言测试分类、测试质量品评标准、答案分布、内容范围确定等问题的探讨,为更多对语言测试感兴趣的学者提供了获得进一步了解测试专业知识的通道,客观上为我国一系列标准化语言测试的开发积累了人才。

1981年,出国进修人员英语水平考试(EPT)进入试用阶段,其命题和组织管理的标准化运作为PSC提供了一定的技术参考。

1984年,HSK立项研发;1990年,通过了专家鉴定并正式投入使用。同样将"汉语水平"作为考查内容,HSK的开发对PSC的研发和标准制定具有重要的启发意义。

(二) 地方实践基础

在PSC研制和标准制定过程中,各省进行了积极的理论研究和局部实验,为全国性等级标准和测试大纲的研制提供了土壤。PSC从各省的实践方案中吸收成功经验,形成了一种自下而上的总体实施方案,这些在前文已经细述,此处不再赘言。除了地方的测试实践,地方的推普实践活动也为PSC研究积累了一定经验。

1980年，云南拟定学校推普工作十年规划，对省域范围内不同地区的各级各类学校分别提出了普及普通话的时间要求，并拟定了普及普通话的标准，为国家对不同地区普通话普及时间要求提供了参考。

1983年，湖北省师范院校普通话教学成绩观摩会，首次采用口头作文的比赛方式。参赛者现场抽取题目，经过15分钟的准备上台表演，表演时间限定在5分钟之内。这种方式得到了肯定，被认为是检验口头表达能力的一种创举，并在辽宁等省得到了进一步的实践，这些都成为PSC题型确定的前期实践。

1984年春，河南省教育厅和省文字改革办公室对915名中等师范学校的教师进行测试，测试采取笔试和口试两种方式，并将80分定为合格线，两项考试均达到合格线的老师为48%，这些老师于1985年获得普通话合格证书。80分合格线的设定，为要求教师普通话水平达到二级做了前期的实践铺垫。

(三) 行业基础

普通话作为播音语言可以追溯到1949年以前，可以说，广播在我国诞生以来的90多年间，国语/普通话一直作为其播音语言，因此，对播音主体普通话的评价标准成为普通话标准研制的行业基础。

首先，播音员所说的普通话是最高水平普通话的标尺。我国一直重视对播音员普通话的要求，播音员应成为说普通话的典范。20世纪50年代刚刚推广普通话，为了让人们对什么是普通话有一个清楚的认识，周恩来将中央人民广播电台播音员说的普通话确定为典范，为人们树立起了普通话的榜样。

其次，广播电视人才选择的标准为普通话标准的研制积累了经验。1948年10月7日，《陕北台播音组关于训练和培养播音员的意见》将能说流利的普通话作为播音员的必备条件之一；1949年8月，《北平新华广播电台训练播音员的方法》将普通话流利、音色清晰作为选择播音员的标准；我国第一家电视台——北京电视台建台初期，挑选播音员的语音标准为"能操标准的普通话，口齿流利，有一定表达能力"[①]；1988年，北京广播学院（现中国传媒大学）将"语音标准"列为专业考核内容的考

---

① 中央电视台研究室、主持人节目研究委员会编：《中国荧屏第一人——沈力》，中国广播电视出版社1999年版，第13页。

查要求。也就是说，普通话标准是招收播音员的基本底线或曰招聘线，普通话不标准或者不太标准，不能被招收为播音员。2018年8月，姚喜双在接受笔者访谈时也谈道，"当时对各级播音员普通话的考核，虽然没有现在这样的PSC等级标准，但是对方言词汇、语音面貌有一些基本的主观评价标准，语音的标准程度大概相当于现在的一级水平"。

最后，不同级别的播音员之间普通话水平上的差距，为普通话标准的制定提供了分级要求的思路。我国是四级办广播，县级、市级、省级、中央级播音员普通话水平的现实差距，提醒标准研制者应注意不同人群之间普通话水平的差异，也为普通话评价标准的拓展提供了一定的思路。

综上所述，普通话的标准不是凭空产生的，而是有广播电视人才选择基础的；普通话的分级也不是空穴来风，而是经过广播电视界多年来选人、用人实践检验的。

四 标准建立时期代表性成果述评

标准建立期，最有代表性，也是对其后学术研究最具影响力的研究成果有两个：一是1988年开始研制，1991年通过专家鉴定的《标准（试行）》；二是1992年着手编写，1994年正式出版的《大纲》。孙修章（1992）对前者的研制背景及遵循原则，等、级的确定及其特征描述语的构拟过程，分数线制定的可靠性进行了细致说明，并通过实验验证了口试评分的可行性和可信性，是后辈学人了解"标准"研制的历史背景和过程具有重要史料意义的资料。

（一）《普通话水平测试等级标准（试行）》

PSC作为一项衡量应试人普通话水平的测试，以语言描写为基础，以理论构建为核心，以语言应用为目的。其核心理论是如何科学地为普通话水平划分等级，换言之，普通话水平的等级界定必须是在相关理论的指导下、经过严密的科学论证，并要经得起实践的检验。

1988年年底，受国家社科基金资助，由孙修章和于根元负责的"普通话水平测试等级标准"课题组成立，除两位负责人外，课题组成员还包括曹澄方、宋欣桥、魏丹和姚佑椿四位学者。课题研制的主持人及其研究团队力量强大，各位专家都是当时语言学界的权威学者，代表着我国语文教学、语言研究，特别是语音研究的前沿，拥有科学先进的研究方法和广阔的学术资源，这些对测试标准的研制都是不可或缺的条件，为标准的科学性提供了智力保障。

1. 《标准（试行）》确定的参考资料

PSC 的等级划分、标准设定并不是心血来潮的冲动之举，而是建立在对国内外语言测验资料阅读、思考、借鉴的基础之上。孙修章（1992）在谈到"标准"的研制时，提到课题组共收集到 50 份资料，其中较有参考价值的有 15 份。这 15 份资料是我们研究 PSC 学术发展的重要资料。然而，由于资料的散佚和孙修章的离世，这 15 份资料被蒙上了神秘的面纱，我们尝试通过对孙修章所撰论文的梳理以及对陈章太、仲哲明、于根元、刘照雄等测试开发亲历者的访谈，部分还原当时的资料，掀开面纱的一角。

孙修章（1992）明确提到了 6 份标准研制的重要参考资料，分别是《普通话等级标准条例草案》（北京市语言学会，1982）、《略论汉语口语规范》（陈章太，1983）、《新时期的语言文字工作》（刘导生，1987）、《普通话标准化问题考试大纲》（云南省，1990）、《教师汉语拼音及普通话等级考核方案》（辽宁省）、《中师普通话考核标准和方法》（黑龙江省）。

孙修章（1992）没有说明资料名称，但是有迹可循的资料有一份——"美国外语水平测试"的等级划分方法，通过资料的比对，本书推测当时参考的是《美国外语教学协会关于外语能力测试标准的暂行规定》（盛炎、宫燕明译，1986）。

对于当时收集的国内资料，于根元在接受访谈时说"云南和北京市的比较多一些"，"云南是王渝光和戴梅芳"，根据于根元提供的信息，以及对文献资料的搜索，本书将材料锁定为《普通话标准化考试的理论与实践》（吴积才、王渝光，1989）。

2. 《标准（试行）》的特点

《标准（试行）》的成功研制汇集了当时我国语言学界的智慧和各省测试实践的经验，学者们在标准制定过程中作出了重要贡献，所研制的标准具有以下特点：

第一，借鉴已有经验，提出改进方案。标准的研制并不是凭空想象式的闭门造车，而是广泛借鉴了国内外汉语及外语水平测试的经验，在大量占有当时测试界最新成果的基础上进行的。另外，为了使研究成果更加符合实际，课题组还考察了各省普通话测试的实际情况及标准制定的具体原则，为标准的研制打下了充分的基础。

第二，听取基层意见，分级科学明确。标准的研制广泛听取了基层意见，在与各省语委的反复交流中，课题组成员对方言区人们的普通话状况有了更深的了解和认识，为科学制定综合各地实际情况的全国性标准提供了经验保障。例如，在 PSC 等级标准研制之初，对于各等级描述语的设置如下：一级，会说标准的普通话；二级，会说比较标准的普通话；三级，说不标准的普通话。后来，听取了各省语委提出的缩小与二级差距的意见，均衡了一级到三级的跨度，平缓了水平下降的幅度。另外，对于三个级别中失误性质的最初界定是：一级应为普通话范畴内的误差；二级则为方言性质的失误；三级则是说普通话生硬、有吃力感、外地人有听不懂的情况。前两个等级是从错误的性质来划分的，后一个等级的划分则是从交际的角度进行的，因此难免有标准不一之嫌。有鉴于此，学者们将其描述调整为"语音失误范围大，方言语调明显"。这样，就统一了等级划分的标准。在此基础上，用简洁凝练的语言将各等级特征的描述语表述出来，方便评分员正确理解和使用，对提高测试信度、确保测试的科学性是大有裨益的。

第三，重视预测实践，寻找主、客观评级的结合点。在进行分数线拟定的时候，由于并无现成的经验可供参考，孙修章等学者凭借经验，将一甲、一乙、二甲、二乙的失分率分别拟定为 5‰、2%、8%、15%。但在广州试测时发现，按照这个标准确定的客观评价等级和专家们的经验感觉存在较大的差异，需要作出调整。再三斟酌之后，将一甲到三乙的失分率重新确定为 3%、8%、13%、20%、30%、40%。在此之后，又经过 171 人的试测评分，实践证明，该分数线能够较好地体现各等级的特征，因此将其最终确定为等级特征的量化标准。另外，在试测点的选择上，采取了符合我国语言地理分布的特点。由南到北选择了广东、上海、石家庄三个点，测试结果表明，人们的普通话水平从南到北呈现出向好趋势，切合语言事实，符合测试预期。

第四，设定努力方向，符合认知心理。普通话一级甲等的标准对大多数人来说是非常高的，如果拿这个标准来要求所有人是不切实际的，但如果作为人们努力的方向，对提高人们的普通话水平将是非常有益的。另外，将 60 分划定为三级乙等的最低分数线，作为普通话和非普通话的分野线，符合人们的一般认知心理。在很长一段时间，大家都认为 60 分是及格线，而 PSC 的及格线就意味着这条线之上就属于普通话，尽管或多或少存在一些问题，在标准程度上有所差异，但已经进入普通话的行列；这条线之下，则属于非普通话的范围，这部分人群若想获得普通话等级证书，则需继续提高自己的普通话水平。

第五，定量与定性研究相结合。在评分标准中设定量化评分部分，体现的是对"量"的尊重；同时又有具体等级的认定，体现了"质"的要求。这种定量和定性结合的研究方式，代表了一种新的、富有活力的研究方向。

第六，政策刚性与灵活弹性的结合。PSC 作为标准参照测试，其标准是唯一的，这是政策性、刚性的体现；根据不同地区人们掌握普通话的难度和不同行业对普通话的实际需求，对不同人群的普通话等级提出不一样的要求，这是灵活性、弹性的体现。

（二）《普通话水平测试大纲》

测试大纲是规定一项测试"测什么"及"怎么测"的官方文件，是测试及其命题员应遵循的蓝图，是建立测试构念效度的基础（Alderson，2000）。《大纲》是制定 PSC 的测试内容和测试方法的官方文件。为了保证《大纲》研制工作的顺利推进，1992 年年底成立了以刘照雄为组长的课题组；1993 年 3 月，成立了《大纲》研制学术委员会，任命王均为主任。一年多的时间中，学者们在"等级标准"课题组研究的基础上对 PSC 的发展不断进行理论上的概括和总结，1994 年 6 月《大纲》定稿，并于同年 11 月顺利出版。

1. 《大纲》的主要内容

《大纲》将"以测试促进培训，以培训保证测试的质量，切实提高人们掌握普通话的规范程度"（刘照雄，1997）作为编写的总指导原则。在该原则指导下，根据语言学的理论研究成果，进行了题型设计，并编制了"普通话水平测试用普通话词语表"（以下简称"词语表"）；根据方言调查结果编制了"普方词语对照表"和"普通话水平测试用普通话与方言常见语法差异对照表"（以下简称"普方语法差异对照表"）；根据普通话教学实践总结出了普通话语音中的难点。可以说，《大纲》是将我国现代语言学的理论研究成果、方言调查成果和普通话教学实践有机结合的典范。

《大纲》共含八个部分，援引了相关文件，为 PSC 的开展提供了政策依据；精辟论述了测试的性质、目的、标准、形式等观念性问题，明确了测试的对象、内容范畴、方式方法、分值分配、时间及命题细目表，从理论和实践上为 PSC 的进一步发展奠定了基础。

(1) 测试目的的确定

研发一项测试，首先要明确测试的目的或曰测试意图，并在此指导下进行试题的拟制。《大纲》明确了测试的目的，即测查应试人普通话的熟练程度、准确程度，根本目的是提高人们的普通话水平。

(2) 目标人群的确定

对于将要参加 PSC 的应试群体的描述，是设计测试任务的前提。最初确定的 PSC 的测试对象为具有小学六年级以上文化程度的非北京市（包括北京部分郊区县）出生和生长，以汉语为第一语言的人（孙修章，1992）。《大纲》调整了对测试对象群体的表述，将具有中等文化水平的汉语母语者全部纳入测试的对象范围。由于 PSC 主要以"读"的形式进行，即使"说"的部分其前提也是读懂题目，因此，对受教育程度的确定就具有重要意义，有助于测试研发人员选择适当难度的测试项目以及测试所用字词的范围；对于测试对象汉语母语者身份的确定有助于测试研发人员取舍应测的语言技能。

尽管普通话的推广是在全国范围内进行的，但最初的必测人员却有一定的选择性，正如刘照雄接受笔者访谈时所说，如果"没有界限、没有区分，就没政治、没政策"，因此《大纲》对测试对象使用的是限定性表述，应该参加测试的人员为岗位素质对普通话有要求的教师、播音员、节目主持人，后来的调查结果也证实，必测人群的选定是非常合理的。中国语言文字使用情况调查办公室（2006）、苏金智（2012）的调查结果表明，学校学习和看电视、听广播是人们学习普通话的主要途径。在学校主要是跟老师学习，看电视、听广播主要是向播音员、主持人学习，可见，教师和媒体工作人员对大众普通话学习的作用非同小可，因此，对这些人的普通话提出具体要求，符合社会需要。

(3) 测试内容的确定

①显性内容

尽管方言和普通话是同一种语言的不同变体，但其在语音、词汇、语法上的差异仍不容忽视，其中差异最大的是语音；其次是词汇，据刘照雄（1997）的研究分析，普通话与方言之间的常用词语差异"最多不超过

29.6%"；差异最小的是语法，但也可以归纳出若干条。如果方言区的人只是按照普方词汇进行转换，而不是按照普通话的语法习惯进行遣词造句，那么也可能造成不同方言区之间人们交流的障碍。语言变体之间的差异，促使《大纲》编订人员将语音、词汇、语法确定为 PSC 的测试内容。

语言的三大要素被确定为测试内容后，还面临一个分值分配问题。在普通话学习过程中，各语言要素的学习难度是不同的，其中语法最容易，词汇次之，语音最难（王力，1956），因此，PSC 将考查重点放在语音方面，兼顾词汇和语法。

《大纲》对语音的考查分布在各测试项目中。在前两部分题目中，每个声母、韵母的最低出现次数分别被规定为 3 次和 2 次。这种较高的出现次数使得单个题目的随机误差能够相互抵消，从而保证了试卷的可靠性要求。

②隐性内容

PSC 所考查的隐性内容主要指应试者的心理状态。该测试以汉语母语者为测试对象，该部分人群在测试过程中，大多要经历一个由方言思维模式向普通话思维模式的转换过程，制作测试词表是为了帮助方言区人们构建普通话的心理词库，这样人们在使用普通话时，就能随时从词库中提取词语。人们在普通话词语提取的同时还要监控自己的语音、语调情况，在这种情况下，很多应试者会产生焦虑，甚至出现大脑空白的异常状态，这无疑会影响应试人的测试成绩。

综上，PSC 表面上看测的是语音、词汇、语法三部分内容，但是隐含在测试过程中的对应试人心理状态的考量也是不容忽视的一项内容。尽管这可能不是测试研发者的本意，但是却成为影响测试成绩的一大因素。

（4）评分方式的确定

《大纲》规定的评分标准包含对三大语言要素的准确度以及语言流利度的评判，每个测试项目内部又分为不同的等级分数，以便评分员根据分项水平量表对应试者的普通话水平逐项做出评价，属于分项等级评分的方式。该方式的采用能够有效避免因不同评分员的关注焦点不同而造成的评分差异，降低评分误差，提高测试信度。另外，多人独立评分、互相参照的制衡方式，也有助于控制评分误差，保证测试公平。

2.《大纲》的特点

第一，创新性。西方语言学界在语言测试方面的研究尽管起步较早，但其针对的多为二语/外语测试，根据笔者对仲哲明的访谈，在 PSC 的研制阶段，他们并未找到针对母语进行的测试，没有"能够直接拿过来用的国外资料"，因此，各位研制 PSC 的前辈对母语测试《大纲》的摸索性研究具有创新性。

第二，公平性。《大纲》的公平性主要体现在三个方面：一是该测试不依据任何一部普通话教材或教学大纲命题，这样能够保证对不同学习背景应试者的公平性。二是《大纲》规定的测试题目覆盖面全，考查点均衡，且对所有测试对象采用统一的评分标准，这样可以有效避免应试者的投机心理，并确保每个应试者都得到公平对待。三是测试的话题选用无冷僻或歧视性倾向，且均为应试人员比较熟悉的、与日常生活关系紧密的非专业性内容，因此测试时大部分应试人能够有话可说，从而较好地保证了测试对不同专业背景应试人的公平性。

第三，高效性。《大纲》的高效性主要体现在两个方面。一是《大纲》根据使用频度，划分"表一"和"表二"的词表处理方式。词表分级使不同水平、不同要求的应试人在备考过程中能够更有针对性地进行材料选择，从而提高备考效率。二是《大纲》对 PSC 性质的规定。PSC 为标准参照测验，每个应试人的测试表现都是跟一个固定的标准作比较，所以不存在因试题难度跨度大而要求增加题量的情况，因此，可以用一份试卷测查从三乙到一甲，普通话水平差异悬殊的应试者。

第四，综合性。《大纲》对测试项目的设置，综合了主观性测试的优点和定量分析的客观优势。单音节词语、双音节字词等测试项的设置，加之普通话语音标准的确定性，使 PSC 既保持了主观性测试的优点，又跳脱出了早期口语测试缺乏科学的定量分析、评分标准不一致等主观测试的窠臼；朗读、说话测试项的设置，避开了心理—结构主义测试机械性的弊端，深度考查了语言产出技能，并据此判断应试者是否养成了使用普通话进行思维的习惯。

第五，独立性。《大纲》的独立性体现为标准制定与要求提出相分离。测试的研发人员只负责确定科学合理的等级标准，对各等级的普通话样貌给予明确的描述。对各行业人员普通话水平的要求，则由决策者来提出。比如，播音员、主持人普通话应该达到的等级要求由广电总局（当时的广电部）提出，教师行业的普通话准入标准由教育部制定，确定列车广播员的普通话达标要求则是铁道部的职责。

3. 《大纲》所体现的语言观

语言测试的开发一般都基于一定的语言能力理论，《大纲》虽未明确提到该项测试是基于哪种理论，但通过对其认真研读，还是能够将其中以隐性方式体现出来的观点还原出来。

基于对一、二部分的试卷构成、对用户公开的"词语表"等材料的解读，可以透视出其中蕴含的结构主义语言能力观；朗读短文项对语音、语调、句子意群划分等微技能的综合考量，以及命题说话部分给予学生表现其综合运用语言知识和技能机会的设计，体现了心理语言学—社会语言学时期综合测试的特点。

从该测试对语音、词汇、语法等语言要素和读、说等语言技能的考查，可以清楚地看出该测试框架由语言分类组件和语言技能两个轴组成，遵循着 Carroll（1961）提出的经典"离散点"测试的概念框架，体现了"语言—技能"相结合的二维语言能力观。

与一考定终身的测试相比，该测试不设考试次数上限，应试者可以多次参加该测试，以敦促自己的普通话水平提升。也就是说，该测试认为应试者的普通话水平是一个不断变化的过程，可以通过努力，无限接近标准的普通话，其中蕴含的中介语理论显而易见。

4. 《大纲》的历史作用和不足

（1）历史作用

《大纲》作为纲领性文件，自其颁布后便被广泛使用，并对之后 10 年的测试工作和学术研究产生了深远影响；作为一部学术著作，领汉语第一语言大规模口语测试研究之先，是 PSC 学术研究的奠基之作。

首先，《大纲》作为集成性学术成果，在全国建立了统一的衡量尺度，建立了不同行业、不同地域间推普工作及人们普通话水平的可比性。

其次，《大纲》的出版为试卷命制提供了依据。PSC 的试题命制，试卷组配尽管需要出题人员的丰富经验，但由于个人经验的局限性，对于字词难度、话题贴近性等问题的认识可能相去甚远。试卷命制要有所依据，在 PSC 的命题工作中，按照统一规定提取字、词、篇、章，保证试卷间的等值，这些都离不开《大纲》的指导。

最后，《大纲》为 PSC 抽样的代表性提供了保障。PSC 通过约 700 个音节加一个无文字凭借的口语话题判断应试人的普通话水平，这种做法的可行性在测试研制之初是受到人们质疑的。但测试实践证明，有了《大纲》的背景，有了"万词、千句、标准音"的指标，五部分考查重点各不相同的测试项目互相配合，有效地保障了语言产出任务抽样的代表性，全面考查了应试人说普通话的能力。

总的来说，《大纲》作为 PSC 学术开展起步阶段最重要的学术成果，对于该学科的性质、特点、状况做了一个全面的规定，不仅有助于当时的学者全面把握 PSC 的格局，对后来进入该领域的学者快速走上普通话学术研究的道路、迅速获得 PSC 研究领域的方位感也有着重要的意义。

（2）局限和不足之处

作为一项新生事物，《大纲》在其产生、发展的过程中也必然存在不够完善的地方，这种局限可以从宏观、中观、微观三个层面来分析。

宏观来看，《大纲》内容丰富、全面，但也正因为这样，专业特点不够突出，给人以"全而不专"[1]的印象。这种"全"的测试指导思想渗透在测试的各个方面，从测试对象来看，希望能够与"汉语水平考试衔接"[2]，包括母语和二语测试，测试对象定位不够清晰；从词表编制来看，将适用于二语者的 HSK 词表和适合母语者的规范词表共同囊括其中，客观上造成了词语选择的不协调；从语言能力认定来看，对于母语语言能力的考量和对二语语言能力的检定是两个层面的事情，将二者混为一谈，忽视了母语者的语言能力是二语学习者所追求的终极目标这一事实。

中观层面，《大纲》编制受到当时认识和技术条件的制约，存在一定的局限。例如，语料库技术的缺位，使"表二"编制的过程中没有考虑词频因素。另外，词表收词与题型设置不一，削弱了《大纲》对多音节词语的练习指导。尽管词表中含有三、四音节的词语，但是由于测试中没有相应的考查题目，在测试的反拨作用下，应试人准备考试时会将此部分内容忽略，使该类词语在词表中形同虚设。

微观分析，《大纲》没有明确表述测试名称，致使后来社会上对该测试出现命名混乱现象。考察 CNKI（中国知网）1994—2004 年关于该测试的研究论文题目，发现对该测试的名称存在"普通话考试""普通话测试""普通话标准音测试""三级六等考试"等不同称说方式，说明学界对该测试名称的使用并不一致。

尽管受历史条件的局限，《大纲》中存在一些不尽如人意之处，但是

---

[1] 王晖：《普通话水平测试阐要》，商务印书馆 2013 年版，第 183 页。
[2] 刘照雄：《〈普通话水平测试大纲〉的编制和修订》，《语言文字应用》1997 年第 3 期。

没有一种语言测试是完美无缺的。在新《大纲》出版之前，《大纲》的指导作用和积极作用是主要的。局限的存在是《大纲》修订的内驱力，且基本在新《大纲》修订时得到了有效的解决。

五　对"三级六等"思想的评价

对语言本质及其发展规律的语言本体研究和对语言规划的认识，共同构建了PSC标准讨论的框架。作为"国家推广"的语言，普通话的地位在1982年《宪法》中得到了明确。因此，对该语言的测试标准研究涉及了权威性、共同性和评估等问题。此处，"权威性"包含两层含义：第一，普通话作为国家通用语言的权威地位；第二，PSC标准作为国家标准的权威性及其对争议的最终解释权。从这个意义上说，PSC标准不仅仅是一个外部权威的标志，而是权威本身。"共同性"是指PSC标准不是作为某地、某市或某省的标准提出的，而是国家标准，是衡量汉语母语者母语水平必须遵循的标准，具有统一性、共同性。换言之，PSC国家标准是各省、地市及高校测试标准仿效的对象。"评估"，不言而喻，指标准是以比较、评价为前提。在比较的过程中，通过特定方法手段和取得共识的评价体系的使用，获得科学评价的效果。

PSC"三级六等"的等级设置，初看似乎是两次分类，实际上，其中内含着三次分类界定。第一次为普通话和非普通话的分野，第二次为不同等级质的确定，第三次为同一等级中量的划分。"三级六等"虽代表着具有不同水平的普通话面貌，但等级连续统中由低到高的进步并不是阶梯式的跳跃性提高，而是爬坡式的渐进性前进。在这里，我们可以看到语言层次理论对PSC的影响。该理论认为，语言结构是"逐层、顺次组合在一起"。《标准（试行）》将普通话水平定为"三级六等"及不入级的划分方法，实际上是将普通话作为一个连续统，按照"标准—比较标准—不太标准—不标准—非普通话"进行了分层。

另外，PSC"三级六等"的等级设定，明确了普通话是一个由低到高的连续统，而不是仅指央视播音员口中那种标准的普通话。也就是说，只要达到三级乙等，就算是会说普通话了，这种认知有助于明确希望人们能听、会说普通话是为了满足人们的交际需要的根本出发点，有助于提高人们使用普通话的主动性。

六 于根元与刘照雄述评

该时期的学术研究主要以集体性成果呈现,但是在研究过程中两个课题组的三位负责人在标准拟定、测试研制等方面所做的重要贡献是为学界所公认的。由于本书撰写时孙修章已驾鹤西去,因此我们仅获得了于根元、刘照雄两位学者对自己在测试开发、标准研制方面的评价。

(一) 于根元述评

2017年6月21日,于根元在接受笔者访谈时,认为孙修章是课题组的主要负责人,且资料的收集等工作也主要由孙修章完成。因此,在提到自己在PSC领域所作的贡献时,非常谦虚,没有过多谈论。但是根据于根元自述,以及陈章太访谈的佐证,于根元在测试研制初始阶段的贡献也是无可替代的。他参与了第一次全国语言文字工作会议的筹备工作。在大会召开之前,他与陈章太、傅永和、佟乐泉、王凡等几位学者在怀柔水库边上的宽沟招待所进行了一段时间的封闭式研讨,主要负责起草大会的主题报告、撰写新时期汉语规范方针政策的初稿。对PSC研究的未来走向,于根元也进行了一定的思考,认为应该加强在词汇和语法方面的研究。

(二) 刘照雄自我述评

《普通话水平测试大纲》(修订本)这部百万字的学术著作,汇聚了普通话水平测试研制课题组众多专家学者的智慧。然而,在其署名之处,仅见课题组主要负责人刘照雄的名字。这种署名方式,彰显了刘照雄在课题组中的关键作用,是对其在课题研制过程中所作突出学术贡献的肯定。2017年8月7日,笔者有幸对刘照雄进行了访谈。访谈中,他介绍了自己与普通话研究的渊源,并就自己在PSC方面所作贡献进行了总结,现将访谈重点整理如下:

第一,走上语言研究之路。1951年,刘照雄进入北京大学中文系语言专修科开始学习。作为语言研究所专门的人才培养基地,该系开设的多为语言学、语音学、方言学、语言调查实习、民族政策等课程,任课教师是丁声树、陆志韦、郑奠等语言所的老研究员。刘照雄认为,系统专业的学习为其民族语言研究之路打下了扎实的基础。1955年,语言研究所为了适应国家民族大调查的需要,成立了少数民族语言研究室,刘照雄进入该室并开始从事蒙古语族语言和方言的调查、研究。

第二,接触普通话推广工作。1986年,社会上对于国家语委应负责全国的语言文字工作，而非仅负责汉语文工作的呼声较强，因此，王均由民族所调任至国家语委。为了配合王均的工作，刘照雄于1987年调至国家语委，负责推普工作。刘照雄认为，这项工作对当时的他来说是一个新的知识领域，要重新学习，所以，该时期，他是一边学习，一边工作，一边研究。

第三，对PSC的贡献。刘照雄认为，他对PSC的贡献主要有以下三点：一是主抓中央普通话培训班。语言文字是软任务，要做好宣传工作，就得培养人才、巩固队伍、恢复队伍；要让人们对这份工作尽心尽力，就得让他们知道这项工作的必要性和重要性，这一切都离不开培训。通过主抓中央普通话培训班，进行了人才的培养，促进了师资水平的提高。二是负责测试准备工作。1991年，等级标准研制出来以后，必须解决测试范围、测试对象、测试方法、试卷等值等问题，这些工作主要是由他组织开展的。此外，他对具体语音的界定、测试中误读改口问题、国测中心对一甲复审的统一掌握等问题的思考和把握，也有助于PSC的顺利推进。三是对《大纲》的研制。访谈中，刘照雄介绍了他在《大纲》研制过程中对必测对象的确定、《词表》的研制等问题所作的思考。

第四，PSC研究重点作品。刘照雄认为，他所做的PSC研究大多是工作中急需解决的问题，其中较重要的是《推广普通话的重要举措——普通话水平测试简论》。他认为《简论》之所以重要，是因为那是比较纲领性的研究，里面有较多政策性、界限性表述。

第五，对PSC未来发展的思考。刘照雄认为，未来的PSC研究应在汉语句法的分析上着力。"万词、千句、标准音"中的"千句"，不是指记住一千句话，这里的"句"指的是句子的结构、句式。PSC研究者应研制出类似《英语900句》那种成果，力求一个句子里包含一个语法现象。

第四节 小结

PSC作为我国母语标准语测试的首次尝试，无疑是一次创新之举。然而这种创新并非凭空而来，而是在继承前人学者的思想智慧、整合各行业及各省的实践工作经验、规整当代学者的学术见解的基础上，使之合乎语言学理论和测试理论，将原本自发的测试转变为有序、规范的国家级测试。因此，PSC 的诞生既是对传统的继承，又是对创新的探索，是一种基于继承的创新实践。

PSC 研究萌芽起步阶段共分两个时期：标准讨论时期和标准建立时期。标准讨论时期的研究主要解决有没有必要测和分级标准两个问题；标准建立时期则主要解决测什么、怎么测和测评谁三个问题，各项研究主要围绕设计理念的探讨、性质定位的确定、学理归属的界定等宏观性问题进行，这些研究的合力促成了 PSC 从无到有的历时性改变。应该说，萌芽起步阶段的研究成果主要为学者们思想合力的体现，呈现出以下特点：

第一，研究主体具有跨界背景。PSC 作为首个汉语母语标准语测试，最早参与研究的学者并非来自传统的语言测试领域。尽管他们都是语言学及应用语言学的资深专家，但在涉足 PSC 之前，他们中有的专注方言研究，有的则专精民族语言研究。为了响应测试工作的需求，他们离开了自己原本的研究领域，开辟了一片崭新的研究天地。作为语言学界的专家学者，他们丰厚的知识储备为 PSC 在研制之初的科学性提供了智力保障。作为新研究领域的先行者和开拓者，他们筚路蓝缕，克服重重困难，砥砺前行。

第二，研究内容宏观性强。在这一阶段，此领域的主要研究者很多都是国家语委的相关专家，他们不仅拥有学者的身份，还兼具语委领导的角色。这种双重身份使得他们的研究不仅具有深厚的学术底蕴，还具备高瞻远瞩的战略眼光。他们围绕关乎测试根基的、宏观性的命题展开了研究。首先，他们论证了测试开发的必要性、测试开展的可操作性和测试的科学性。随后，他们确定了 PSC 等级标准，并着手进行词表的研制工作。这些充分的讨论和深入的研究，为后续研究奠定了坚实的理论基础。

第三，研究成果少而精。衡量 PSC 学术研究，应兼顾"质量"和"数量"两个维度。在 PSC 研究萌芽起步阶段，相关研究成果的数量尽管相对有限，但每一项研究成果都展现出了非常高的质量，直击测试的核心问题。《略论汉语口语的规范》《新时期的语言文字工作》《标准（试行）》《大纲》等一系列学术成果，不仅对 PSC 工作和研究产生了深远的影响，而且有的成为标准性文件，有的则成为标准制定的基础。这些成果共同展示了 PSC 学术研究在质量上的卓越追求和实质性贡献。

第四，综合性研究多，专题性研究少。该阶段的学术研究普遍展现出较强的包容性，一篇文章往往涵盖多个内容领域。相比之下，针对特定问题进行的专题研究则显得较为稀缺。

第五，学术研究领先于工作实践。作为推广普通话的重要举措，PSC的学术研究和工作开展是相辅相成的，但二者的发展步伐并不完全一致。1982—1994年是PSC研究萌芽起步阶段，尽管尚未形成国家层面的PSC，但是围绕测试的正式或非正式研究、研讨已经展开。这些研究为后续测试实践工作的开展做好了前期准备，展现出学术研究在引领工作实践方面的重要作用。

第六，学科建设的缺位。该阶段虽然出现了部分PSC方面的研究成果，甚至出现了在相当长一段时间内对学科发展具有指导意义的《大纲》和《标准（试行）》，但是却没有学者从学科建设的角度对该研究提出要求、展开研究。这导致PSC研究在很长一段时间内处于自发式、应对性研究阶段，缺乏自己的学科理论和研究方法。长远来看，这种状况不利于学科的全面和持续发展。

总的来说，该阶段的PSC研究是科学合理的，得到了语言学及相关领域专家的肯定。但也存在一定的不足，如理论基础相对薄弱、对社会语言生活和语言问题调查尚不够充分。为了进一步提升PSC研究的水平和质量，自1996年起，国家语委普通话培训、测试中心着手修订新《大纲》，并提出了研制《纲要》的要求。这些举措旨在更好地指导、规范PSC工作，推动其在未来的发展中取得更大的进步。

第三章

普通话水平测试研究发展探索阶段
(1995—2001年)

1994年是PSC实施元年，从那之后，PSC工作在全国范围内次第开展起来。与许多事情的发展轨迹相似，PSC的开展并非一蹴而就，而是经历了从星星之火发展成燎原之势的渐进过程。尽管PSC在研制之初就秉持科学原则，但要获得广泛的社会接受仍需时间沉淀。为了加速这一进程，学者和专家们从多维度对测试进行了深入探讨和论证，产出了一系列具有说服力的研究成果。在测试实践中，面对出现的问题，专家、学者们进行了深入的研究，从而不断优化、完善PSC，推动其向着更为科学化的方向发展。

第一节 时代背景

一 信息时代对普通话的更高要求

1957年4月，中国迈入了计算机时代的大门，购入了首台电脑——M-3。仅仅一年之后的1958年8月，我们成功研制出第一台国产计算机——103机，然而，由于当时的生产能力有限，北京有线电厂的年产量仅为36台，因此，当时能够接触到计算机的人数极为有限。20世纪80年代，计算机开始在科研人员中逐步普及，而到了90年代，则迎来了计算机的第二次普及高潮，计算机技能甚至成为职业评估和职称晋升的条件之一。计算机的迅速普及预示着信息时代的到来，对普通话的普及和应用水平提出了更高的要求。

从人际交流的角度来看，信息传递广度的扩大，要求更多的人掌握普通话；信息传递效率的提升，促使人们不断提高普通话的水平，以确保信息能够更快速、更准确地传递。从人机交流的角度来看，为了让机器"理解"人类语言，我们需要制定统一的标准，并为机器提供大量的学习材料。这对语图库、语音库的建设提出了更高的要求；随着"汉王"等语音输入软件的成功研发，标准普通话的发出者能够享受到更高的输入效率，这在以"快"为王的时代为他们赢得了更多的先机。

二 经济发展对语言环境优化的要求

20世纪末，区域经济已经成为经济发展的主导环境，要超越地域界限，就必须摆脱语言对经济行为的束缚。巴别塔的故事深刻揭示了语言的通心作用，语言环境建设得当，资金可以顺畅流动；反之，它可能成为阻碍投资洽谈、导致经济秩序混乱的元凶。为了挖掘语言的经济潜力，越来越多的企业领导者和投资者对人们的普通话能力提出了要求①，为了追求更好的职业机会，越来越多的人主动选择使用普通话，并因此产生了对普通话能力的评估需求。这种从被动服从到主动适应，再到自主提升和超越的参测心态转变，使人们能够更加客观、理性地看待PSC，从而集思广益，不断细化和完善测试。

三 城市化进程加快带来的语言生活新变化

邓悦曾在其《20世纪90年代我国城市化进程对体育产业发展影响的研究》中统计，20世纪90年代初，中国的城市化率仅为25.5%，然而到了2000年，这一数值增长至36.2%。这种以人口地理位置转移为标志的城市化进程的快速推进，不仅客观地推动了产业结构的转变，还导致了城市人口结构的调整。这一系列的变革进一步促进了人们语言面貌的改变，以往纯粹的方言表达变得比较少见，取而代之的是受到普通话和其他方言共同影响的新型方言。

人口结构的变化，为推广普通话提供了新的契机；语言面貌的改变，为PSC研究带来了新的挑战。如何在制定和解读测试标准时适应这种新型语言特征，成为测试研究者需要面对的新问题。

---

① 曾毅平：《语言环境也是一种投资》，《暨南学报》（哲学社会科学）1998年第1期。

第二节 研究概览

鉴于三部委《决定》于 1994 年 10 月 30 日下发，临近年末，为确保统计的可操作性，本书将发展探索阶段学术成果的统计时段设定为 1995—2001 年。在此期间，PSC 领域的研究热度有所上升，关注领域进一步拓宽。该阶段出现多部重要学术成果，包括 1 部编著类学术作品《实用手册》，以及 3 部论文集——《普通话水平测试工作文集》《普通话水平测试研究》《普通话水平测试的理论与实践》，分别收录了 33 篇、36 篇和 10 篇论文。此外，还有 259 篇学术期刊论文，年均发文量达到 37 篇。值得一提的是，该阶段实现了学位论文零的突破，共有 3 篇硕士学位论文问世，包括《普通话测试系统的开发和研究》《普通话水平测试发音正误声学特征辨析》，以及《普通话水平测试的教育统计与教育测量研究》。

尽管发展探索阶段的发文量呈现显著增长，但学术发展的突出性并不明显。研究内容大致分为两类：一是 PSC 研究类论文，二是推普总结类论文。后者在提及 PSC 时，仅将其作为检验推普工作成效的一种手段，通过测试达标率的统计来衡量推普工作的成果。PSC 的实施为衡量推普成果提供了一个量化且客观的标准。

一 宏观课题

（一）性质定位

关于 PSC 性质的讨论一直是学界讨论的热点。仲哲明（1997）强调，85%的普及率是推广普通话量的要求，而随着社会的发展，对推广普通话的质量要求也从简单的"开口"上升到针对不同行业提出不同的具体要求，且这一要求还将持续提高。PSC 的目的有三：评定普通话等级，促进普通话的普及和提高，以及推动普通话推广的制度化、规范化和科学化。鉴于 PSC 是对个体掌握和使用普通话规范程度的检测，仲哲明将其定性为标准参照性测验。程明（1997）则进一步指出其领域参照测验的特征，李家斌（1997）谈到该问题时，认为 PSC 应为目标参照性、达标性的测试。张蒲荣等（2000）从 PSC 的地位及其与教学的关系出发，确定了其"高屋建瓴、统摄全局"的测试定位。

(二) 理论方法

尽管在该时期的学术成果中,学者们尚未自觉地运用社会语言学、语言习得、语言规划和教育测量学等理论框架来指导自己的研究,但这些理论的影响已悄然渗透到了研究实践中。

叶军(1997)最早尝试从社会语言学视角探讨PSC,他提出标准的确定是社会选择的结果,标准语是一个不断发展变化的社会功能体系,对普通话水平的评价应基于社会认知。

刘宏(1999)强调了"过渡语"研究的重要性,并界定了其研究范围。通过对河南过渡语特点的分析,展示了学者的"中介语意识"。这一研究将普通话口语研究向前推进了一步。徐梅(2001)则系统地运用了"语言习得"理论,分析了普通话学习过程中的年龄、自我监控、类母语环境构建等因素,为理解普通话习得过程提供了新视角。

杨玲(2001)基于其所在学校学生的普通话水平分析,发现地域差异和专业背景是影响普通话水平的重要因素。文章中的"高位语言"等术语的使用,预示着学者开始尝试使用语言规划理论来指导研究实践。

此外,该时期研究成果中频繁出现"信度"等测量学相关术语,这表明学者们已经开始自觉地运用测量学理论指导测试研究,体现了他们学术研究中的专业自觉。

(三) 其他

郑燕萍(1996)在肯定"分级教学、达标测试"的同时,敏锐地指出了测试中存在的评分员语音敏感度、情绪态度等因素会影响测试结果。这一观点为提升测试的科学性提供了新的研究方向和课题。

佟乐泉(1997)从多个维度对测试的科学性进行了论证,包括测试性质、试卷构成、权重分配和评分复查等方面。同时,他还从言语面貌的倾向性出发,论证了普方分界线划定的合理性,并从区别性和精密度两个角度论证了等级划分的适宜性。针对考查要素的比例、测查内容的前后叠加以及测试的方法和环境等方面,佟乐泉提出了改进建议。此外,他还预见到了测试对象未来不断扩大的趋势,并据此提出了突出简化版本的建议,体现了其前瞻性。

魏汉武(2000)在学术界较早地讨论了语言立法的重要性,并阐述了制定语言文字专门法的意义。他的文章为语言立法的研究和实践提供了宝贵的思路和参考。

常月华（2000）基于437份调查问卷，得出了测试环境和试卷难度是影响PSC成绩的重要因素。她提出1—2米的最佳测试距离，建议减少多音字、冷僻字在第一部分中的出现频率，并加大话题笼统性，这些建议对于提高试题质量、完善考试管理具有重要参考价值。

二 测试依据

（一）对《标准（试行）》与《大纲》的解读

尽管《标准（试行）》与《大纲》的文字表述较为清晰明确，但是作为新生事物，不同测试员对其解读仍存在差异。因此，自其问世以来，围绕这两份文件的讨论便层出不穷。1997年，这一讨论达到了高潮，《语言文字应用》当年第3期刊登的8篇专栏文章，其中3篇专门聚焦《标准（试行）》和《大纲》。陈章太（1997）阐述了等级标准的背景、各种方案及其制定原则、意义、依据和实施方法。在余论部分，他还探讨了普通话的普及标准，从宏观和微观两个层面进行了详细分析。刘照雄（1997）则对《大纲》的修订背景进行了介绍，并重点说明了常用词表的编选、普方词语对照表的编制、普方常见语法差异的归纳，其依据在于"万词、千句、标准音"的原则。宋欣桥（1997）着重探讨了测试实践中出现的问题，为实际操作提供了宝贵指导。他用"标准级""中级""初级"的表述，概括了普通话水平的三级标志性特征，并详细分析了各个关键等级的界限特征。同时，他还提出了"语音缺陷"认定的量化参考、对界限不清的普方词语的扣分处理方式，以及对语速的量化规定，为测试员提供了可操作的参考，为提高测试的信度作出了重要贡献。此外，他还提出了建立"语音评定参照框架"的设想，这一设想成为《实用手册》的构想蓝本，为解决测试员评分时遇到的实际问题提供了准确、具体的尺度。专家们的分析解释为人们厘清了认识，为PSC在科学化、制度化、规范化轨道上的健康发展保驾护航。

除了专家的解释性文章，还有其他声音对《大纲》提出了不同的看法。张苇等（2000）认为，师范生对PSC题型和朗读篇目的熟悉，可能导致测试成绩虚高。对此，《大纲》主编刘照雄在接受笔者访谈时回应称，熟悉题型和朗读篇目是师范生通过量的积累达到质的提升的有效途径，而非定级不准或不公的原因。

李秀卿（2000）从民族地区应试者的角度讨论了《大纲》中Ⅰ型卷

和Ⅱ型卷分卷型的必要性，以及制定测试操作规程和建立互评、二甲复审制度的重要性。这种来自民族地区的声音有助于语委专家更全面地了解测试实际情况并规范测试行为。

屠国平（2001）在肯定《大纲》权威性的前提下，从词语收录、试题编制、朗读篇目及说话方式选用等方面，提出了提升《大纲》科学性的建议，为《大纲》的修订做了学术积累。

（二）评分细则的制定

根据辐射波效应的原理，那些提出想法和制定标准的人通常对其贯彻、执行的力度最强。但是随着时间的推移和空间的转换，人们对原始标准的执行力度可能会逐渐减弱，这既涉及个人理解的差异，也包含其他多种因素。具体到PSC这一涉及主观评分的口语测试，如何确保不同地域、不同时代的评分员能够严格、一致地执行标准，避免主观意向的干扰，成为一个亟待解决的问题。通过对文献的梳理，可以发现学者们普遍认为，制定明确的评分细则是解决这一问题的关键。

评分细则作为连接"评分标准"与评分员之间的桥梁，对于确保测试的客观性、严谨性和权威性具有至关重要的作用。因此，细则制定主体通常是能够深刻理解"评分标准"精神的省级测试领导机构，云南和上海等地的细则制定比较出色。

云南省在已有方言调查材料的基础上，采用规模性抽样测试的方法，挖掘方言和普通话之间的规律性差异。依据这些发现，他们制定了《PSC评分标准正误界定》。这一评分细则的制定遵循了"科学性与可操作性统一"的原则，为评分员提供了准确而具体的量化评分依据。这不仅有助于提升评分员的正误评判能力，还能有效减少因尺度把握不一而产生的误差，对提高测试信度有着积极意义。

上海结合当地的测试实践，制定了既符合《大纲》要求，又体现地方实情的评分标准和操作细则。这些细则不仅具有一定的学术性，还兼具技术性，保证了测试的一致性和公平性。

（三）评分与规范

1. 评分系统

PSC的直接目的是科学地评估人们说普通话的熟悉程度，然而，实现这一目标并非易事。评分标准的正确、缺陷、错误的认定，是学者们热议的焦点。王明东（1996）依据马克思主义关于认识的界限，提出评分应融合量化与"模糊评价",这一观点实质上是"定性与定量相结合"的朴素表达。王渝光等(1997)指出语音作为一个模糊的连续变量,其正误判断难以划定明确界限。因此,缺陷项的设置符合语音事实,能有效降低题目难度、提高试卷区分度和评分信度。宋欣桥(1997)对评分问题进行了界定,并对8类常见语音问题的评分给出了参照性意见。宋欣桥(1998)进一步区分了容易混淆的"方音成分"和"语音错误"概念,提高了量化评分的准确性和科学性。卢开磏(1997)分析了影响测试标准把握的多个因素,如语言规范的动态性、达标率与严格标准间的矛盾、评分范围的认识等,并提出了稳定把握测评标准的新命题。张丽珍(1999)通过对测试员分数评定的统计分析,揭示了定性评价在界点中的决定性作用,并指出其对不同层次应试人的不同影响。宋欣桥(1998)还探讨了试卷编制、标准把握、测试能力、错误密集度等影响测试评分的因素,认为评分差异的存在是一种正常现象,并确定了其正常范围,针对临界分数给出技术性空当的处理建议。

张立杰(1998)提出应增加词汇测查比重,而任明(1999)则强调词汇和语法对交际的重要性,建议 PSC 应建立明确、具体的词汇和语法标准。王千红、宗守云(1999)结合测试实践,对语法现象的正误评定进行了说明。上述学者的研究,对于统一评分标准、提高评分一致性具有积极的意义。

高廉平(1998)分析了朗读评分标准中影响评分信度的潜藏问题,如"量化+方音"评判标准虽较周全,但忽视了朗读材料对个别语音的凸显及命题说话对难点音的规避造成的抽样误差。王玲玲(1999)发现了类似问题,提出用"音位错"和"错误点数"代替现行标准作为评分依据。尽管这些建议的可操作性有待验证,但它们为提高测试的科学性提供了思路。

陈山青(2000)基于400人的测试样本,剖析了二甲、二乙、三甲三个等级在测试各部分的失分情况,进而为各等级提供了安全分数建议。刘澍心(2001)通过分析81位二乙低分者和20位三甲高分者的失分情况,发现这两组人群在静态语音表现上接近,而语流中的动态语音表现则是决定他们"级"差的关键因素。许光烈(2001)针对测试中存在的汉字难度偏高、声调分布不均、权威标准相异等问题,提出实施分层加试和采用分数档次来替代具体分数的解决方案,这一观点在当时颇具前瞻性。

曾玉萍（2006）以100位处于二、三级普通话水平的应试人的测试录音为样本，运用Ladd方法较为系统地研究了语调偏误问题，确定了语调偏误的影响因子，为构建语调评价系统提供了依据。

2. 语言规范

（1）词汇规范

PSC对语音、词汇、语法进行全方位的考查，因此，对这三者规范的研究具有同等重要的地位。发展探索阶段，尽管词汇和语法规范的研究相对较少，但已经出现了一些对学术界产生较大影响的研究成果。陈章太（1996）认为普通话词汇应遵循"约定俗成、逐渐规范"的原则，并首次提出动态规范原则，同时给出了五条具体的操作依据。此外，文章还讨论了规范新词语、缩略语以及港台词语应采取的态度和有效手段。这些讨论为PSC中词汇归属的认定提供了学术依据。

（2）语音规范

在现行PSC中，语音考查占据核心地位，因此，语音标准的制定与解读至关重要，它们直接关系到测试的科学性、准确性和完整性。学者们对此进行了深入思考。高廉平（1996）从语音自身的模糊性、测试技术手段以及个人语音条件等角度探讨了影响语音缺陷判定的因素，认为这些因素导致了测试评分时操作依据不足、宽严把握不一。他提出，应将测试对象、音位的区别特征、缺陷的不同性质和系统性作为语音判定的参考依据。随后，高廉平（1998）针对扣分标准和实操无据的矛盾，讨论了方言语调的判定，并主张采用模糊评价来处理此类问题。张传曾（1998）从音位学角度出发，寻求解决标准模糊性、理解模糊性和测试评分客观精确性之间矛盾的方法，殷北华（1999）则以辩证的视角审视"宽""严"问题。孟晖（2000）讨论了PSC中的语音标准"规范度"把握和语音缺陷处理，依据现代汉语教材、语音训练教程和实验语音学的研究成果，为争议较大的几组声母发音部位确定音值区，为儿化韵分"类"定"值"，为规范宽严度的把握提供了指导。屠国平（2000）分析了审音失度的原因，包括语音的模糊性、《大纲》中评分细则的缺位和测试员知识结构的欠缺，并建议建立多层次语音规范系统、省市级语音系统档案、加大测试员培训力度，以降低审音失度现象的发生频率。

语音错误和语音缺陷是PSC评分标准中的一组重要概念，很多学者从理论和实践两个维度讨论、界定这组概念，以更好地指导评分员。刘俐李（2001）从音位学角度对二者进行了分析，将语音错误归为音位错误，而将语音缺陷归于变体错误，并进一步根据音值差异的大小将语音缺陷分为3度。正确把握中间度是确保语音测评准确性的关键。

鉴于声调的语音负载在普通话语音面貌中的重要作用，很多学者对此进行了探讨。段晓平（1999）以轻声词为切入点，探讨了测试标准和辅导材料的规范问题。田晋音（1999）专文讨论了测试中双音节词语的轻重音格式，并提供了相应的词表。李丽明（2000）从语音特征入手，对"上声"的发音标准进行了界定。赵则玲（2001）则致力于揭示"方言语调"在声调、语气、停顿方面的表现特征，并探讨其背后的原因，以更好地平衡精确与模糊的关系。田晋音、文红（2001）、王小潮（2001）讨论了方言区人群在PSC中经常出现的声调问题，前者提出了相应的声调训练方法，后者探讨了评分员对声调的评分尺度把握。许艳丽（2001）对"儿化韵"的读音进行了尝试性规范。

世纪之交，对于评分标准的讨论逐渐聚焦于定量与定性问题。学者们观点各异，有的认为，过于细致的定量标准因其烦琐、难于记忆而无效；有的则认为，细致的定量标准因可操作性强，有利于标准把握的一致性，而定性标准则因模糊性而降低了评分信度（王磊，2001）；还有的学者认识到定量和定性是辩证的统一体，提出恰切的定性应建立在定量的基础上（姚一斌，2001）。

（四）题型与内容

1. 题型试题

该时期，众多学者针对"说话"题型展开了讨论。张明仙（1995）首先论证了PSC是提高口语表达能力的有效手段和重要途径，随后，他提出了一系列题型改进方案，包括从单纯性口试逐步转向听说结合，从单向说话逐步演进为双向对话，以及从看题说话逐步发展到情景说话。这是较早针对测试中具体题型进行讨论的文章。刘春宁（2000）剖析了"背稿"等测试对象中常用的应试技巧，并揭示了应试者为了取得好成绩而采取的"丢车保帅"心理。他指出，为了实现PSC的最终目的，应限制背稿行为，并增加口语化、即兴化表达在"说话"测试中的分数比重。此外，他还建议将单向说话转变为双向对话，以便更真实地反映应试者的实际口语能力。

2. 试卷编制

试卷作为测试开发者和应试人之间的交流媒介，在测试中扮演着至关重要的角色，它负责引导出应试者的语言样本。因此，对试卷编制的研究不仅有助于使获得的语言样本更加贴合应试者的实际语言水平，还能持续提高测试的科学性。

杨绍林（1996）从出题原则和拟卷技巧等方面总结了人工试卷拟制时应注意的事项，为提升试卷拟制效率提供了参考。

程明（1997）重点介绍了上海计算机制卷系统的制卷原则，并描述了编写制卷程序时对声韵、叹词、语气词、叠音词的干预措施。该系统通过编写《字种表》，为命题提供了合理的范围。值得注意的是，该系统将测试的第二部分名称由"读双音节词语"调整为"读词语"，这一简省不仅尊重了语言事实，还扩大了命题的覆盖范围，更成为后续《大纲》修订时项目名称修正的前奏。此外，试卷设计时通过提供"单字"所在词语的语境，明确了所考查的字音，降低了评分难度。同时，通过调整题目编排顺序，语言单位呈现为由小到大的序列，更符合人们的认知心理。

（五）测试任务

发展探索阶段，对测试任务的研究文献不多，比较有代表性的主要有两位学者的研究。徐凤云（1995）以贵州教育学院的推普情况为例，强调普通话学习应当实现从理论到实践的转变，特别指出语音在测试中的重要性。他建议，测试中语音、词汇、语法的比重分配应分别为85%、10%和5%。汪宁（2001）则从阅读普通话书面语和运用普通话口语的差异性入手，探讨了加设词语考查项的必要性。

三 测试主体

测试主体，包括测试员、评分员和测试管理人员，其中测试管理人员的研究与测试管理的关系更加密切，将在测试管理部分详细探讨。发展探索阶段的PSC，处于人工测试时期，此时的测试员同时扮演着评分员的角色，因此本书将这一角色统称为"测评员"。

尽管PSC拥有科学严谨的测试试卷，并且《大纲》对测试标准进行了明确规定，但测试的最终效果在很大程度上取决于作为标准执行者的测评员。因此，对测评员的研究成为发展探索阶段的关键内容之一。测评员的素质、能力和专业水平直接影响着测试的公正性、准确性和有效性。在这一阶段，加强对测评员的研究和培训，提高他们的专业素养和评分能力，对于确保测试质量、提升测试的科学性和实用性具有重要意义。

（一）素质要求

一个合格的测评员，不仅需要具备扎实的专业知识储备，以应对测试中出现的各种专业问题，而且还必须拥有高尚的道德素养，这样才能在各种压力下保持公正和客观。工磊（1999）从思想和业务两个维度探讨了测评员所需具备的核心素质，认为测评员应了解国家的语言政策、坚守职业道德，同时熟练掌握普通话知识和《大纲》的相关内容。

随着测试任务的不断增加，测评员面临着超负荷工作的压力，而测评员的"扩培"成为解决测评员不足和测试对象日益增多的矛盾的无奈选择。尽管这在一定程度上缓解了测评员不足的问题，但也带来了一些负面问题。文红、田晋音（2000）发现，部分测评员虽然普通话水平很高，但应变能力却不足。对此，赵国方（2001）强调，测评员不仅需要具备优秀的思想政治素质，还需要系统地掌握语言学理论知识。路玉才（2001）创见性地提出，测评员应对所测文章有较高的熟识度，同时还要具备一定的信息存储能力。

（二）培训内容

何文征（1998）认为，在测试过程中，不可避免地存在一些非客观因素，这些因素可能干扰评分，造成评分误差。由此，他建议在测评员的培训中，应加强语音学习以强化他们的测评能力。同时，他还提出了对测评员进行分级要求的设想。

姚一斌（2001）关注到测试中的一个具体问题：超快语速。他指出，当测试者的语速过快时，可能导致评分员听觉失灵，进而造成评判失误。为此，他建议应加强对测评员在较快语速下的评分训练。

四 测试客体

（一）测试培训

根据国家教委教办〔1991〕522号文件，各级各类师范院校均应开设教师口语课。1994年PSC正式推出，为教师口语课提供了明确的方向，为普通话水平的测量提供了客观尺度，也激发了大量关于二者关系的研究。从事这些研究的主体主要是各高校的普通话教师，他们将自己在教学过程中的经验体会撰写成文,帮助学生快速提高普通话水平。

尤翠云(1998)认为,通过调整教学内容、活跃教学方式、建立语音档案和培养思维习惯,可以提高教师口语课的教学效果,进而改善PSC的测试结果。彭国强(1998)强调了增大识字量、改进方音辩证方法、加大语流音变训练力度、培养健全心理素质、养成普通话思维习惯的重要性。朱慧(1999)从教学方法的改进入手,探讨如何提高教学效果。她较早提出将微格、试说轮训等方法引入普通话教学。康健(1999)提出分段培训的设想,针对日常、短期、临场三个阶段给出了应试指导建议。文红(2000)基于PSC的音档和应试人所获相应等级分析,指出语调问题是普通话学习的最大障碍之一,并建议加大这方面的培训力度。

姚兆丰(1997)、刘银花(1997)分别就PSC中说话项的训练渠道和测试表现进行了讨论。前者提出了专门性和需要性两种训练渠道,以及诵读、模拟、讲述、交流四种训练方法;后者则从建立自信、点燃激情和以情感人方面为改善测试表现提供了建议。

宋欣桥(2000)基于五年的测试实践,论述了PSC各等级的语言表征,并根据常用字的语音负载情况,确定了普通话教学的重点,即舌尖后音声母和前、后鼻尾音韵母。

尹建国(2000)针对普通话教育资源和需求之间的矛盾,提出了开展具有资源集成、手段直观、题库交互、论坛辅助特点的远程教育的建议。

彭康(2000)从培训与测试的关系出发,讨论了对测试对象进行测前培训的必要性和所应关注的重点。

(二) 教材研究

发展探索阶段,PSC教材的研究成果主要体现在以下几个方面:教材推介(詹伯慧,1997)、编写说明(程相文,1996)、教材评价(汤志祥等,2000)、编写体例及原则(彭红,1995)。

由于普通话学习的潜在人群与普通话教师比例不协调,运用现代技术手段解决该问题显得日益迫切。吴访升等(2001)介绍了普通话CAI的课件设计、系统开发、系统实现,课件的使用不仅拓展了培训空间,还为普通话测试培训打开了一条新路径。

该时期的PSC教材评价研究主要基于个人对教材的主观看法,缺乏基于某种理论的教材评价实践研究。同样,教材编写研究也多是基于个人经验，虽然论述了教材编写应包含的内容和遵循的原则，但并未明确说明在教材编写过程中如何体现这些原则。

（三）影响测试表现的因素

1. 非语言因素

随着 PSC 的不断深入，非语言因素对测试表现的影响逐步凸显。童效杰（2001）指出声音偏小和定型化的说话模式对测试的影响，而更多学者则聚焦于心理因素。这些心理因素对测试的准确性和科学性具有一定的影响。

段灵（1997）、蔡玉芝（1997）较早研究测试对象的应试心理。段灵认为追求完美、重视他评、临场紧张以及达标障碍等心理因素会影响测试表现，并提供了具体的心理疏导方案。蔡玉则归纳了测试方式、测试程序、测试内容、缺乏自信、侥幸心理及测试环境等可能导致紧张的心理因素。田皓（2000）在前人研究的基础上，进一步分析了焦虑的心理和生理表现，并补充了目标定位不准以及"三堂会审"的测试形式给应试人造成的心理负担。结合目标管理理论和二语习得"最近发展区"理论，他提出了合理确定目标定位以及正确处理各目标间关系的建议。

从上述分析可以看出，该时期关于测试心理的研究主要集中在应试人心理特点对测试结果的影响，且多数研究仍停留在描述层面，相对表浅，缺乏能够深入揭示 PSC 内在心理规律和调控策略的系统性研究，因此，可以说该研究尚处于起步阶段。

2. 语言因素

学者们探讨应试者在测试中常见的语言问题，主要是从语音错误、语音缺陷、词汇及语法错误等方面进行（蔡育红，2001）。这类研究通常采用普方对照的方法，有助于方言区的人们了解方言和普通话表达差异，从而有针对性地进行学习。

此外，陈山青（2000）提到的"顿读"现象也值得我们关注。虽然作为一种应试技巧，它可能帮助应试人获得高分，但这种习惯一旦养成，对真正提高语言能力没有实际益处。

五　测试手段

（一）组织管理

PSC 开展初期，由于缺乏管理经验，工作中出现了一些疏漏，因此补救性研究应运而生。随着测试量的逐渐增多，新的情况也逐渐涌现，与组织管理相关的论题成为该阶段的研究热点。

戴梅芳是较早涉足此类研究的学者，戴梅芳（1997）针对测试对象的广泛性和测试业务的特殊性，从管理机构设置、目标管理的分解落实、制度管理的规范、测评员的培训管理、信息管理的分析处理等各个层面，全面论述了 PSC 的管理体系。特别是制度管理部分，对机构的设置，以及测前、测中、测后的各项工作程序的规定，使得整个测试运转更为有序。

学者们还从实践者的角度，为考务管理提供了操作性建议。段沂霞（1997）指出，实施自我评估是实现学校对普通话教学过程管理的重要途径。李沁璠（1997）分析了造成评分员"降格以求"的因素，重申坚持"一个标准"的重要性，认为应加强行政干预力量。苏晓青（1997）针对师范生普通话水平不一、测试量大的特点，提出增加测试频度、降低测试密度的设想。李一川等（1999）认为，测试的组织管理应主要抓好舆论宣传、制度建设、课堂训练、测试运行、检查督导等方面的工作。

魏汉武（2000）对考点管理的规范提出了诸如张贴考试标识、考场分布图，设置备考室等具有可操作性的建议，为《普通话水平测试规程》的制定提供了参考。

值得一提的是，部分学者开始思考在 PSC 中引入新技术的问题。曹奎等（1999）介绍了 PSC 考务管理信息系统的目标、结构、功能、技术实现等问题。曹奎、李继芳（2000）又进一步介绍了使用 Power Builder 开发基于微软邮件系统的 PSC 考务系统的关键技术。该技术的运用，实现了考点和省级考务管理系统的不同功能，对于提高管理水平和效率、建立科学化管理模式具有探索性意义。

（二）题库建设

尽管 PSC 试题由国家语委 PSC 中心题库提供，但试卷的编制任务实际上是由各级测试机构承担的。由于人工操作存在误差，部分试卷的质量问题逐渐显现。为了提高测试的公平性和拟卷效率，学者们开始探索题库建设的路径。

黎昌友（1998）提出加快题库研制的设想，并指出在题库建成之前，应组织专家对题目的难度、区别度、信度指标进行分析。迟永长（2001）则提出了题库建设应遵循全面性、针对性、开放性、兼顾性等原则。

王渝光等（1997）针对 PSC 口语测试的特性，综合考虑现实可行性和可操作性，将经典测量理论确定为题库建设的理论基础。他们通过各等、级关键分数线上选用大区分度值题目控制测试数据的高鉴别度。采用集中统一命题的方式，既保证了宏观尺度与总体数据指标的契合，又在微观数据层面展现了常用字词指标。通过对比实验的结果分析，他们发现将题量确定为 100 个单音节字词、50 个双音节词语、一篇汉字覆盖面好的 300 字朗读文章最为适宜。同时，他们还将 0.81 设定为平均标准难度，而 0.81、0.85 和 0.9 则分别作为信度的最低门槛、较好指标和努力方向。这些指标的确定和等值试卷的产生，标志着题库的初步建立。

六 测试界域

（一）不同地域

学者们针对不同地域的研究主要分为两类，第一类研究聚焦于各方言区的学习者，如兰霞等学者根据四川方言的独特音韵特征，针对性地提出了纠正两组声母、三组韵母、三类声调以及轻声、儿化的具体教学策略。第二类研究则专门针对港澳地区学习者的特点进行探讨。冯惟钢（1999）结合香港学习者的特点和学习目标，设计了一套融合理论学习与实践训练、集中课型安排、突出难点重点以及沉浸式教学方法的课程体系和教学规划。

（二）不同民族

魏海梅（1998）较早针对民族地区师范生的特性，探索了他们在测试中面临的难点，并提出了解决方案。文章认为，在训练过程中应注重实践性、针对性、目的性和计划性，同时加强思维训练，以更有效地突破语音、识字和说话的难关。此后，孙惠欣、付志红（2001）以及祁晓冰（2001）等学者也相继对民族地区师范生进行了研究。这些学者的研究路径大体一致，都是首先识别民族地区学生在学习普通话时的语音难点，然后有针对性地提出相应的训练策略和方法。

（三）不同群体

迟永长（1997）针对师范生在教育教学中示范正音的角色特点，提出了采用口试与笔试相结合的测试方式，并建议实施滚动式的测试机制。

对此，仲哲明（1997）表达了不同看法，他认为每种考试都应有其承担的特定任务，PSC 的核心任务应是检测人们使用普通话的规范程度，而不应过多承载其他考试内容。

杜青（1999）和方玲（1999）的研究突破了仅关注师范院校师生的局囿，前者针对普通话基础较好的北京广播学院（现为中国传媒大学）学生，提供了富有新意的应试指导，特别是"想音不想意"的策略；后者则借助 PSC 的契机，探讨了在医科大学推广普通话的设想与建议。此后，钱惠英（2001）、王小潮（2001）分别将研究对象扩展至商贸院校学生和播音员、主持人等职业群体。

在研究对象的多元化方面，张茀等（2000）和王黎琴（2000）作出了突出贡献。张茀等将年龄因素引入测试研究，提议将推普重点放在幼儿园和中小学阶段，并建议在这部分人群中实施阶段性的 PSC，这一观点与"关键期"语言学习规律相契合，同时也对构建符合不同年龄特征的 PSC 体系提出了要求。王黎琴通过对山东两所高校学生的普通话测试成绩分析，发现了性别对普通话水平的影响，并从职业要求、人才竞争、女性意识的觉醒、审美追求和生理优势等角度分析了这一现象的原因。

福建省语委办第四批检评组于 1999 年对福建省福州地区的八所师范院校的 PSC 情况进行了分析，得出中师普及率高、高师科研力强的结论，并指出了测试中发现的系统性语音问题，对当地测试实践工作具有指导意义。袁蕾（2001）在对河南新乡的 PSC 参试人员普通话情况进行统计时，也观察到了学历与测试成绩之间的倒挂现象。上述现象提示研究者们应加强对高学历人群在 PSC 中的思想重视度和需求性研究。

该时期，针对不同人群的测试研究主要从职业、社会因素和学历三个维度展开。在职业维度上，研究者们关注了师范生、商贸院校学生和传媒院校学生等不同群体的测试表现；在社会因素维度上，探讨了年龄和性别对测试结果的影响；在学历维度上，则调查了高师、中师、职专院校学生的测试表现差异。

七 测试作用

该时期，学者们对 PSC 作用的研究主要涉及信息反馈、语言规范化和国家语言工程等方面。戴梅芳（1997）较早地从测试影响因素的角度分析了 PSC 的信息反馈作用。卢开磏（1997）则论证了 PSC 对语言规范化的积极意义。李家斌（1997）从提高普通话教学水平、提升普通话应用水平、加大推普工作力度三个角度出发，探讨了 PSC 在保障国家语言工程中所发挥的重要作用。他的研究不仅凸显了 PSC 在推广普通话方面的重要性，也为国家语言工程的发展提供了有力支撑。

八 测试评价

难度、区分度、信度和效度是评价测试质量的重要指标。该时期，对此类问题的研究主要聚焦于测试信度。刘玉琴（1995）较早从测评员评分角度探讨了测试信度，她分析了影响测试评分的各项因素，并提出了建立统一语音形象、形成整体评价能力的方法来提高测评的可靠性，同时阐述了语音形象建立的具体方法。王渝光等（1997）运用现代教育测量学理论，对 PSC 的试卷信度、测评员信度和题库建设进行了理论探讨和样本数据分析。他通过实证数据说明，按照《大纲》标准命制的试题难度适中，信度较高。然而，包含方言针对性的考题，会增加测试难度，进而影响题目的信度。张雷等（2001）将概化理论引入 PSC 研究，探讨了录音评分在测试中的可行性。研究结果显示，这种评分方式是可行的，并且仅需要 100 个题目、两位评分员就能达到较高的评分信度（标准参照 0.84，常模参照 0.91）。这项研究为改进评分方式、降低测试成本作出了重要贡献。

此外，PSC 的公平性问题也备受关注。杨云（2001）指出，试卷中考查点覆盖面的偏向，会导致同一试卷对不同方言区的应试者难度不一，从而使测试结果失去公平性。这一发现提醒我们，在命题过程中应尽量避免因测试题目不同、标准不一而造成测试成绩的地域局限性，以确保等级证书在全国范围内具有等值的意义。

第三节 发展探索阶段的重要学术事件

一 首期国测员培训班开班

为了确保测试的顺利实施，物质保障和智力支持都是不可或缺的。物质保障涵盖了测试所需的场地和基本录音设备等资源，而智力支持则主要指评分员的专业能力。PSC 伊始，由于测试场地和评分员的匮乏，时任北京广播学院（现中国传媒大学）校办主任的姚喜双发挥了关键作用。他积极协调各方资源，成功为 PSC 的顺利推进提供了必要的场地支持。

在此背景下，1994 年迎来了首期国家级普通话水平测试员培训班（以下简称"国培班"）的正式开班。刘照雄、张颂、姚喜双、宋欣桥等受邀担任首期培训班的教师。他们在实践中不断探索和完善培训方法，总结出了"拼音—PSC—辨音"的三段式人才培养模式。这一模式沿用至今，为测试的持续发展提供了坚实的人员保障。据姚喜双回忆，在培养过程中，对国测员发音标准度的要求是最为严格且不容妥协的。通过发音训练，这些未来的测评员能够形成标准的语音定势，从而在未来的测试中准确识别应试者的语音错误或缺陷，进而提高他们的评分能力。

二 云南省普通话水平测试研讨会召开

1992 年 9 月，云南省 PSC 中心便已经早于国家 PSC 中心率先成立。自此之后，各项有规划、有组织的科研工作有条不紊地开展起来。为了进一步交流和分享研究成果，云南省于 1995 年 4 月成功举办了第一届全省范围的 PSC 研讨会。两年后，即 1997 年，云南省再次组织召开了省 PSC 工作研讨会，旨在及时汇总工作中的宝贵经验，深入探讨遇到的问题，并从提交的论文中甄选出优秀论文进行编辑出版。这些论文展现了云南省在测试领域的研究概貌，在当时该领域的研究中走在全国的前列。

三 "PSC 制卷系统课题组""PSC 评分标准对比实验课题组"成立

自 1995 年起，上海市测试中心便积极开展计算机制卷系统的研发工作，成立了"PSC 制卷系统课题组"。经过不懈的努力，到 1996 年秋冬季，该系统已成功实现了成型卷，答案卷，试卷第一、二部分的声韵覆盖表的自动生成。为确保测试质量的稳定与提升，中心还不定期组织审听工作研讨会，深入分析测评员的现场评分情况，并研究评分标准的具体操作方法，从而有效提高了测试的信度。

为进一步提升测试的科学性，国家测试中心于 1999 年成立了以刘照雄为组长的"PSC 评分标准对比实验课题组"。该课题组针对测试的题型、题量及评分标准进行对比实验，取得了显著成果。这些课题组的成立与运作，不仅极大地推动了测试科研的深入发展，还为课题组成员提供了宝贵的实践与研究机会，使得 PSC 科研队伍得以初步形成并稳步壮大。

四 PSK 专家审定会举行

PSK，即"香港普通话水平考试"的汉语拼音缩写，自 1995 年起便开始了其研制之旅。这项考试专为香港地区大专院校以粤语为母方言的学生而设计。历经数年的精心筹备与研究，2000 年 1 月 10 日，由胡明扬教授主持的 PSK 专家审定会在香港理工大学隆重举行。

会上，香港理工大学中文及双语学系研制的 PSK 考试得到了专家们的充分肯定。经过严格的审查和讨论，该系所提交的研究报告、考试大纲、词汇等级大纲以及汉字等级大纲均顺利通过了专家审定。这次会议不仅标志着 PSK 的研制工作取得了阶段性成功，也为香港地区普通话水平测试与评估体系的建立和完善奠定了坚实的基础。

五 《中华人民共和国国家通用语言文字法》颁布实施

2000 年 10 月 31 日，《国家通用语言文字法》经过审议正式通过，并于次年的 1 月 1 日开始正式实施。这部专门针对语言文字的法律，不仅确定了普通话作为国家通用语言的法定地位，更在广大民众已经较为认可普通话的基础上，进一步为其注入了新活力，提升了其威望，并有力地促进了普通话在全国各地的推广。该法的颁布和实施，标志着普通话推广从一项倡导性的"软任务"转变为具有法律约束力的"硬指标"，为 PSC 研究提供了法律保障。自此以后，该领域的研究者们得以依"法"研究、依"法"测试。

六 《中国语文》推文介绍香港中文测试

中国香港，作为"亚洲四小龙"之一，经济繁荣，各领域服务意识也更强。为了适应香港社会的需要，香港特区政府与各学术团体（主要是大学）合作，共同研发了多种商业性中文测试。这些测试在 2001 年《中国语文》杂志的首期文章中得到了介绍。

田小琳（2001）的研究着重于测试之间的比较分析。她重点比较了香港考试局所提供的四种中文考试，即普通话水平测试、普通话高级水平测试、中学会考普通话测试以及语文基准测试，与国家语委的 PSC 在等级标准、考查范围、考试内容和考试题型等方面的差异。通过田小琳的研究，不难发现，尽管这些在香港举行的中文测试与国家语委研制的 PSC

都是为评估汉语方言者的普通话水平等级进行的测试，彼此在科学性方面有着相互借鉴的可能，但由于各自所处的语言环境和实际需求存在差异，因此在测试的具体操作上仍需根据各自特点选用恰切的方式。刘英林（2001）则更侧重于对香港普通话水平考试的介绍。他将普通话的掌握过程视为一个由量变到质变的演进连续体，这一观点符合语言习得事实，因此，可以被PSC借鉴。

第四节　发展探索阶段的研究特点

一　研究内容的承续性

《大纲》的某些定性规定表面上看起来清晰明确，但在实际测试过程中却显示出一定的操作难度。这些挑战在测试研制阶段难以预见，只有在测试实践中才会逐渐显现。因此，发展探索阶段涌现出一批旨在解读《标准（试行）》和《大纲》的文章，这些文章致力于制定更加具体、更具操作性的评分细则，以完善整个评分体系。这些研究不仅是对萌芽起步阶段研究的进一步承续，而且能够提高测试的公平性和合理度，最大限度地减少评卷人主观因素对测试结果的影响。

二　研究对象的"师范性"

发展探索阶段，以教师和师范生为研究对象的学术成果占据了总量的五分之一。从市场学的角度看，消费者的适当聚集是市场形成与发展的必要前提。发展探索阶段，PSC的必测人群，即"消费者"，主要集中在教师和媒体两大行业。尽管媒体从业者具有广泛的社会影响力，但其总体人数相较于教师群体仍然较少。因此，该阶段的测试实践主要围绕教师和师范院校毕业生这一核心群体展开。师范院校作为这些人群最集中的地方，自然成为研究的主阵地。相应地，这一阶段的研究成果呈现出以教师和师范生为重点研究对象，以教师口语课为研究核心的特点，这既是对实践需求的精准回应，也是学术研究针对性强的体现。

三　学术园地的属地性

在发展探索阶段所发表的262篇论文中，高达74%的论文均选择在作者所在地（或所在学校）的学术期刊上发表，3部论文集也均由当地出版社出版，这一现象显示出强烈的属地色彩。由于20世纪90年代中后期学术电子资源相对匮乏，不同省、市的学者难以互相了解彼此的学术成果，因此出现了大量重复性的研究。

当我们对不同地区关于同一内容的研究结果进行对比时，发现这些带有经验性的研究成果具有很高的相似度。以师范院校普通话教学中存在问题为例，关于该研究主题的文章共有54篇，这些文章来自云南至黑龙江的18个不同省区。尽管地域跨度大，但学者们的研究结论却高度一致，普遍认为思想上重视程度不足，教学对象普通话基础薄弱且水平参差不齐，课时不足、示范有误、心理素质不佳以及人情干预等因素是影响PSC成绩的主要障碍。在解决方案方面，大多数学者建议提高认识、建立语音档案、实施分层教学、增加识字量以及提供心理疏导等。这种共识不仅证实了不同地区学者对同一问题认识的共通性，也保障了经验推广的可行性。

此外，本书还发现，随着测试的不断推进，学者们对问题认识的理论深度也在持续增强。例如，该阶段初期提出的"培训小先生"和"开学之初就摸清学生水平"等直观对策，在后期逐渐演化为"层级分解"和"逐减对象"等更具理论色彩的表述，显示出学术研究的逐步深化和成熟。

四 学术品位的一致性

发展探索阶段，论文集、编著和期刊论文所收录的文章重合率非常高。这一现象不仅反映了被收录文章的学术品位较高，更体现了学者们成果判断的学术眼光的一致性。

此外，该阶段论文的共引度相对较高。当不同地区的学者在讨论同一问题时，他们引用的观点来源具有较高的一致性。例如，在探讨学校在推广普通话方面所起的作用时，多位学者均引用了于根元（1998）提出的"三个发挥"观点，这充分证明了该观点在学界得到了广泛的认可。

五 问题关注的持续性

经过对发展探索阶段学术成果的深入分析，本书发现部分学者针对某些具体问题进行了持续探索，不断推出相关文章，展现出对这些问题持久的学术兴趣。这种持续关注不仅有助于将相关问题的研究推向深入，更体现了学者们对学术研究的执着和热情。

兰霞、康健等学者针对 PSC 实际和教学对策的问题，发表了系列文章共计三篇。这些文章从纠正方音（读字词）、克服方言障碍（命题说话）、提高朗读水平（朗读）等方面探讨了普通话教学的改进方法，为根据题型特点进行测试辅导提供了具有实用价值的参考。他们通过相关分析，得出了语音面貌与等级分数呈正相关、与语音失误呈负相关的结论，并据此设计了适用于不同阶段的训练要领和训练方法，为语音面貌的养成提供了有效的指导。此外，他们还强调朗读训练中应注意的几个方面，包括表达的准确性、语调的规范性、停断的恰当性、语速的流畅性，为朗读训练提供了具体的指导。

赵则玲（2000）针对测试与教学，测试中说话项的内容、标准和方式等方面进行了系列研究，展现了对测试问题的全面思考。她指出说话测试项中存在的问题，如背稿代替说话导致失去口语色彩、说话文不对题使话题形同虚设、"量""性"难以统一导致评分主观随意、方言词语频出以及扣分过于宽容等。这些问题的指出，有助于测试的进一步完善。

六　研究方法的经验性

发展探索阶段，研究主要聚焦于应用层面，学者们的写作视角和论点多来源于实践经验。这种基于经验的认知显得尤为珍贵，但由于缺乏系统的理论指导，且针对问题提出的解决方案往往缺乏实践验证，因此这一阶段的研究往往呈现出罗列现象多而本质探索少的特点。由于研究方法以经验总结为主，研究结果间的覆盖度较高，这既显示了研究人员在经验上存在的高度一致性，揭示了很多共性问题，也反映了一定程度的重复性研究现象。

然而，在发展探索阶段向系统深化阶段过渡的时期，我们观察到部分基于问卷分析和测试实践的实证类文章。这些文章开始利用测试数据来支撑结论，显示出学术研究从经验总结向实证分析的转变。这也验证了学术发展是一个过程性变化，各学术分期之间的界限并非戛然而止，而是表现为一种趋势向另一种趋势的自然过渡。

七　研究的不平衡性

本书对发展探索阶段所发表的学术论文以及出版的图书进行了地域分

布的年度统计，统计结果详见表3-1。

表3-1　　　　　　1995—2001年各地域学术成果数量统计

	年份							论文（期刊论文、会议论文、学位论文）	图书（论文集、专著）
	1995	1996	1997	1998	1999	2000	2001	总发文量	出版量
北京	1	5	8	3	3	3	1	24	2
云南	9	3	11	4	1	3	6	37	2
浙江	1	0	0	0	1	6	8	16	0
山东	1	0	1	2	6	2	2	14	0
贵州	1	0	0	0	1	4	3	9	0
湖北	0	1	1	2	2	0	3	9	0
辽宁	0	3	1	2	4	0	1	11	0
四川	0	2	1	4	5	3	3	18	0
福建	0	1	0	0	1	0	2	4	0
江苏	0	0	4	1	4	3	6	18	0
香港	0	0	1	0	0	0	2	3	0
河北	0	0	1	4	3	2	6	16	0
河南	0	0	3	4	5	4	7	23	0
上海	0	0	3	1	0	0	0	4	0
江西	0	0	1	0	0	1	0	2	0
安徽	0	0	0	2	2	0	2	6	0
湖南	0	0	0	2	3	5	4	14	0
青海	0	0	0	1	0	0	0	1	0
黑龙江	0	0	0	0	4	1	2	7	0
吉林	0	0	0	0	1	0	1	2	0
广西	0	0	0	0	2	1	6	9	0
陕西	0	0	0	0	1	1	0	2	0
广东	0	0	0	0	0	2	2	4	0
甘肃	0	0	0	0	0	1	2	3	0
重庆	0	0	0	0	0	0	1	1	0
山西	0	0	0	0	0	0	2	2	0
海南	0	0	0	0	0	1	0	1	0
内蒙古	0	0	0	0	0	0	1	1	0
新疆	0	0	0	0	0	0	1	1	0
	13	15	36	32	49	43	74	262	4

根据表3-1的统计数据，PSC学术研究在发展探索阶段呈现出发展的不平衡性，这主要体现在以下几个方面：

首先，各地开展测试科研的起始时间并不统一。正如前文对萌芽起步阶段研究成果的概述所指出的，PSC正式施测之前，国家语委及云南等省市的专家已经开始了相关研究。然而，表3-1却揭示，直到2001年，部分省市的学者才首次涉足或尚未接触这一研究领域。这种时间上的不一致性表明，各地在响应和接纳PSC学术研究方面存在差异。

其次，研究成果在地域分布上不均衡。由表3-1可知，尽管全国有28个地区的学者在这一阶段参与了PSC学术研究，但各地区的参与度却大相径庭。云南、北京（特别是国家语委的专家）、河南、四川、江苏等地成为该研究领域的科研重地。国家语委的学者发文数量虽然不多，但人均发文篇目多且质量较好；云南则在发文数量和人均发文量上都表现出色，特别是在机辅测试研究方面更是走在了全国前列。相比之下，海南、内蒙古、新疆等地仍处于测试科研的试航阶段。这种地域性的不平衡性，可能与施测时间有关。尽管PSC于1994年正式推出，但不同地区的施测时间并不统一。初期的测试研究中，大量的测试研究都集中在解决测试中出现的问题和总结经验对策上，因此，施测时间的差异在一定程度上导致了科研成果地域分布的不平衡。

再次，同一研究内容内部也存在不平衡现象。例如，在测试标准研究方面，对语音的研究相对较多，而对词汇的研究则相对较少，对语法的研究几乎可以忽略不计。

最后，这一阶段的研究成果质量参差不齐。一方面，涌现出了一批理论水平高、实证方法扎实、技术水平前沿且得到国家认可的科研成果；另一方面，也存在一些低水平的重复性研究，甚至有的文章存在误读"标准"、误用术语的问题。这些问题不仅影响了研究结果的科学性，也不利于研究的进一步推进和发展。

第五节　发展探索阶段代表性成果述评

一　《普通话水平测试研究》

《普通话水平测试研究》由戴梅芳女士主编并由语文出版社出版，汇集了1995年和1997年云南省举办的两次测试研讨会的精选论文。这部文集精心收录了36篇论文，内容涵盖了标准把握、测试主体研究、测教关系探讨、题库建设、测试管理等多个方面。这些论文不仅构建了一个全方位、多角度的立体研究框架，而且充分展示了云南省在这一时期普通话水平测试研究的水平，反映了该省测试科研的核心关注点。在很大程度上，这部文集也是全国测试科研的一个缩影，为我们提供了一个深入了解和研究普通话水平测试的重要窗口。

二 《普通话水平测试的理论与实践》

PSC推行后各地出现了一些不规范做法，这些做法可能对测试结果和试卷等值产生负面影响。1997年，针对这些做法，《语言文字应用》杂志特别开辟专栏，邀请相关专家撰写了八篇论文。这些文章精辟论述了等级标准的研制与实践、测试大纲的编制与修订、题库建设的理论与实践，以及测试试卷的编制与使用等关键问题。这些文章不仅帮助人们厘清了认识，为PSC在科学化、制度化、规范化的道路上健康发展提供了保障，也为《普通话水平测试的理论与实践》一书的编写奠定了基础。

1998年，国家语委普测中心和《语言文字应用》编辑部将这八篇文章，再加上两篇精选之作，与12份关于PSC研究和工作依据的重要文件和讲话汇编成册，出版了《普通话水平测试的理论与实践》。这本书的出版，不仅旨在澄清和深化对关系到普通话水平测试生命的根本性问题的理解，更在客观上肯定了这些论文在当时PSC专题研究中所达到的前沿水平。它不仅积累了宝贵的研究史料、推动了研究分期进入"三分法"时代，而且也为进一步提高测试的科学性、保证测试工作的健康发展作出了积极贡献。

三 《普通话水平测试员实用手册》

PSC作为一项极具实践性的活动，对其认知往往在实践中不断得到总结和深化。由于实践活动的开展并非个体性行为，对其认知的总结自然具有集体性特征，且通常集体认知会先于个人认知形成。

自首期国培班开设以来，每年都会开设班次，培养轮训了大量国家级测试员。在授课过程中，学者们不仅找到了自己的学术研究重点，提高了测试学术修养，还深化了对PSC理论的认识，并将这些成果凝结成学术论著。宋欣桥于2000年出版的论文集《实用手册》便是此类研究成果的杰出代表。

《实用手册》汇集了多位学者的文章，是集体智慧的结晶。该书从政策文件到理论研究，全面论述了 PSC 的基础理论、等级标准、内容范围、试卷编制、测试评分、语音评定、语音训练等问题。该书不仅是指导测试员工作的重要文献，对普通话培训教学和测试科研也具有重要的参考价值。特别是书中对国培班授课讲义的收录，使得更多未能参与国培班的测试员也能通过学习这些文章，统一评分标准，从而客观上提高了测评的信度。

在《实用手册》中，制定了包括"尖音"、合口呼零声母的读音、遗留"入声"、声调判定、"啊"的音变错误判定、叠字形容词变调的处理、轻声词的判定、儿化词八大问题判定的语音评定参照框架。这一框架实现了标准制定的结构内部细化，提高了测试的公平合理度，还最大限度地降低了评卷人主观因素对测试结果的影响。然而，由于该框架采用例举式方法，其包容性受到一定限制，语音评判的模糊性问题仍未得到根本性解决。

四　普通话水平测试领域硕士学位论文

2001 年，PSC 领域出现了 3 篇硕士学位论文。这 3 篇论文，分别运用计算机编程、声学语音学以及教育测量学的方法对 PSC 进行研究，成为该领域最早的跨界研究学术论文。

谭曙光，毕业于首都师范大学物理系，在导师艾伦的指导下，完成了硕士学位论文《普通话测试系统的开发和研究》。这项研究是一次开创性的尝试，旨在对测试的第一和第二部分进行机辅评分。尽管该系统的识别率较高、记分准确，但在处理噪声和识别语音缺陷方面仍有待提升。尽管尚未达到实用水平，但这项研究无疑为语音识别技术在测试领域的应用铺设了坚实的基石，为后续研究提供了宝贵的参考。

云南师范大学文学与新闻传播学院的余琳和李国强，在导师王渝光的指导下，分别撰写了硕士学位论文《普通话水平测试发音正误声学特征辨析》和《普通话水平测试的教育统计与教育测量研究》。余琳的论文基于大量的语音样本，绘制了三组易错声韵母的语图、频谱图、波形图，为语音正误界定标准提供了更为客观的依据、为"等级标准"的阐释提供了声学特征支撑，有力地推动了机辅测试的进程。李国强的论文则运用概化理论的方法，分析了测试内容、测试量和评分员数量，提取了PSC测查的8个成分因子，证实了PSC具有较高的测量精度和较强的地区及民族适用性，最后提出了提高测试项目独立性的建议。

五 "普通话水平测试各等级标准语言特征数据库系统"课题

1999年，由云南师范大学王渝光主持的"普通话水平测试各等级标准语言特征数据库系统"课题，成功获得国家语委立项批准，并已结项。该系统融合了普通话"语音系统数据库""语音比较数据库"以及"各等级标准语言特征数据库"三大模块，利用前沿的实验研究方法，将有声语言转化为频谱图、波形图等精密语图语言，不仅促进了语音现象的科学解析，也进一步丰富了我们对语音现象的认知。

该系统所积累的语音样本，为后续研究提供了材料基础，同时，其测定的语音参数也为机辅测试的未来发展铺设了道路。该系统所获得的声学数据，确保了"等级标准"的客观准确性，为测试研究提供了科学依据。这一创新性的数据库系统不仅推动了普通话水平测试的科学化、规范化，也为我国语言测试领域的发展注入了新的活力。

第六节 仲哲明自我述评

在PSC学术研究的发展探索阶段，众多领域与地域的学者都作出了卓越的贡献。其中，对《标准（试行）》和《大纲》的解读成为研究的核心内容。此外，学术的推进和测试的开展都离不开"法"的保障。鉴于这两点，本书将仲哲明确定为该阶段具有影响力的学者代表，并于2018年4月2日对他进行了访谈。在访谈中，仲哲明先生对自己在PSC和语言规划领域的贡献进行了总结，现将访谈的重点内容整理如下：

第一，PSC研究之路的起点。1989年，仲哲明调任国家语委常务副主任，开始研究和思考语言文字的应用管理、国家政策规划以及现实语言生活问题。其中，语言测试和语言立法成为他关注的焦点。仲哲明提到，苏联社会语言学及国际教育测量界关于语言测试的理论和考试性质的讨论，对他的研究产生了一定影响。

第二，对PSC研究的贡献。仲哲明认为自己对PSC的主要贡献体现在以下三个方面：①推进测试工作的开展。在等级标准和测试方案研制完成后，时任国家语委常务副主任的仲哲明与广播电影电视部和国家教育委员会紧密合作，共同推动测试工作的开展，并得到两部门的支持。这一跨部门的合作以正式文件形式确定并推进，使测试工作跨出了重要的一步，PSC从实验、试点转变为全国各省份的规定性动作。②促动语言立法进程。在语言立法讨论阶段，各界的争议比较大。仲哲明从语言作为交际工具的社会性出发，论证了工具的共同约定问题，提出语言文字法不仅可以立，而且对国家语言管理至关重要的观点。这一观点得到广泛认同，并促使他带领国家语委法规处向教育部政策法规司取经，为开展语言文字法律法规的调研工作进行前期准备，为统一全国语言文字工作和加强国家语言文字管理提供了法律保障。③参加调研与讲学活动。在任职国家语委常务副主任期间，仲哲明亲自前往云南进行普通话、规范字、语言立法问题的调研，并前往德国进行讲学，向世界展示了中国在测试和语言规划领域的学术成果。

第三，对PSC未来发展的思考。仲哲明认为，未来的PSC研究应更加关注农村基础教育阶段的普通话教学和测试，同时重视农村教育师资的普通话培训测试。随着城市化进程的加快，农村的语言生活正在发生变化，这些都将成为未来研究的重要课题。

第七节　小结

在PSC的发展历程中，发展探索阶段展现了一系列新的特点和趋势。这一阶段不仅丰富了研究内容，初步建立了研究框架，还涌现出了一批运用实证方法进行研究的学者，推动了研究方法的科学化和理念的先进性。与萌芽起步阶段相比，发展探索阶段的研究呈现出以下特点：

第一，研究主体从专家转向为教师。如前文所述，萌芽起步阶段的研究主体主要是国家语委的各位专家，进入发展探索阶段，测试的研究主体呈现出多样化趋势，但其中大多数是各师范院校从事普通话教学的教师，研究队伍人员构成的立体层次感不强。研究主体的改变使得研究视角更加贴近实际教学，关注具体问题的观察和解决。

第二，研究主体身份的多重性。测评员、培训员、研究员等多重身份的融合，使得研究成果呈现出一种互动和较量的态势。测评员根据应试者的测试表现总结出一套专门针对"标准"盲点的应试方案，并形成文字见诸学报。应试者在测试中使用这些方法，但这种带有投机色彩的方法引起另一部分研究者的关注，于是研究应对方案，提出改进测试的建议。这种较量不仅推动了 PSC 标准的不断完善，也提升了测试的科学性。

第三，研究范围广泛但内容碎片化，缺乏统一规划和系统性。同时，研究成果数量众多但质量参差不齐，存在大量重复性研究和泛泛而谈的现象。因此，下一阶段的研究需要在保护一线测试员参与科研积极性的同时，鼓励他们拓展研究深度、加强理论探索，形成更为系统和深入的研究成果。

第四，学科建设萌发需求，但仍未启动。该阶段，尽管已经出现了针对 PSC 的硕士学位论文和跨学科研究，但学科建设工作仍缺乏明确的路线和学术建设框架。因此，加强学科意识、完善学科理论和研究方法，构建研究队伍的层次结构，将是下一阶段的重要任务。

总的来说，发展探索阶段的 PSC 研究内容丰盈、架构初成，部分学者开始运用实证的方法进行测试科研，一些研究方法更科学、理念更先进。但仍面临诸多挑战和机遇。例如，多数研究存在重经验总结、轻实证支撑，多现象描写、少理论解释，多研究局部问题的单篇论文、少成体系的专题论著的问题。通过拓展研究深度、加强理论探索、推动学科建设等措施，有望推动研究进入一个新的发展阶段，为普通话教学和推广作出更大的贡献。

第四章

普通话水平测试研究系统深化阶段
（2002年至今）

在PSC学术研究的历程中，经过萌芽起步和发展探索两个阶段的积淀，已经积累了一系列具有深远影响的学术思想和作品。这些研究成果不仅为测试的发展提供了宝贵的理论支撑，也推动了实践应用的不断创新。然而，长期以来的散兵游勇式发展，也导致了一定程度上的低水平重复性研究，使得整体研究效率和质量受到了一定的制约。

系统深化阶段，时任教育部语言文字应用研究所（下文简称"语用所"）所长的姚喜双敏锐地洞察到了这一问题，并采取了积极的措施加以改进。他开始申报课题、组织专家团队、致力于构建系统的研究框架和学科体系。同时，他也注重人才的培养，为PSC注入了新的活力和动力。此外，在姚喜双的引领下，还编写出多部理论专著，并组织全国PSC界的学者进行了系统的理论指导和项目规划。这种有组织、有规划的研究模式，极大地提升了整体研究水平和层次，使得PSC学术研究得以更加深入、全面和系统地展开。

第一节 时代背景

一 国家发展带来的新需求

21世纪，国家的西部大开发战略不仅促进了经济的全面发展，从东部沿海城市扩展到全国范围，而且对均衡现代化建设格局、推动全国经济协调发展具有重大意义。这一战略为PSC工作的开展提供了新的契机。随着西部大开发的推进，西部地区的人口流动加速，使得陕甘宁地区的农民外出务工变得更加便利。人员交流带来语言的交换，返乡人员将普通话带回了家乡,成为天然的推普员。赵小刚(2013)在甘青宁三省区的农村调研中发现,普通话的掌握为农民带来了分享改革开放红利的机会,对更高经济水平的向往成为他们学习普通话的内在驱动力,同时也为他们成为潜在的测试对象提供了可能。

2001年,中国加入世贸组织,标志着中国经济的全球化;2008年的北京奥运会、2010年的上海世博会以及2013年的广州亚运会等重大国际活动,更是将中国推向了全球舞台的中心。中国在全球的崛起,要求国家通用语言的推广必须与时俱进,成为全民性的工作。而PSC作为这项工作的重要抓手,必将受到来自社会各界的关注。这一发展趋势为PSC工作带来了新的挑战和机遇,需要我们持续深化研究,创新方法,以满足时代的需求,推动普通话的普及和提高。

二 测试量激增对PSC研究提出了新要求

系统深化阶段,PSC的业务实践开展得如火如荼。从1994年至2001年的8年时间,PSC的总测试量仅为600万人次[①]。然而,进入系统深化阶段后,年均新增测试人数纪录不断被刷新。特别是在2017年和2018年,年均测试量更是达到700万人次左右,这已经超过了测试开展前8年的总测试人数。

这种测试业务实践的全面铺开,不仅反映了广大人民对PSC的认可和接受,为测试科研提供了丰富的素材,同时也对测试科研提出了更高的要求。面对如此庞大的测试量,传统的人工测试的方式显然已经无法满足需求,因此,对机辅测试的研制和应用变得迫切而重要。

随着人们科学意识的提升,对测试科学性的要求也在不断提高。这就要求测试研究者必须不断更新研究方法,掌握新的研究技术,以不断提升测试的科学性。在这种背景下,加强科研与业务实践的结合,推动测试技术的创新和应用,成为PSC发展的重要方向。

三 技术发展为PSC研究带来了新机遇

测试技术的改进离不开物质基础的支撑,而这些改进又会进一步激发测试科研的深入发展。进入21世纪,计算机设备已普及为基本的办公用

---

① 宋欣桥:《试论普通话水平测试(PSC)》,载教育部语言文字应用研究所编《语言文字应用研究论文集Ⅱ》,语文出版社2004年版,第334—342页。

品，掌握计算机技术也不再是少数人的专属技能，汉字信息处理技术也取得了显著进步。这些都成为研制机辅测试的物质基础。

1998年，托福率先实现了从纸笔到电脑测试手段的转变，2005年正式推出了机考形式。自2008年起，全国大学英语四、六级考试（以下简称"CET-4/6"）也进行了多次远程测试的实验，这些变革让国内汉语测试界深刻认识到了计算机辅助测试的巨大潜力。在国内、国际大背景下，PSC领域的学者纷纷将计算机辅助测试作为研究热点之一。

测试手段从人工向机辅测试的转变，不仅推动了测试技术的革新，更引发了测试其他要素的一系列变化。这对测试研究人员提出了更高的要求，他们需要紧跟时代脚步，不断解决测试中出现的新问题。

四　加快普通话测试学科建设是国家需要

学科设置与调整的核心驱动力源于社会和经济的发展需求。聚焦我国国内大局，PSC不仅是一项推广普通话的重要举措，更是维护国家稳定、促进民族团结、推动经济发展的重要力量。从国际视野来看，PSC对于汉语的国际推广、国家形象的塑造以及中华文化的输出具有深远的影响，它让我们能够更好地用汉语讲好自己的故事，传递中国好声音，让世界更好地聆听和理解中国。因此，PSC应时情、世情之需进行了学科组建。

普通话测试学科，作为新兴的交叉学科，自诞生以来始终致力于服务国家建设，尤其在当前的"脱贫攻坚"战中发挥着先锋作用。可以说，PSC在国家的整体发展战略中具有不可替代的地位和作用。因此，理顺学科逻辑，加强学科建设成为PSC研究者的重要任务。

第二节　研究概览

系统深化阶段，PSC领域的研究热度急剧上升，研究成果呈现出爆发式增长，多样形式的成果层出不穷。既有宏观指导性的巨著，也有针对特定领域的探索心得；既有个人专著，也有集体智慧的编著类学术作品；同时，期刊论文、会议论文和学位论文等学术成果样态丰富，展现了PSC研究领域的繁荣与活力。

宏观指导性巨著，如2000年和2021年两次修订的《大纲》和研制的《纲要》，是在国家语委的组织领导下，由语言学、测量学、心理学界学者共同努力完成的。这些著作不仅为 PSC 研究提供了纲领性的指导，也为后续研究奠定了基础。

个人专著方面，如李海英（2006）的《普通话水平测试（PSC）的社会语言学阐释》，从社会语言学的角度分析了 PSC 的重大意义和影响因子。屠国平（2010）的《普通话水平测试研究》则全方位地对该测试进行了探讨，体现了作者十多年来对 PSC 的深入思考。王渝光等（2010）的《语言信息处理与普通话水平测试》从语言信息处理的角度，为 PSC 的理论框架和测试优化提供了新的思路和方法。此外，还有《普通话水平测试概论》《普通话水平测试概说》《普通话水平测试阐要》《普通话水平测试发展历程》等专著，从不同角度对 PSC 进行了深入的研究和探讨。作为系列研究丛书，这些著作填补了 PSC 理论的空白，也标志着 PSC 理论研究层面的提升。具体内容将在后文详细介绍，在此不再赘述。

编著类学术作品同样丰富，如陈章太（2005）的《语言规划研究》收录了其多年来的研究心得，对等级标准和测试效度等问题进行了精彩论述。宋欣桥主编（2007）的《香港普通话测试研究与发展》则汇集了多位学者的研究成果，对 PSC 在香港的发展情况进行了介绍。此外，国家语委普通话与文字应用培训测试中心（2016）的《普通话水平测试二十年》按照时间顺序，归整了 PSC 正式施测 20 年来所发生的重要事件，为了解测试研究的背景提供了重要的材料。

系统深化阶段的论文集也呈现出多样化的特点。有的是学术会议的成果凝结，如《全国普通话水平测试学术研讨会论文集》等；有的是各省发动测评员根据工作实践撰写的论文优选，如《广东省普通话水平测试研究优秀论文集》、上海的《普通话水平测试研究》等。这些论文集不仅展示了各地 PSC 工作的成果，也体现了"以研究促测试"的特点。

学术期刊方面，系统深化阶段共发表了 1719 篇论文，年均发文量达到 78 篇。同时，还有 74 篇硕士学位论文和 21 篇博士学位论文问世。这些学位论文不仅涉及 PSC 的各个领域和方面，也展示了 PSC 的广度和深度。值得一提的是，博士学位论文中，不仅有直接针对 PSC 方向的研究，还有与 PSC 相关的其他领域的研究，如信息处理和普通话教学培训等。这些研究不仅丰富了 PSC 理论体系，也为实践应用提供了新的思路和方法。

一 宏观课题

系统深化阶段，PSC 宏观课题研究的深度和广度都有所增加。相较于发展探索阶段，这一阶段不仅继续关注性质定位和理论方法的研究，还新增了对 PSC 发展历程的研究。

（一）发展历程

随着 PSC 学术研究的不断积累，学者们开始意识到及时总结和研究发展历程的重要性。他们感受到规律性内容总结的必要，以及理论性内容规划的迫切。因此，该时期出现了一些梳理普通话研究发展的学术成果。这些研究成果大致可以分为两类：一类是学术概况总结，另一类是针对某一问题的发展概况研究。

王晖（2003）在这一领域率先进行了有意识的学术科研成果总结，他概述了 1994 年至 2002 年间 PSC 的研究情况，并编制了学术成果索引，为学科发展起到了承前启后的作用。继王晖之后，郑献芹（2006）和贺静坤（2008）分别描述了 2002 年至 2004 年及 2008 年之前的 PSC 研究情况，并根据各自的学术眼光预测了未来 PSC 研究的着力点。王晖（2015）从观念、管理和学术三个方面的创新出发，对 PSC 开展 20 年来所经历的三大浪潮及取得的成绩进行了归纳和梳理，有助于人们了解 PSC 工作的开展轨迹及内在动因。

姚喜双（2010）将学术研究的起点前推至 1982 年，并奠定了酝酿研制、组织实施、发展创新的 PSC 历史分期新三段论的基石。这一分期方法得到了后续学者的广泛认可，并在此基础上进行微调。比如，王晖等（2013）提出了"两阶段四时期"的划分法，明确了各阶段的界标，并对各阶段的代表成果和特征进行了讨论。韩玉华（2014）则以 PSC 新三段论为框架，对 PSC 三十余年的发展历程进行了全面梳理和总结，这对测试的研究者、实施者、管理者以及语言规划的决策者都具有重要意义。

聂丹（2011b）回溯了 1980 年至 2010 年间在期刊上发表的 PSC 学术文章，认为 PSC 学术框架已基本搭建完成，但各部分发展并不平衡。她将学术研究划分为酝酿、初创、发展、深化四个时期，是在姚喜双（2010）"三段论"基础上的微调。同时，她对未来发展提出了展望，认为应加强薄弱环节的研究，提升研究质量。这篇文章是迄今为止该领域对期刊文献研究时间跨度最长、分类最科学的一篇文章，对于科学、理性地规划该学科的发展具有重要意义。之后聂丹在该文的基础上继续发力，并于 2012 年凝结成《普通话水平测试研究概说》① 一书。

此外，褚程程（2016）、朱丽红（2018）等人在聂丹的基础上继续研究，分别对 2012 年至 2015 年和 2012 年至 2017 年间的 PSC 研究概况进行了总结。褚程程认为后续研究应将理论方法、词汇语法和测试比较作为着力点；而朱丽红认为后续研究重点应放在人才培养、团队建设、交叉研究、平台搭建和发表阵地上。

除了对整体发展趋势的总结外，该时期还出现了少数几篇针对特定对象、特定地域的总结性研究。张艳梅（2016）对广西工科院校 PSC 培训的研究现状进行了总结；孟晖（2013）、周梅（2014）、王晖（2016）分别对 PSC 测试员评价标准的发展脉络、测试手段的确立过程及测试方式演进、测试依据的范畴体系及发展历程进行了全面梳理。

（二）性质定位

尽管原《大纲》对测试性质已有明确的界定，但随着经济的发展和 PSC 的广泛推行，人们的普通话面貌发生了显著变化，使得满足"提高条件"的人群范围大幅扩大。同时，PSC 因其科学性而赢得了良好的社会声誉，吸引了越来越多的社会其他行业人员自发参与。因此，学者们紧密结合语情的变化，持续深入探讨其性质定位问题。

宋欣桥（2003）提出，PSC 是一项规模宏大的国家级主观性测试。七年后，宋欣桥（2010）进一步补述强调，PSC 作为第一语言测试的根本属性。李讯（2003）则持双向检测观点，认为该测试不仅评估应试人的普通话水平，同时也测查评分员的听觉盲点、知识缺陷和操作规范性。李宇明（2002）提出，PSC 具有一定的交际因素。然而，刘慧英（2004）对此进行了商榷，她认为 PSC 主要是对"规范水平"的考查，而非对"交际水平"的衡量。

屠国平（2004）对前人对 PSC 性质的重要论述进行了整理与分析，理顺了不同阶段学者们对测试性质认识的发展路径，对全面认识测试性质具有积极意义。张燕玲（2009）在肯定 PSC 规范度测查的基础上，进一步指出该测试所蕴含的语文特质。

李海英（2006）从社会语言学的角度，阐释了 PSC 的语言规划性质，

---

① 聂丹：《普通话水平测试研究概说》，语文出版社 2012 年版。

并将其定位为"推普"工作链条中不可或缺的一环。

姚喜双（2010）则从法律依据的角度，论述了 PSC 作为国家级的具有法律保障的测试的地位。紧接着，姚喜双（2011）明确了 PSC 的基本要素、基本矛盾和基本规律，为正确认识 PSC 指明了方向。

综上所述，系统深化阶段，学者们从多个维度——测试规模、检测方向、社会语言学及法律依据对 PSC 的性质进行了进一步阐释，为人们全面认识测试性质提供了启示。

（三）理论方法

在 PSC 的研究历程中，对普通话能力构成的探讨一直是核心问题。在前两个阶段的研究成果中也有隐性表述，但是直到 2013 年，韩阳在其博士学位论文中明确指出了普通话的能力构成要素，包括语音准确性、流利性和词汇丰富性。

除了对语言能力的关注，系统深化阶段的学者们还广泛探讨了各种理论在 PSC 中的应用。其中，中介语理论、语言规范理论、建构主义学习理论①及语言学理论都成为研究热点。

张建强（2005）从测试对象的语言性质和 PSC 的等级标准制定方面，系统探讨了中介语理论在 PSC 的理论基础意义。肖劲松（2007）、王玲玲（2007）突破了对中介语形态的研究，初步探讨了普通话中介语的形成机制。李海英（2008）更是发现了普通话中介语中的一种特殊存在——普方共性成分，这些研究从不同角度拓展了普通话中介语的研究深度。

在语言规划理论方面，孙兰荃（2007）对层次性理论在语言使用主体中应用的论述，带有朴素的动态语言规范色彩；徐卫卫（2003）则从语义预设理论的角度对说话项问题进行了分析，杨万兵（2006）利用原型范畴理论对方—普转化中的语言现象进行了解释。李海英（2010）则从社会因素的角度对测评能力进行了分析，而沈倍蕾（2006）在轻重格式的研究中运用了声学实验的方法。这些研究从多个学科角度丰富了 PSC 研究的理论视角。

此外，肖劲松（2006）尝试将交际语言测试理论的九级评定体系与 PSC 的"三级六等"相对应；罗珊（2007）则运用系统科学理论对受试

---

① 吴慧、乔丽华、朱青春：《普通话水平测试说话项应试失误分析与培训教材、教学模式研究》，《语言文字应用》2007 年第 S1 期。

者、测试者、管理者三者之间的关系进行了研究。这些研究都为 PSC 的理论研究注入了新的活力。

总的来说，这些学者们在系统深化阶段对 PSC 进行了广泛而深入的研究，不仅深化了对普通话能力构成的理解，还从多个角度丰富了 PSC 的理论视角和研究方法。这些研究成果为 PSC 的进一步发展奠定了坚实的基础。

二 测试依据

2002 年，"汉语普通话测试研究"项目被确立为国家语委"十五"科研规划的重点，这一举措极大地推动了 PSC 的研究进展。在此项目的引领下，系统深化阶段，测试依据的研究成果颇丰。

新《大纲》《纲要》等重要测试依据的学术成果相继问世，这些成果为相关领域的学术研究提供了指导。此外，还有近 160 篇学术论文探讨了测试依据的各个方面，呈现出多层次、全方位的研究特点。这些学术论文涵盖了多个方面的内容。其中，对《大纲》的修订建议旨在进一步完善评估标准，使其更加符合实际测试需求。标准阐释则对评估标准进行了深入解读，帮助测试者和受试者更好地理解和应用。评分细则的制定和评分标准与语言规范的研究，则为测试的公正性和准确性提供了保障。

（一）对 2004 版《大纲》修订的讨论

自 1996 年起，《大纲》的修订工作便持续进行，尽管修订过程持续不断，但完整的修订版本一直未能呈现。随着系统深化阶段的到来，面对世情、国情、语情的变化，越来越多的学者加入《大纲》修订的讨论中，显示出修订工作的重要性和紧迫性。

为回应学界的修订呼声，新一届《大纲》修订委员会于 2002 年初成立，并在首届 PSC 学术会议上对修订稿进行了讨论。同年 12 月，国家语委下发了《大纲》修订的征求意见稿，引发了学者们热议的小高潮。钱华（2003）的研究为此次修订提供了有力的实证支持，他通过对 147 位应试者的测试用时进行分析，发现词语项的呼读用时平均比字词项少 30 秒，89.1% 的应试人在朗读项的用时主要集中在 2—3 分钟的区间。这一发现为《大纲》修订中时限的调整提供了宝贵的参考依据。

此外，伍巍（2002），吴健（2003），彭巧燕、贺方春（2003）也从不同角度为《大纲》的修订提出了具体的方案和建议。他们分别就 PSC

各测试项目名称的表述改进、分值权重的调整、词表及朗读篇目的选择、朗读评分项的改进以及存疑异读词的处理等方面进行了探讨，为《大纲》的修订提供了丰厚的学术土壤。

（二）对2004版《大纲》修订和《纲要》研制的解读

《大纲》的修订和《纲要》的研制，无疑是PSC领域的重大事件，引起了学界广泛而深刻的关注。自新《大纲》和《纲要》颁布以来，众多学者对前后内容的调整进行了宏观上的说明和微观上的解读。其中，最具权威性的莫过于2004年《语言文字应用》杂志第3期所发表的一系列文章，这些文章出自《大纲》修订和《纲要》研制的两位召集人和课题组主要成员。姚喜双（2004）的文章详细阐释了本次修订与研制的"三个统一"原则，并运用辩证的视角对学界当时热议的测试等值、水平判定、岗位要求、测试内容及机辅测试等焦点问题进行了剖析。刘照雄（2004）则对原《大纲》内容在修订中所做的各项调整及其依据一一进行了说明。王晖在2004年分别以笔名"言实"和真名发表文章，介绍了作为测评素材和训练材料的词表编制，以及量化操作依据的评分系统研制。前者介绍阐释了词表编制的构想、原则、过程和具体做法，后者则介绍了评分系统与等级标准的关系，以及新《大纲》对评分系统的调整原则和内容。此后，王晖进一步回溯了《大纲》修订的历史，概述了《大纲》修订的原则和过程，并讨论了测试名称、性质的确定，以及调整试卷构成与评分系统调整过程中的思考。这一系列文章的发表，对于该领域的学者及测试工作人员深刻理解和科学使用《大纲》《纲要》，厘清模糊认识，具有重要的指导意义。

除此之外，屠国平（2004）、张蒲荣（2007）、屠国平（2010）分别从评价标准、朗读篇目及话题难度、测试范围等方面，对内容的调整进行了详细解读。关彦庆（2006）等则对《纲要》中朗读作品的瑕疵之处进行了指摘，并对语音现象的频次分布提出了建议。这些研究不仅有助于学界深刻理解新《大纲》和《纲要》，而且对于提升其规范性、促进PSC的持续发展，具有积极的推动作用。

（三）对2021版《纲要》修订的解读

为适应普通话水平测试的新形势，解决测试实践中涌现的新问题，国家测试中心对《普通话水平测试实施纲要》进行了全面细致的修订。新版《普通话水平测试实施纲要（2021年版）》已于2021年成功定稿并通过审定，计划自2024年1月1日起正式实施，标志着普通话水平测试工作迈入了新的发展阶段。为了帮助广大测评员和应试者更好地理解和把握新版纲要的精神与内涵，教育部语言文字应用研究所参与修订工作的学者特撰文进行深入解读。

刘朋建（2020）深入剖析了《普通话水平测试实施纲要》修订背后的深层原因、所遵循的指导原则及其对于普通话水平测试工作的深远影响。自现行《纲要》颁布以来的16年间，语言文字规范标准的研制取得了显著成果。同时，随着时代的进步和技术的发展，普通话水平测试在技术应用、测试形式以及服务对象等方面也发生了显著的变化。此次修订工作严格遵循"总体稳定、规范科学、问题导向、适应发展"的原则，旨在进一步提升测试的规范化、科学化水平，以适应不断变化的语言生活，解决实践中遇到的实际问题，从而推动普通话水平测试工作与时俱进、健康发展。

陶昱霖等（2020）指出，为提升普通话水平测试的科学性与规范性，修订工作已于2018年启动。他们详细阐述了《普通话水平测试用普通话词语表》的修订原则和过程，并全面介绍了修订工作的相关数据。经过精心修订，词语表的内容增删改动均经过严格筛选和审核，确保与最新规范标准保持一致，更加贴近现代语言生活实际，从而更好地服务于测试工作，提高测试的准确性和有效性。

陈茜等（2020）则着重阐述了《普通话水平测试用普通话与方言常见语法差异对照表》的修订原则和内容。修订工作注重保持原有框架的稳定性和延续性，同时强调分类和语法用例的科学性与规范性。修订内容着重体现测试用表的适用性和可操作性，对语法类别、用例和文字表述等方面进行了全面梳理和优化。此次修订旨在提升对照表的实用性和准确性，为普通话水平测试提供更加科学、规范的依据，帮助应试者更好地掌握普通话与方言之间的语法差异，提高测试成绩。

（四）评分细则的制定

评分细则的制定在测试评分中发挥着重要的杠杆作用，颇具学术价值和应用价值。系统深化阶段，学者们围绕国家级和地市级两个层面，对评分细则的制定展开了讨论。

系统深化阶段初期，屠国平、徐卫卫、李讯等学者就从测试的性质、过程的可操作性以及测查结果的准确性等多个角度出发，强调了制定全国通用评分细则的必要性。这一讨论在2002年达到了一个小高潮。屠国平（2003a）提出了细则制定的四原则，即依据《大纲》、尊重已有学术成果、理论联系实际以及客观为先。同时，他还提出了细则制定的四种方法，包括解释《大纲》、补充《大纲》、发展《大纲》以及提高表述可操作性。屠国平还针对测试中的听感实际，对宋欣桥（1997）的相关说法做了修正，明确了语速每分钟130/270音节作为过慢/过快的参照标准。此外，彭云帆、何建明（2003）、田皓（2003）等学者也分别从"质""量""类"的确定等角度对测评实践中"系统性"的把握进行了说明。

2007年，第三届全国PSC学术研讨会召开，再次将评分细则的讨论推向了新的高潮。与之前的讨论不同，这次学者们的关注点更多地放在了地方性评分细则的制定上。单虹介绍了上海评分细则制定的思路，为其他地方性细则的制定提供了有益借鉴。齐影认为各省评分细则在精细描述、准确实例、明确观点、清晰标准及全面阐述等方面的优点，都具有借鉴意义。陶昱霖则对地方细则与《大纲》之间的抵牾之处进行了比对分析。王晖针对各省评分细则中普遍存在的14个问题提出了解决方案，并指出了细则与《大纲》应遵循有限、不抵触、不重复的原则。他进一步建议通过建立备案审查制度来确保细则的质量，为地方性评分细则的制定提供了有力的指导。

这些讨论和研究成果不仅丰富了评分细则制定的理论框架，也为实际操作提供了更为明确和科学的指导，对于提升测试评分的准确性和公正性具有重要的推动作用。

（五）评分与规范

1. 评分系统

系统深化阶段，学者们从原则和方法层面对测试评分进行了研究。张传曾（2002）从音位学角度出发，对语音评分原则进行了探讨；杨万兵（2006）运用原型范畴理论，为语音评分原则提供了新的视角。

同时，学者们也对语音要素评分进行了具体的研究。杨绍林（2002）针对"儿化"错误与缺陷的判定提出了参照标准，徐瑾、单立勋（2002）则探讨了声调缺陷的评分细则。此外，黎水生（2003）提出的"语音面貌等级对应评分法"，强调测试评分时测试员的"心格"与等级标准坐标中的"标准格"相吻合的重要性，为改进评分方法提供了新思路。何广见（2003）从空间位移、响度强度及发音时值等角度出发，将语音缺陷分为空间缺陷、强度缺陷和时间缺陷;从听觉明显程度出发,将缺陷分为显缺陷和隐缺陷。这种缺陷分类方法为缺陷判定提供了新颖而实用的参考依据。

随着学术研究的深入,相关部门将这些学术成果转化为省级评分细则的一部分,进一步提升了评分标准的精准度和精细度。2007 年,机辅测试的实施使测试手段发生变化,为适应这一变化,《计算机辅助普通话水平测试评分试行办法》(以下简称《机辅评分办法》)应运而生。孙海娜(2010)对其进行了详细的介绍,使人们对"机辅评分办法"的主要原则、理解把握等问题有了更加清晰的认识。

2. 语言规范

(1) 词汇语法规范

系统深化阶段,杨秀明(2007)等学者敏锐地认识到了在 PSC 中建立稳定词汇语法评价体系的必要性。然而,关于词汇和语法规范的实际研究尚显不足。在众多研究成果中,王晖的《普通话水平测试中的词汇、语法问题》堪称典范。该文全面探讨了测试实践中与词汇、语法紧密相关且兼具实践性和理论性的问题,明确肯定了词汇、语法在测试中的重要地位,并强调评分时应遵循发展和动态的原则。同时,王晖也较早地将规范度作为这两项内容的评定依据,为后续的研究提供了重要参考。

继王晖之后,陈芳(2007)等也对词汇规范原则进行了讨论,提出将社会接受度作为制定词汇规范的主要标准,田皓(2009)则提出,特殊句式的评分应在动态语言观的指导下采取尊重语言事实的态度。此外,刘美娟(2003)等较具时代敏感性的学者察觉到了网络语、流行语对测试的影响,开始关注新词语规范问题,并提出了动态性、实效性、约束性、交际到位性的评测规范原则。这些研究不仅拓展了词汇规范的研究领域,也为测试实践提供了有力的理论支持。

除了对一般词汇、语法规范的研究外,陈小燕(2004),韩承红(2003)和金跃刚、李宁(2006)等还对轻声词界定、评判原则进行了讨论。同时,王凌(2002)对儿化词性的规范给出了建议,为 PSC 中轻声词、儿化词的判定提供了来自语言本体的依据和来自社会语言学的双重观照。

(2) 语音规范

PSC 评分的一个显著特征是结合了定性与定量方法,确保了较高的测评效度。然而，受限于语言本体研究的深度，对于"性"的界定尚显模糊，这在一定程度上导致了定量的不确定性，成为测试结果不稳定的一个因素。实验语音学的兴起为解决这一问题提供了新的可能。覃凤余（2002）、杨峥琳（2003）、周燕飞（2004）等运用这种实验语音学的方法，探索上声缺陷判定、轻声区别性特征等问题，并成功获取了常用音节、声调调值的声学特征数据。他们的研究方法在当时颇具前瞻性，部分结论对传统观念构成了挑战，但无可否认，这些研究为普通话的教学和评测提供了宝贵的参考标准，对提高定性评价的精准度和定量研究的科学性具有重要意义。

"方言语调"作为汉语韵律特征的体现，也是学者们的研究焦点。尽管在之前的阶段已有学者对此进行探讨，但由于该问题一直未能得到妥善解决，它仍然是系统深化阶段的研究重点。印平（2002）指出，由于语言学对"方言语调"的模糊界定以及《大纲》中相关量化规则的缺失，评分员在理解上常常感到困惑。他建议以"方音特征"替代"方言语调"的表述，并增设具体的评分小项，以统一认识、确保评分信度。杨小锋（2002）、田皓（2003）等也持相同观点，他们认为"方音（言）色彩"的表述更为科学，并为此提出了具体的定性与定量相结合的评分标准。

此外，学者们还对某些微观、具体的语音问题进行了讨论。覃凤余、褚俊海（2007）对 ing 具体音值的考辨，以及汤幼梅（2007）对上声标准调值的研究，对于不断完善 PSC 的语音标准具有积极意义。

(3) 题型测评

系统深化阶段，学者们对测试题型进行的具体评分探讨主要集中于朗读和说话两项。张蒲荣（2002）、徐波（2008）等针对朗读项的评分标准进行了讨论，重点关注方言语调和系统性语音错误/缺陷的量化与扣分问题。李洁（2004）也加入了讨论，提出了使用语言节律解决朗读中的方言语调判断和说话中的语音面貌判定的建议。

屠国平（2002）对"说话"项四个考查点的评分进行了逐一分析，给出了判定原则及具有可操作性的量化建议。特别是他对于"档间分"归属的讨论，对于统一测试员的评分标准具有重要的参考价值。

钱华（2002）对"说话"项评分进行了系统研究，针对离题现象提出了完善评分体系、明确扣分标准的建议；对于语音面貌的档限界定，建议微调评判标准、明确测评尺度。此外，钱华还区分了两种说话缺时的性质,并提出了使用"失误基数+失误次数"的评分方法。在方言语调问题上,钱华(2006)进一步提出了缩小起档扣分分值、均衡各档扣分尺度的建议。此外,孙和平(2016)从语言的本体性出发,建议在命题说话中增设主旨性、条理性考查项,以更好地体现对考生思维过程的重视。

(六)测试任务

1. 题型试题

在 PSC 的五大测试项目中,学者们在系统深化阶段,对每一题型的研究都有所涉猎。

对于一、二部分的单字、词语测试,学者们关注到了低频字、多音字(丁迪蒙,2002)以及无意义单字(苏丹,2004)对测试目的实现的挑战。为了解决这些特殊字词存在导致的语音标准度测量变得复杂的问题,学者们提出了诸多建议,如基于字频统计进行试卷编制,遵循通识和品位原则(汪磊,2005),以及在评分时给予多音字一定灵活性等。然而,对于是否应通过给出语境"锁住"多音字或"任选"其读音,学者们的观点存在分歧。有的持支持态度,周中兴(2007)则认为出题中和评分上的权宜做法有损测试的内容效度。孙银新(2011)提出选择单音节字和多音节词应遵循使用频率、全民性、意义和语法四条标准。

"选择判断"作为各省的自选题型,在很多省份的试卷中都消失了身影,因此,研究成果相对较少。刘向红、李爽(2002)的分析指出,由于该题型的选错率极低,建议可考虑取消,并将分值重新分配。

"朗读短文"作为从语言构件向语言运用的过渡题型,引起了广泛关注。学者们从篇目选择、语音覆盖面、轻声词分布等多个角度进行了探讨。任明(2003)以及彭国安、杨益斌(2003)等提出了朗读篇目选择的标准,即时代贴近性、语言贴切性、体裁、内容、表达、规范等;王卉(2005)等对朗读篇目中语音覆盖面和轻声词分布均衡度进行了考察;黄丽萍(2014)则通过大规模问卷调查,揭示了影响 PSC 朗读和说话可接受性的主要因素,即朗读作品的时代感、难易度以及说话题目的数量、内容、时长和完整准确性。

"命题说话"作为占比最重的题型,一直是学界关注的热点。系统深化阶段,学者们更多地关注了考查方式和评分标准对测试结果的影响。钱华(2002)等指出,现有考查方式及评分标准的漏洞导致部分应试者采取背稿、难点音规避等不当策略,影响了测试的信度和效度。为此,学者们提出了多种改进建议,如增加双向交流考查方式的比重(刘美娟,2003)、通过语境设置提高说话真实性、增设扣分项(杜宇虹,2006)以及拆分评分项(周立,2018)等。

2. 试卷编制

试卷作为语言测试的媒介,在沟通测试主体和测试客体方面起着重要作用。试卷的编制直接关系到测试的有效性和可靠性。因此,它必须能够准确体现测试开发者的理念和构想,并符合既定的测量目标。自20世纪60年代以来,试题编写技术已成为教育测量学界的研究热点,然而,在PSC领域对这方面的研究并不多见。

21世纪初,云南师范大学的几位硕士研究生在导师王渝光的指导下,对PSC试题编写技术做了初步探索。杨端如运用统计语言学的研究方法,对汉语声、韵、调的客观分布频率进行了调查。这一研究不仅证实了《大纲》中试卷覆盖率指标确定的科学性,还验证了云南省PSC题库系统的可行性。为了进一步扩大试卷的汉字、音节覆盖面,增强语言抽样的代表性,杨端如提出将朗读项改为"200字+200字"或"300字+100字"模式的建议。这一建议旨在通过调整朗读内容的长度和组合方式,更全面地考查考生的普通话水平。

刘华对不同试卷组合模式进行了实验研究。通过收集和分析数据,他对PSC的考试内容、题量和考试方式提出了有理据的建议。刘华认为,综合考虑测试质量、经济性和可操作性,100个单字、50个词语(选自8000词表)、2篇朗读文章、1个命题说话的题型组合较为合适。另外,他提出可取消说话项,同时建议在说话评分中增加得体度测查项,以更全面地评估考生的语言运用能力。

刘健(2005)从音系层和语流层两个层面对普通话和PSC的音子频率进行了对比分析。这一研究为PSC的拟卷提供了数据支撑。易培(2009)运用语言学理论对试卷中的字、词、朗读、说话等各项内容进行了研究,指出了存在的问题,并提出了相应的修改建议。

综上所述,这些研究不仅丰富了PSC试卷编制的理论基础,还为实际操作提供了有益的指导。随着研究的不断深入和技术的不断进步,相信未来的PSC试卷将更加科学、公正和有效。

三 测试主体

PSC的测试主体,即测试员,在整个测试活动中起着重要作用,不仅主导着测试的进行，还是测试宣传、培训和科研的主体。测试员的专业素养和业务能力直接影响着测试的质量和公平性。

在人工测试模式下，测试员不仅需要引导应试人完成测试任务，还要记录应试人的测试表现，根据评分标准给出公正客观的分数，并填写记录表和成绩单。测试结束后，他们还需对应试人的成绩进行复审。在机辅测试模式下，测试员的职责发生了一定的变化。机辅测试系统能够自动引导应试人完成测试任务，并记录应试人的测试表现，但测试员在评分和复审方面的职责依然重要，并在必要时进行人工干预和调整。

（一）素质要求

对于测评员素质与资格要求的研究，不仅有助于针对性地提升测评员的素质和能力，更为测评员的可持续发展及队伍管理提供了可靠的学术依据，因此成为系统深化阶段测试主体研究的重点。

系统深化阶段，章柳英（2002）、武文茹（2002）等继续探讨了测评员的素质要求。尽管表面上看来，这些研究与发展探索阶段的结论颇为相似，均对测评员的思想道德、专业技能和操作技能提出了要求，但实则蕴含了深刻的变革。举例来说，专业技能方面，发展探索阶段主要指测评员对拼音能力、国际音标、普方对应规律及语音知识的掌握，而到了系统深化阶段，则进一步提出了对听辨能力和普通话语音理论的要求[①]。这一转变凸显了对测评员业务基础和知识结构要求的提升。随着实验语音学的不断发展和机辅测试的广泛应用，这种表面的稳定也被打破，学者们开始热烈讨论机辅测试环境下测评员的素质要求。郑晓春（2007）指出，国测员除了需具备原有的素质外，还应掌握实验语音学的相关知识。

系统深化阶段，对省测员、国测员资格获得条件的探讨也成为学者们关注的焦点。宋欣桥（2006）解读式分析了测评员资格获得的基本条件，如教育程度、工作经验、普通话水平、专业知识技能等，以及国测员资格获得的专业条件，如职称/职务、测试经验、普通话纯正度、语言测试基础理论等。他还通过对国培班学员普通话水平及其常测等级范围的调查，估计了测评员的测评信度和合格度。于谦（2009）通过分析80位骨干国测员的测评能力，发现他们虽总体判断力高，但"一甲"和临界分数的

---

① 孟晖：《普通话水平测试员评价标准研究》，博士学位论文，中国社会科学院研究生院，2013年。

评判水平尚需提升。徐卫卫（2006）则对浙江省测评员的情况进行了分析，发现 PSC 测试主体的学历层次和专业化程度较高，但年龄和职称相对较低。为更好地推动 PSC 的社会化，他建议调整测试主体的专业结构，加强其基础理论知识的培养。此外，叶从容（2008）还对测评员上岗最高年龄门槛的设置进行了讨论。

尽管上述研究对测评员的素质要求进行了全面的探讨，但多数仍停留在学者个人思考或地方测试机构的层面，尚未形成与《大纲》和《纲要》地位相匹配的全国指导性测评员评价标准。黄霆玮（2011）在这方面进行了积极的探索，提出了构建包含素质、能力、绩效在内的评价体系，并在实证研究的基础上，将严厉度和一致性作为绩效评价的指标，同时给出了多面 Rasch 模型的具体量化方法。这一研究对于科学评价、有效反馈及提升测评员的测评能力具有重要意义。然而，由于其实证研究主要基于 HSK 高等口试材料，因此在 PSC 中的适用性和可推广性仍需进一步检验。

（二）培训管理

心理学认为，能力是个体完成某项活动的必要条件，它在实际活动中得以形成和发展①。PSC 测评能力的培养也是在后天的实践中逐渐掌握和提升的。正因如此，如何科学、有效地提升测评员的测评能力，并对其进行有效的培训管理，一直是学者们研究和探讨的课题。系统深化阶段，关于该问题的研究主要从两个层面展开：一是对培训模式和监控体系的研究，二是对测评员心理状态的关注。

1. 培训监控

在培训与监控方面，学者们不断反思和调整测评员培训课程的设置，使之更加符合实际需要，更加科学。宋欣桥（2003）明确了省测员和国测员的培训侧重点，前者应着重于评分操作的训练，而后者则更应侧重于标准和认识的统一。闫浩然（2004）通过实证研究，揭示了方言语境对测试评分的影响。他建议，在培训过程中应打破省域、地域限制，引入全国各地的典型方音介绍，使测评员对不同地区的语音特点有更为全面的了解。同时，加入各等级语音标杆的内容，有助于测评员形成清晰的评分参照，提高评分的准确性和一致性。

关于"语感"在测试主体培训中的地位，彭云帆（2003）、黎水生

---

① 韩永昌、王顺兴、朱本主编：《心理学》，山东教育出版社 1985 年版，第 262 页。

（2003）等进行了讨论。尽管结论并不一致，但他们都强调了语感在测试员培训中的重要性。好的培训内容要通过恰当的培训手段才能达到预期的培训效果，于谦（2007）总结了技术手段在国测员培训中的应用及作用。他指出，课件等现代教学手段的使用提升了培训的效果。孙海娜（2007）通过对未通过一甲复审的语音样本的分析，发现评分偏差主要存在于朗读和说话部分。这提示我们，在评分员培训中，应加强对快速语流中出现问题的抓取能力的训练，提高评分员对普通话语感的敏锐度和判断力。

除了适当的培训内容和模式，测评员在测试评分中的良好状态还需要相应监控体系的保障。一般认为，测试的监控体系应涵盖奖罚分明的管理制度、适时适度的科研交流和规范的反馈机制。这些措施不仅有助于确保测评工作的质量，还能为测评员的续聘、晋升提供学术依据。考虑到测评员测评素质的发展性，对于他们的培训不应是一过性的，而应不断进行再培训（宋欣桥，2003；郑晓春，2007；齐影，2010）。同时，建立任期考核制，动态提升测评能力，也是确保测评质量的关键。林绮琴（2007）强调了反馈在测评员培训中的积极作用，认为它有助于形成测评员间的参照对比，帮助他们发现不足、提高测评能力。钱华（2006）就测评员考核中存在的指标不全面、程序不规范、反馈不恰当等问题发表了看法，认为应构建科学的综合考核体系，并提出了具体的构建原则、内容与框架，以及具有可操作性的考核程序。

在具体操作层面，学者们也提出了多种有效的培训和管理办法。例如，皮元喜（2002）提出了从事业打造、环境创设、纪律要求、赞扬激励四方面对测评员进行培养与管理的策略；邵新芬（2002）、屠国平（2003b）则提出了分级培训，为测评员提供不同层次的进取目标的设想；赵燕（2004）提出了观察评估、专业培训、激励评价的监控方法；蒋冰冰、王颐嘉（2010）将"心理契约"理论引入测评员管理，建议通过培训，满足测评员的知识资本积累需求和精神激励，激发其工作热情，建立关系型心理契约。曹旻、欧阳君（2014）从环境支持维度论证了激励策略在PSC测评员队伍建设长效机制中的作用。

2. 测评员心理

随着心理学的发展，学者们对测评员心理问题和情绪波动对测试结果的影响有了更加清晰的认识，这使得对这类问题的关注度日益提高。

杨韵凝（2003）剖析了测评员心理波动的多种来源，指出受试者、测试环境及测评员自身都可能成为引发情绪心理波动的因素。谢旭慧、程肇基（2003）指出，心理规则的我向性、心理中介位移、情绪负担及心理注意，都可能导致评分误差的产生。苏丹（2004）和李春喜（2006）发现了另一个影响测试评分的心理因素——语音心理定势。李春喜还提出了降低该因素在测试结果中影响的具体建议，为测评员提供了宝贵参考。陈中林（2005）探讨了情商在 PSC 中的作用机制。

在机辅测试环境下，学者们发现测评员因缺少沟通和整体参照而产生了新的心理变化。既然情绪问题如此重要，那么当意识到自己处于情绪的漩涡，测评员应该如何排遣呢？面对这些问题，乔丽华等学者在第四届全国普通话水平测试学术研讨会上提出了具体的心理调适方法。学者们建议测评员可以借鉴认知疗法和人本疗法，通过宣泄、放松、系统脱敏、直觉观察、角色反演等方式来排遣情绪困扰，保持良好心理状态。

四　测试客体

测试客体，即测试对象，指参加 PSC 的应试人，是 PSC 实践活动中的受测方①，具有多样性和开放性的特点。系统深化阶段，学者们以测试客体为研究对象，主要聚焦于测试培训、教材研究以及影响测试表现的因素这三个方面。在测试培训方面，研究又呈现出双重视角：从培训人员的角度出发，重点探讨培训模式的创新与优化；而从受试人员的视角出发，则主要探讨应试策略的制定与实施。

（一）测试培训

系统深化阶段，关于 PSC 培训的研究日益深入和全面。这一领域的研究不仅从宏观层面对培训模式和经验进行了系统的总结，还从微观层面对具体问题的策略使用和培训手段进行了专题探讨。

1. 培训模式研究

"训"和"测"作为测试中的一对矛盾，在 PSC 中尤为特别。这种矛盾的核心在于如何平衡提高应试者的真实普通话能力与仅仅针对提高测试成绩的技能训练。PSC 的根本目的在于准确评估并提升应试者的普通话

---

① 姚喜双、韩玉华、孟晖、聂丹、黄霆玮编著：《普通话水平测试常用术语》，语文出版社2014年版，第143页。

水平，因此，其培训模式必须区别于一般测试培训，更加注重真实能力的提升。众多学者为提升普通话培训效果，减少"高耗低效"现象，进行了深入的 PSC 培训模式研究。他们从不同角度提出了多种有效的培训策略和方法。

从培训时间角度看，王勇卫、戴朝阳（2002）提出的长期和短期培训模式，满足了不同应试者的需求。长期模式适合那些希望系统提高普通话水平的学习者，而短期模式则更适合那些需要快速提升应试技巧的应试者。

在训练核心方面，学者们提出了多种理论。例如，"声调中心论""词汇核心论"和"语言节律论"。有的学者认为，声调在普通话语音系统中应居中心地位，因此在进行普通话培训时，应将声调摆在主导地位；另有学者认为，词汇是培养应试人说话、阅读、写作能力的关键，因此在培训中应处于核心地位；还有学者认为，可以从语言节律入手，解决朗读过程中的"洋腔洋调"和"土腔土调"问题。

培训内容方面，学者们强调了语音理论学习、语音听辨训练、语感培养以及测试流程介绍的重要性。李岚（2003）强调语音理论学习的重要性，王彩豫（2017）建议强化儿化教学；罗洁清（2003）则主张通过语音听辨训练提高应试人的语音差别感受力；张含（2006）强调"生活化"语感训练的重要性；杨震（2009）则特别指出，在机辅测试环境下，对测试流程的介绍显得尤为重要。

随着网络及现代教育技术的发展，其在普通话培训中的应用也日益广泛。刘利波等（2006）较早关注网络化培训问题，探索了网络技术在培训中的应用；王斌（2006）则开发出了基于建构主义学习理论的 PSC 网络课程，为应试者提供了更加灵活和个性化的学习方式；郑世杰（2015）提出开发基于语音信息技术的学习系统，利用现代科技手段提升培训效果。

同时，现代教育技术在普通话培训中也展现出了巨大的潜力和优势，如王慧琴等（2007）所介绍的多媒体软件在 PSC 教学中的优势及设计与应用方法，路文娟（2017）探索的微视频在 PSC 培训中的应用，潘芳（2017）所建议的利用 App 进行普通话教学等，这些创新的教学方式确实为应试者提供了更多的学习选择和便利。然而，主客体对于使用软件进行培训的态度仍然存在着一定差异。赵锦等（2016）的调查结果显示，大部分学生和教师更倾向于传统的课堂教学方式，认为模拟评测系统只能作为辅助教学手段。这种态度反映出，尽管现代教育技术提供了便捷和高效的学习方式，但应试者和教师对其在普通话培训中的定位和作用仍持有一定的保留意见。对此，于亚楠（2018）等提出了混合式教学模式的建议。这种教学模式旨在结合传统课堂教学和网络教学的优势，既能发挥教师在课堂教学中的主导作用，又能充分利用现代教育技术的便捷性和互动性。通过混合式教学，应试者可以在课堂上接受教师的系统指导和个性化辅导，同时利用软件进行自主学习和练习，实现学习效果的最大化。

从培训模式层面来看，徐治堂、张海铭（2002）为师范生群体精心设计了"四点、六线、四面"的立体教学模式，全面且立体地提升师范生的普通话水平；谢旭慧（2006）则提出"分类教学，分层达标"的训练模式，旨在满足不同水平学习者的需求；于祝年（2006）提倡通过"自主学习"的训练模式，使普通话学习成为一种可持续的行为习惯；杜文霞（2005）的"逆序训练法"以"说话+点评"的方式，打破了学习者的心理障碍，提升了他们的说话能力；吴慧等（2007）则建议采用支架式教学，构建一个开放、个性化的培训模式；徐晓杰（2007）则主张将微格教学融入普通话培训，提高教学的时效性；张建强（2007）针对高水平学习者提出了音素与语调相结合的教学模式；张建强（2012）针对双语双方言地区的精英教育，进一步提出了分级、分类、分层的三分教学模式；裴锦花（2015）构建了一个短期分级培训、网络培训和职业培训三位一体的培训模式；焦鑫（2017）总结了学习范式型和试错型两类项目教学模式在 PSC 培训中的应用。值得注意的是，该时期的学者开始关注农村和边远地区的普通话培训问题，方红（2002）提出应送训上门，进行全员培训，并采用夯实语音、找准腔调、培养语感的培训模式，以确保这些地区的普通话学习者能够得到有效的培训。

除了研究培训模式，系统深化阶段对培训方法和技巧进行了大量的探索。胡瑞美（2002）运用传统说唱艺术中的吐字归音法，指导发音实践，有效降低了语音错误与缺陷的发生率；马红英（2002）则结合音理进行"儿化"教学，帮助学习者在理解的基础上更深刻地感受语音规律；吴十日（2004）通过暗示和情景话语的方式，对学习者进行整体语感教育；郭珊珊（2012）将动画融入普通话发音部位和发音方法的展示中；何平（2012）介绍了使用发音图教授港澳学习者普通话发音的具体方法；张琳

（2013）阐述了思维导图在"说话"教学中的作用；辜磊、杨慧（2014）通过对比研究，发现监听与教学叠加的综合教学法在提升学习者普通话声调水平方面效果最佳；张鹏（2016）认为差异法、对比法、听辨法和兴趣法均可作为声调教学的有效方法；宋丽莉（2018）基于行动导向理论，进行了项目教学法在中职普通话教学中的效果研究，发现该方法在提高学生自我训练能力、提升PSC过级率等方面具有显著效果，为中职普通话教学改革提供了思路。熊婕（2018）针对词汇语法教学展开研究，她认为词汇教学规范的确立和内容的提炼都应立足方言，同时配合多种教学形式，帮助学生更好地掌握普通话词汇。

除了上述提及的研究外，田克军、王亚勤（2007）介绍了基于AID理论的"普通话语音诊断系统"开发过程；孔江平（2010）探讨了X线、核磁共振、电子腭位、动态声门等前沿技术在普通话教学中的应用前景，为PSC研究开辟了新的领域，这些独特而新颖的视角无疑为研究者提供了新的研究方向。

然而，由于PSC等级证书与毕业证书、入职门槛的紧密挂钩，在一些培训过程中出现了偏离初衷的现象。针对这一问题，有学者提出，培训的目的不应仅仅局限于通过考试获得证书，更应根植于培养受训人的语言规范意识。随着PSC的持续推进，汤玫英（2012）进一步提出，培训目标应从功利性、技巧性、模仿性、普适性转变为高远性、真实性、理论性、针对性。杨颖（2013）剖析了造成这一现象的主要原因，即当前培训中普遍存在的压缩式成长和跨越式发展的问题。她提出，要打破这一僵局，培训时应根据通用标准、地方特色、行业需求和受训者特征进行分层，并据此提出了五种教学模式。这一研究不仅对于改善当前培训状况具有积极意义，更有助于提升培训课程的人性化和科学化水平。

2. 应试策略研究

参加测试时，掌握有效的应试策略，无疑有助于提高应试人的测试成绩。系统深化阶段，学者们除提出建立普通话思维，实现内语言从方言到普通话的转换等指导性策略外，还针对"说话"和特定等级提升的策略进行了深入研究。

孙和平及其合作者于2010年前后发表了系列文章，分别针对叙述类、说明类、议论类话题的展开策略给出了具体建议。他们认为叙述类话题应注意形象化、具体化和个性化；议论类话题则需从立场角度、联想引申、辩证的观点和对比的方法上做文章；而说明类话题则应在明、全、顺上下功夫。郭粲、阮明华（2012）通过实证研究，发现测试成绩较高的应试者在测试中更多采用积极交际策略，并建议应试者可适当使用检索策略提高"说话"项的口语化和条理性。贺凤来（2016）则从篇章结构和内容组织两个方面，总结了命题说话项的应试策略，包括"开篇点题、时空为基、细节为王、酌情结尾"等，这些策略不仅有助于应试者提高测试成绩，更利于培养他们的普通话思维。

此外，针对"二甲"这一很多职业要求的底线等级，学者们也进行了专门研究。周莉萍（2003）提出，"二乙"向"二甲"提升的关键在于减少语音缺陷、柔化语调以及加强口语化表达。杜宇虹（2006）则通过分析二乙高分段应试人说话项的扣分情况，发现平翘舌和鼻边音是主要扣分点，并据此提出了提高规范度、把握速度、增强语感、积累知识等应试策略。

随着2007年机辅测试试点的开始，学者们也开始研究针对新测试手段的应试策略强调熟悉机测补充规定和机测流程的重要性。刘红松（2007）指出，应试者需要了解机辅测试评分细则的变化，并进行针对性训练，同时强调提高说话质量是解决问题的根本。

（二）教材研究

系统深化阶段，学者们对普通话教材的研究形成了多维度、多层次的探讨。具体来说，这一阶段的研究可以细致划分为教材评介研究、教材编写研究以及其他相关研究。

在教材评介研究中，学者们展现了不同的研究取向。一方面，有推介性文章介绍了特定教材的内容、特点和适用对象（郭辉等，2011）；另一方面，说明类文章侧重于阐述教材的编写原则和理念，为教学者提供了教材选择的参考（邓明、李建校，2012）。此外，评价性文章基于实际使用经验，对教材的问题和不足进行了探讨（王彩豫等，2012；熊萍，2015）。值得一提的是，郭辉等（2011）对吸收了节律理论的PSC多媒体课件的介绍，展现了电子教材在普通话教学中的潜力和优势，为教材形式的创新提供了新思路。总体来说，教材评价研究主要是学者个人对教材的主观看法，并没有基于某种理论的教材评价实践研究。

教材编写研究则更侧重于从理论和实践相结合的角度，探讨如何编写出高质量的普通话教材。学者们结合现有教材的不足，提出了教材编写的建议，并探讨了教材编写的体例、方法和原则。例如，吴慧等

(2007)提出教材开发应遵循示范性、开放性、阶梯性和针对性四个原则；胡陵（2014）则认为，教材编写时应强化PSC教学语料选用的语用意识，在选用语料时应遵循品味原则、通识原则和词频原则。吴春玲（2012）通过比较分析1990年以后出版的147本较有特色的普通话培训教材，揭示了教材类型的多样性和教学内容的侧重点，同时也指出了针对机辅测试编写的教材所占比重小、配套音像资料单薄的问题。杨颖（2013）则对2010年后出版的20种培训教材进行了分析，讨论了其基本内容、应试化倾向和编者身份等方面的问题。

此外，还有一些学者对省域内普通话培训教材展开了调查研究，这类研究以特定地区为样本，分析了当地PSC培训教材的现状和特点。殷晓云（2016）、张鹏（2018）分别对福建省和辽宁省PSC培训教材现状的调查可以看作是这类研究的代表。这类研究不仅有助于了解不同地区普通话教学的实际情况，也为教材的编写和推广提供了地域性的参考。

总体而言，这一阶段的研究在深度和广度上都有所拓展，不仅涉及了教材评价、编写等多个方面，还结合实际情况进行了深入的探讨和分析。然而，也存在一些不足，如缺乏基于大规模数据的实证研究、对电子教材等新兴形式的探索不够深入等。未来研究可以进一步加强这些方面的探索和创新，以推动普通话教材研究的进一步发展。

（三）影响测试表现的因素

在发展探索阶段，尽管众多学者已经就影响应试者测试表现的各种因素进行了探讨，但这些研究大多基于个人经验或观察，缺乏系统性、科学性的研究方法和深入的理论支撑。个体性的经验总结往往带有主观性和猜测性，因此，对于总结出来的影响因素，应试者的认同程度以及这些因素对测试影响的大小都无从得知。

为了回答这些问题并推动普通话测试研究的进一步发展，系统深化阶段的学者们开始尝试在研究方法上进行更新，并在研究思路上进行调整。他们开始采用更加科学、客观的研究方法，如问卷调查、实验研究等，以收集更全面、准确的数据。同时，他们还注重理论框架的构建和实证研究的结合，以便更深入地探讨影响应试者测试表现的因素。

1. 非语言因素

系统深化阶段，学者们对影响应试者测试表现非语言因素的研究取得了一些进展。他们不仅探讨了应试者的文化程度和语言态度对测试成绩的影响（吴慧，2012），还关注了机辅测试中设备使用不当对应试者测试表现产生的负面影响（韦素玲，2010）。对非语言因素在测试中作用的研究，主要从心理学和社会语言学两个角度进行。

(1) 心理学角度

学者们根据多年的测试经验和应试者心理状态的研究，发现了气质类型、性格以及测试环境等多种因素对应试者心理稳定性的影响。为了更准确地了解这些因素与应试者实际感受之间的拟合度，学者们采用问卷调查等研究方法进行了实证研究。马红英（2006）的研究揭示了测评员的表情、动作、语气、态度以及综合印象对应试者情绪波动的影响。这一发现不仅验证了测评员在测试过程中的重要性，也为改进测评员的行为和态度提供了依据。谭和平（2006）进一步探究了候考、备考、应考等阶段引发应试者焦虑心理的具体因素，并提出了针对性的改进建议，如改善候考环境、加强应试者心理辅导等。王玲玲（2007）的研究关注了不同焦虑倾向的应试者在 PSC 中的焦虑表现，她发现测评员是影响应试者焦虑的共通性因素，而情境因素则导致了焦虑表现的差异性。这一研究有助于更深入地理解应试者的心理状态及其影响因素。陈进等（2014）针对机辅测试的特点，研究了应试者对机辅测试的适应性以及测试环境对应试心理的影响。他们发现测试机房的面积和隔音效果、时间进度条、行距、字体等都可能影响应试者的心理状态。这一研究为优化机辅测试环境提供了重要的参考。

此外，自我效能感作为一个崭新的视角，也被引入到应试者心理和 PSC 成绩关系的研究中。苏丹（2004）的研究表明，自我效能感与测试成绩呈正相关，且与性别显著相关，而与年龄无关。该研究还发现，语言能力、努力程度、准备充分度在不同调节水平的自我效能感归因中差距显著，而测试难度则几无差距。这一研究为提升应试者的自我效能感，进而提高其测试成绩提供了新的思路和方法。

综上所述，学者们通过实证研究不断探索和深化对应试者心理状态及其影响因素的理解。这些研究不仅有助于提升测试的科学性和公正性，也为应试者提供了更有效的备考策略和心理调适方法。未来研究可以进一步关注应试者个体差异、测试环境的优化以及自我效能感的提升等方面，以推动普通话水平测试研究的进一步发展。

(2) 社会语言学角度

马晓琴（2004）通过统计方法分析了性别、专业、方言和年龄对普通话水平的影响。这一研究为后来的研究提供了重要的参考，表明这些社会和个人因素都与普通话水平显著相关。随后朱月明、秦海燕等学者的研究进一步验证了这些影响因素在不同地区、不同高校群体中的普遍性。这些研究从社会语言学角度探讨了 PSC 影响因素。

李海英（2006）的研究进一步扩大了影响因子的范围，不仅考虑了性别、年龄等常见因素，还加入了成长背景、受教育程度和语言态度等变量。通过对大量统计数据的分析，她发现不同因子对 PSC 成绩的影响呈现出不同特点。例如，女性、来自城市网络和经济发达地区的应试者普通话等级普遍高于男性、来自乡村网络和经济欠发达地区的应试者，而受教育程度和 PSC 成绩呈正向相关，且高中似乎是一个重要的学历影响力分水岭。这些发现不仅丰富了我们对 PSC 影响因素的理解，也为普通话教学和测试提供了更加具体的指导。

2. 语言因素

语言因素在测试成绩中影响的研究，主要是在朗读和说话项中进行。应试人在进行朗读短文时，常出现的问题包括肢解词语、误解句义、念字式或念经式的朗读方式，以及过度"词化"的倾向。这些不恰当的朗读方式往往导致测试成绩的不理想。

在"命题说话"项中，用词不规范和语调不准确是影响应试人测试表现的主要因素。过去，用词不规范现象主要是由词汇量贫乏和方言词汇两大因素造成的。随着电视、广播的普及，从这些媒体中吸收、积累普通话词汇，已成为解决这一问题的有效方法。然而，随着网络的发展，网络语言及缩略语的不当使用成为词汇不规范的又一重要因素（闫翠萍，2013；张鹏，2016）。

此外，对于命题说话项的完整性、流畅性，学者们研究发现，无意义停顿、重复，以及冗赘语的滥用和临时补充都是主要的影响因素。这些问题在人工测试时就已存在，但在机辅测试时期表现得更为明显（叶慧，2010）。

五 测试手段

（一）组织管理

系统深化阶段，学者们对测试组织管理方面的研究，不仅是对测试工作的简单总结，更是对测试活动管理的深入思考和对测试质量提升的探讨。这些研究对于将现有的测试工作经验提升到理性层次，并为相关决策和测试工作的健康发展提供科学依据具有重要意义。

1. 测试工作总结与反思

测试工作的总结，主要指对 PSC 工作开展情况、测试状况，以及为提高人们的普通话水平所采取措施的总结。2009 年 6 月，国家语委普通话培训测试中心开展了全国普通话培训测试现状调研[①]活动，配合这项工作，北京[②]、新疆[③]、四川[④]、广西[⑤]、内蒙古[⑥]、宁夏[⑦]等 31 个省级测试机构对各自 PSC 开展以来的制度建设、机构建设、测试员队伍建设、教材建设、信息化建设和测试数量进行了全面、细致的调研，对 PSC 取得的成果和收获进行了认真总结，对 PSC 未来的发展进行了具体的思考和规划，并形成调研报告，是系统深化阶段对测试工作较大规模的总结性研究。除此之外，邓建萍（2003），马小萍、陈燕（2018）分别对甘孜州和甘肃高校的 PSC 情况进行了总结，曹艳丽（2003）对湖北省在保障测试质量方面所做的努力进行了总结，这些均属于散点式研究。

综上所述，测试工作的总结不仅是对过去工作的回顾和总结，更是对未来工作的规划和展望。通过深入反思存在的问题并提出改进措施，我们可以推动 PSC 工作不断向前发展，为提高人们的普通话水平作出更大的贡献。

在总结经验的同时，学者们也反思了测试工作中存在的问题。孙田歌、张蒲荣（2003），齐影（2012）分别对扫除人情障碍、施测过程标准化、高校测试站功能、推行巡考制度和考场用语规范等问题进行了讨论。

[①] 国家语委普通话培训测试中心：《关于开展普通话培训测试现状调研活动的通知》（国语 PSC〔2009〕7 号）。

[②] 曹秀云、贺宏志、杨学军、戈兆一、赵晴：《北京市普通话培训测试现状调研报告》，载北京市语言文字测试中心组编《北京市语言文字培训测试研究文集》，首都师范大学出版社 2011 年版，第 1—17 页。

[③] 董印其：《新疆普通话培训测试现状、策略研究》，《语言文字应用》2012 年第 S1 期。

[④] 刘利平：《凉山彝族自治州普通话水平测试现状调查与研究》，硕士学位论文，四川师范大学，2013 年。刘凯：《四川省民族杂居区普通话培训测试现状调查与研究》，硕士学位论文，四川师范大学，2013 年。

[⑤] 张艳梅：《广西工科院校普通话培训与测试研究现状及展望》，《钦州学院学报》2016 年第 3 期。

[⑥] 李伟：《内蒙古地区各级普通话培训测试机构发展现状与对策研究》，硕士学位论文，内蒙古师范大学，2016 年。

[⑦] 杨晓宇、刘鸿雁、马军丽：《宁夏高校普通话水平测试及培训现状调查》，《宁夏师范学院学报》2017 年第 5 期。

项立（2017）针对机辅测试环境下出现的替考、舞弊、漏题等现象，提出了开发声纹识别系统、进行偏差复审、随机发放试题、取消单机版考试和进行背靠背打分等解决办法。对此，朱丽红、韩世梅（2013）则建议降低试卷曝光率，改变题目呈现方式，并通过远程服务呼叫的接入，缩短PSC成绩评定等待周期。

此外，还有一些学者从管理学视角出发，对PSC培训管理机构存在的问题进行了透视和分析指出，测试方式的改变要求规章制度、培训、考场模式等配套工作的跟进。例如，李伟（2016）从公共政策、新公共管理、事业单位改革等理论出发，透视了PSC培训管理机构在管理模式、运营模式、监管过程及资源配置方面存在的问题，给出确立机构的法律地位、非营利目的，完善监管模式，优化资源配置的建议。乔丽华等（2017）认为测试中不规范行为的本质是权力的失控，要想从根本上解决，应通过向基层测试组织赋权来建构权力共享模式，以还原测试管理公共、民主的权力运行空间。

2. 测试活动管理思考

对于测试活动管理的思考，主要是针对测试对象规模的不断扩大与测评员增速相对缓慢所带来的挑战，提出切实可行的应对方案。王忠萍（2002）强调了在测试管理中应重视测试计划的制订。康健（2003）提出了预算测试员数目、精简题量以及增加机辅评分比重等设想，伍巍（2002）则提出了初、高两级测试的方案。当然，也有学者对此方案持否定态度，认为"分级测试"不利于测试科学化的实现。朱楚宏（2006）则持更加中立的观点，他认为如此大幅度的内容变动需要经过科学的论证。申定羽（2012）则从测试员管理的角度出发，提出了通过建立明确的进入和健全的退出机制、科学的培养机制和人性化的监管机制等措施，防止测试员的流失，保障测试活动的稳定性和连续性。这些思考不仅有助于解决当前测试活动管理中存在的问题，也为未来测试工作的开展提供了有益的参考和借鉴。

3. 复审管理

关于PSC复审管理，学者们从多个维度进行了思考。周涌（2004）提出了针对性建议，包括修正低信度测评员的评分、扩大复审面，并制定了低信度测试员鉴别标准。同时，他还提出了对有倾向性偏差测评员评分的修正方案，确定了等级误判率高的分数区间，并设计了平衡复审面和复审量的复审申请制方案。陈典红（2007）总结了云南省在复审方面的实践经验，为其他地区提供了有益参考。殷晓云（2017）针对机辅测试环境，探讨了偏差复审的必要性，并设计了多种实验方案，最终确定了偏差复审的分差标准。齐军华（2018）强调了复审中等级概念的重要性，以防止出现有量无质的现象。齐军华还指出，机辅测试前三部分唯总分的呈现方式，使复审失去了应有的比对之义，因此应呈现各分项的评分结果。

这些对于复审问题的研究，不仅有利于提升测试工作的质量，也为建立测试质量监控体系提供了重要的理论依据。因此，这些成果得到了制度层面的认可。2010年，国测中心在《计算机辅助普通话水平测试试点业务指导意见（试行）》中，专门对一级、异常及抽审等需要复审的现象做出了明确规定。

系统深化阶段，学者们对"一甲"复审进行了系列研究。齐影（2010）通过统计分析，揭示了未通过"一甲"复审者的主要失分点，为提升地方测评水平提供了有价值的参考。朱丽红（2016）则对某省一甲复审通过率不足30%的现象进行了研究，发现各省评分细则与《大纲》规定的不一致是主要原因之一。她肯定了一甲复审的必要性，并提出了从维护标准统一性和加强复审员培训、研讨入手，以缩小评分差异的建议。这些研究不仅有助于完善复审制度，也为提高测试工作的科学性和规范性奠定了坚实基础。

4. 档案管理

PSC的档案管理是PSC管理工作的重要部分，明确测试中文件材料的归档范围，掌握PSC档案管理工作的规范及特点，是保证PSC走向制度化、规范化、科学化的重要环节。因此学术界也对此进行了探讨，不仅讨论了建档步骤的精细化，还对管理方式进行了讨论。赵伟国、陶延东、马裕（2002）详细地剖析了PSC计算机信息管理系统在数据管理模式和准考证编码等方面的潜在改进空间，并前瞻性地提出了实施网络管理的构想。孙田歌（2006）较早地认识到建立PSC档案在提升教学质量、为科研提供素材以及了解学生内心世界方面的作用。同时，面对测试档案数量庞大的现实挑战，提出了利用现代信息技术来提升档案利用价值的建议。

（二）现代技术

随着测试规模的不断壮大，原有的测试方式已难以满足需求，这成为推动测试现代化进程的内在动力。与此同时，计算机的广泛普及为测试现代化提供了现实可能。2006年5月发布的国家信息化发展战略，更是进一步催化了PSC现代化的步伐。在测试现代化的研究中，信息化管理软件的开发和计算机辅助测评系统的研制成为两大核心研究重点。这两者的结合，不仅能够提高测试效率，还能提升测试的准确性和公正性，为测试工作的现代化发展注入强大动力。

1. 信息化管理软件的开发

系统深化阶段，信息技术在测试管理中的运用受到了广泛重视。各地纷纷开发管理软件，并将实践经验总结成文，其中上海、黑龙江等地在信息化应用方面走在了全国前列。赵伟国（2003）介绍了上海在应用信息技术方面的经验，指出其使用提高了数据输入的有效性和信息检索的效率，减轻了考务管理的工作负担，提升了试卷质量和制卷效率，并缩小了评分员间的评分差距。同时，他也指出了系统研发中的不足之处，为国家PSC管理信息系统的设计提供了经验和教训。

2006年PSC信息管理系统研究与开发课题组从测试法定地位的维护、工作形势的发展、社会信誉的维护等多个角度阐述了开发国家级测试信息管理系统的必要性，并对系统的研制构想及模块设计特点进行了介绍。

信息化管理软件为测试管理带来了极大的便利，但在使用过程中也暴露出一些问题，如教务系统和考务系统的对接问题、图像采集的规范性、二次报名的智能化及准考证的防伪性等。学者们针对这些问题进行了深入研究，并提出了相应的改进措施。他们认为，可以通过自编程序优化报名系统、考生信息、程序控制的效率，王建枫（2016）还设计了一个有效的照片管理系统，解决了照片导入、存储和查询等问题，提高了防作弊性能。

孟照国（2005）进一步搭建了包括题库建设、信息管理、多媒体教学、课件资源、标准语音库等功能在内的PSC信息化框架，并在实践中验证了其可行性。

徐震宇（2012）介绍了利用B/S架构和使用ASP语言开发的四川省PSC管理办公系统，该系统提高了操作的简便性和安全性，实现了PSC管理的网络化和办公的无纸化。韦素玲、王继杰（2011）还介绍了基于PB技术的报到抽签系统的开发与应用，进一步推动了PSC管理的信息化进程。

尽管各地测试机构都在 PSC 信息化建设方面取得了积极进展，但由于彼此独立研究，出现各地重复建设和资源浪费的现象。因此，未来需要加强合作与共享，实现资源的优化配置，推动 PSC 信息化建设迈向更高的台阶。

2. 计算机辅助测评系统的研制

系统深化阶段，计算机已成为测试过程中不可或缺的辅助工具，而机辅测试作为一种测试手段，其在测试中的作用日益凸显。随着技术的飞速发展，其对测试工作的影响愈发显著，这一趋势在测试研究领域得到了及时的体现。

学者们对机辅测评系统的研制，主要包括语音库建设、题库建设以及评分软件开发三个部分。这些部分相互关联、相互支撑，共同构成了机辅测评系统的核心框架。在这一研究领域中，云南师范大学在语音库建设和题库建设方面取得了令人瞩目的成果，其研究具有举足轻重的地位。另外，安徽科研团队在评分软件开发方面发挥了重要的作用。他们致力于开发高效、准确的评分软件，通过算法优化和数据处理技术的创新，提高了评分系统的客观性和公正性。

（1）语料库建设

王晖（2003）较早提出了语料库建设的重要性。随后，张建强（2005）在借鉴"汉语中介语语料库系统"的基础上，提出了建设"普通话中介语语音语料库"的创新思路。

呼应测试现代化研究的声音，云南师范大学的王渝光教授指导其研究生在语料库建设的基础和应用层面进行了深入研究。吴昌银（2003）基于初始元理论，运用实验语音学的研究方法，成功提取了语音特征初始元并确定了其参数范围，从而构建了 PSJC 的总体模式。江友辉（2003）以《大纲》样卷为样本，通过提取不同等级发音人的语音特征并绘制成音高图、音强图及综合语图，为 PSC 前两部分测试项构建了自动对比分析系统。蔡彦鹏（2006）则将语图识别技术在 PSC 评分中的试用从单字语图模式推进到了动态的朗读阶段。这些研究不仅为机辅测试语音库的研究提供了具有学理深度的试航，还对其研制进程起到了一定的助推作用。

韩玉华（2010）介绍了"PSC 等级标准样本库"一期建设的相关思路。该样本库从 2009 年开始建设，拟涵盖 17 个方言区域、7 个水平的 3 万个测试语音样本。考虑到实际操作，该样本库采取由各省测试机构分工采集的方式。李斌、高广安（2012）对建库的技术手段进行了探索，选择了 Elan 作为构建 PSC 等级标准样本库的软件平台，并介绍了从样本录制认定、转写标注到样本管理数据库建立的步骤，为大规模数据库的开发奠定了良好的基础。

2007 年，机辅测试试行后，对于高水平应试人的低判现象日益凸显，这使得一甲语音样本库的建设变得尤为迫切。韩玉华（2015）介绍了一甲语音样本库的建库思路及标注方案，该库容纳了 5000 份一甲语音样本，并对其中 1000 份进行了人工偏误标注。通过制作语音偏误表和分层分类标注对象，实现了语音标注的完全可检索性。

随着机辅测试的持续推进，单纯的普通话语音库建设已经无法满足测试发展的需要。因此，学者们针对语法"直觉性小，隐蔽性大"的特点，提出了建立语言逻辑语法系统以及方言词汇、语法库的必要性。这些努力不仅拓宽了语料库建设的领域，也为普通话水平测试的未来发展提供了更为全面和深入的支持。

（2）题库建设

系统深化阶段初期，孙田歌、张蒲荣（2003），钱维亚（2006）等学者便敏锐地察觉到了自出试卷存在质量参差不齐的问题，进而提出建设题库和制定国家统一试卷的要求。一些学者也积极投身到这一领域的探索性研究中，其中上海 PSC 中心和湖南省 PSC 中心的学者在相关研究中走在前列，取得了显著的成果。

2002 年，上海 PSC 中心的学者发表了一系列关于 PSC 计算机制卷的文章，分享了自 1996 年以来在这一领域所积累的研究经验，并与同行学者进行了学术交流。赵伟国、陶延东（2002）针对 PSC 计算机制卷中的若干问题进行了探讨，提出声韵母出现次数的规定不应是固定数值，而应是一个较小的幅度范围。赵伟国、乔丽华（2002）则阐述了计算机制卷系统的构成和特点，并公布了基于这些特点研制的计算机制卷系统的自检测试报告，为同行提供了宝贵的参考。

2004 年，湖南省语委普通话培训测试中心组织学者撰文介绍了湖南省 PSC 计算机制卷系统的设计理念和特点。据他们介绍自 1999 年 6 月成立"制卷系统"课题组以来，湖南省经过近两年的努力，成功研制出该系统，并将所制试卷投入试用。该系统按照遵循《大纲》、关注测试目标、覆盖面全、取样均衡、兼顾排版的原则，设计了制卷、制签和计算机辅助3个部分。根据使用反馈，他们对系统进行了优化，使制卷过程更加科学化、规范化和自动化。

2006年PSC国家题库建设课题组就题库设计的指导思想、系统构成、主要特点以及开发工具进行了说明。实测结果表明，该题库所拟制的试卷符合《大纲》对相关指标的规定。题库的建设对于在全国范围内统一试卷难度、保证试卷一致性起到了保障作用。

（3）机辅测试

机辅测试的推行不仅需要硬件设施和测试技术的支持，还需要具有一定的社会接受度。艾伦等（2004）通过小范围实验验证了机辅测试的可行性，并证实计算机评分具有较高的稳定性。叶军（2009）的调查结果显示，大多数受访者对机辅测试持肯定态度，且超过半数的人表示愿意选择这种测试方式。

2002年，适用于全国范围的机辅测试系统研制工作正式启动。为确保系统的科学性和严谨性，清华大学、南开大学和云南师范大学的专家团队同时进行该系统的研发。科大讯飞在2004年获得补充立项，并在后续竞争中脱颖而出。该系统成功地将语料选择的自适应算法引入计算机语音评测，并结合专家知识优化后验概率求取方法。通过分段线性映射，将机器打分转化为输出分数，从而提升了评测性能，使人机误差降低至人人误差水平。这一重大突破使PSC前三部分的机辅评分进入实用阶段（刘庆升等，2007）。2007年1月1日起，该系统在上海和安徽进行试点，并于2010年在全国范围内铺开使用。

随着机辅测试的推出，学者们针对使用中发现的问题进行了更加深入的研究，不断优化系统性能。董滨等（2007）、汤霖等（2010，2012）通过改进算法，进一步提高了语音测评的精度，缩小了机评与人评的分差。值得一提的是，杨丽宁（2008）介绍的基于80万音节评测样本的单双音节自动评测系统，其声调的机评—人评相关系数高达98.15%，这一成果将该系统的核心技术提升到了国际领先水平。同时，杨旻旻、蔡莲红（2007）研究了提高连续语段自动评分稳定性和正确率的方法；齐欣等（2013）则致力于降低环境噪声对语音评测系统的影响，提升其抗干扰能力。严可（2012）通过EMT统一训练框架，优化了音素相关的后验概率变换算法，进一步提升了PSC评测系统的整体性能。

2012年7月，科大讯飞发布了机辅测试的改进版（2.8版），新增了声卡模式切换功能，加密了考生音档文件，并满足了限时更改评分的需求。然而，在系统可靠性、作弊预防和质量监控方面还有待进一步提升（杨康，2015）。

目前，学者们正致力于说话项的机辅测试评分研究。据时任语用所所长助理王晖介绍，该研究已进入试用阶段。然而，目前我们掌握的文献资料主要局限于缺时判定和儿化音节检测方面的研究。张华等（2013）用Hilbert-Huang变换方法构造了语音段能频特征，以准确识别静音并判定缺时。张珑等（2014）则采用集成分类回归树强化分类模型，使儿化音节检测和评价的正确率超过92%。

六 测试界域

（一）不同地域

系统深化阶段，针对不同地域PSC的研究如雨后春笋般涌现，特别是关于地方普通话语音问题的研究显得尤为集中。这种研究热潮，不仅与各地普通话培训教学的实际需求紧密相关，更受到国家科研规划的有力推动。2002年国家语委"十五"重点项目"汉语普通话水平测试研究"中，有八项子课题关涉普方对比及其在PSC中的应用，这充分体现了科研规划对地方普通话研究的重视。

这一阶段，学者们针对不同地域人群在PSC中的语音难点进行了大量研究。仅在CNKI中，就收录了80余篇相关论文，而这些论文大多聚焦于列举和说明各地常见语音问题（钱芳，2012；王振来，2014）。这些研究为方言区测试培训的重点确定提供了依据，帮助测评员建立起对地方语音特征的整体认识框架，从而更高效地进行测评操作。

过去学者们对语音问题的提取多依赖于测评员的丰富经验。然而，近年来，随着科技的进步和研究方法的创新，基于语音样本的实证研究逐渐崭露头角。例如，张淑敏、张兆勤（2004）通过分析甘肃地区应试者的测试录音，揭示了制约当地人们普通话学习的方言因素；周萍（2006）则通过对上海地区应试者录音样本的分析，描绘出韵母习得的发展轨迹，为PSC各等级声学特征的确立及培训效率的提高提供了依据。朱爱平、段婧（2009）则基于1000份太原二乙水平发音人的测试录音，确定了该水平人群的语貌特征。此外，华东师范大学的硕士研究生周鸣之、李静静、汪山春在导师叶军的指导下运用语料库和统计方法，分别研究了不同阶段"上海—普通话中介语系统"声、韵、调偏误情况和发展规律，展现了研究的系统性。值得一提的是，刘磊、顾文涛（2018）运用听辨实验和声学分析的方法，针对香港普通话学习者的轻声偏误进行了研究，他们发现，香港普通话轻声教学应特别关注时长特征和焦点位置的音高特征，这为改进香港地区的普通话教学提供了重要启示。

除了语音问题，学者们还关注到不同地域人群在 PSC 中表现出的词汇、语法问题。覃凤余和韩玉华等人在这一领域的研究比较有代表性。覃凤余等（2006）列举了广西话和普通话在词义表达、词法、句法等方面的不同，并提出桂—普中介语发展的 6 个阶段。韩玉华（2006）对 30 份香港应试者"说话"项语料的分析表明，该部分人群存在的偏误主要为词汇、句式结构、衔接和语用语境四种类型，且有些问题已显示出"化石化"倾向。随后，她从认知语言学视角，通过对"间""说话""也"的解析，探求了香港普通话学习者学习过程中的认知基础。

此外，随着国家对农村地区普通话推广的重视，一些学者，如曹冬（2006）、何干俊（2010）等开始关注农村地区教师的普通话测试与培训问题。这些研究对于助力推普攻坚、服务国家语言战略具有积极意义。

这一时期，实验语音学的方法也开始被应用于语音问题的分析和解决中（王珏平，2014；程思睿，2016，等等）。通过语图的对比和分析，将语音问题可视化地呈现在人们眼前，使得语音分析更加客观和准确，进一步提高了 PSC 中正确、错误、缺陷分界的判定科学性。

（二）不同民族

PSC 作为衡量汉语母语者语言规范程度的一种有效手段，在推广和规范国家通用语言方面起到了不可或缺的作用。随着《国家通用语言文字法》的颁布和实施，普通话作为国家通用语言，其地位得到了进一步的巩固和提升。在这一背景下，越来越多的民族应试者开始参加 PSC。测试对象群体的这一变化，引起了学者们的关注，他们开始将研究视角转向民族学生，尤其是藏族、壮族、哈萨克族等少数民族学生，旨在深入了解这些学生在普通话学习与应用过程中的特点、难点及问题。

1. 藏族 PSC 研究

为了促进西藏地区的发展，国务院在 1985 年作出了开办内地西藏班的重大决策。然而，初期响应这一号召并承担培养任务的学校数量有限。随着国务院《关于深化改革加快发展民族教育的决定》的出台，内地更多的学校加入到了培养藏族学生的行列之中。在这些学校的教育体系中，对该部分人群进行 PSC 培训成为不可或缺的一环，因此，针对藏族学生的 PSC 研究也随之展开。

早期的 PSC 研究主要聚焦于藏族地区的教学模式和工作重点，呈现出一种经验总结式的特点。贺虎（2002）针对青海民族地区普通话测试发展相对滞后的状况，提出了一系列具体的工作重点，包括加大识字量、准确掌握声调、减少民族语言的负迁移效应以及打破学生的心理屏障等。耿英春（2004）则针对青海藏族学生说话弱、汉语差的情况，提出了树立以人为本的教学理念，推动教学模式从传统的"记忆+阅读"向"听说+读写"的转变，并构建了与中国少数民族汉语水平等级考试（MHK）接轨的教学体系。

随着 PSC 在藏族地区的不断深入，研究内容也更加细化。李淑萍（2005）基于 20 位安多藏族学生的语音样本，对他们的单字调偏误进行了分析。祁文秀（2006）利用 Speech Analyser 软件，对云南藏语区发音人的声调调型和调域进行了分析。德吉卓嘎（2012）和尕桑吉（2012）分别从不同角度对藏区学生的单音节字调问题以及声、韵、调、语法、语用偏误进行了阐述。在这一阶段，越来越多的民族 PSC 研究者加入其中，他们凭借对本民族语言的深厚了解和对 PSC 研究的热忱，为民族 PSC 研究提供了极大的助力。

段海凤（2008）基于"985 工程"的大规模语音语料库，采用实验语音学的方法，对藏语三大方言区普通话学习者的单、双音节声调特征进行了分析。研究发现，在声调习得过程中，去声最容易掌握，阳平和上声则较为困难。此外，不同藏语方言区的普通话学习者在声调掌握水平上存在差异，其中康方言区表现最佳、卫藏方言区次之、安多方言区相对较弱。这些差异主要受到母语迁移作用的影响。同时，研究还发现双音节词的声调在三个方言区内均受到协同发音作用的影响。这些研究成果为制定更具针对性的教学内容，进一步提升藏族人的普通话水平提供了重要的依据。

2. 壮族 PSC 研究

针对壮族地区师范生在普通话学习过程中遇到的共性难题和个性差异，学者们提出了切实可行的策略，包括理论引领、分类编班、强化训练以及提升自信的具体措施。雷丽、李亚丽（2007）对文山壮语母语者的普通话语音分析发现，受母语和当地方言双重影响，后鼻音、撮口呼、送气音成为该群体学习普通话的难点所在。吕嵩崧（2008）则聚焦于靖西壮语与普通话在语序、句式及句类方面的差异，进行了归纳和总结。

覃如冰（2008）运用人工听辨和实验语音分析的方法，对20份壮族发音人的音档材料进行了探究，旨在探寻壮族普通话的语音特点及其与标准普通话之间差异的对应规律。针对不同阶段普通话习得者的语音面貌特征，她提出了具体建议：初级阶段应重点解决送气/不送气、塞擦音/擦音、齐齿呼/撮口呼等问题；中级阶段则需解决平翘舌、前后鼻韵母、动程和卷舌等难题；最后则需关注并解决语调问题。这些建议为壮族地区的普通话教学提供了有益的参考和指导。

3. 哈萨克族 PSC 研究

哈萨克族 PSC 研究虽然起步相对较晚，但近年来呈现出了蓬勃的发展态势。尽管研究历史不长，但起点较高，所取得的成果均基于大规模的语料分析，确保了研究的科学性和准确性。

南京师范大学的硕士研究生聂依丽和李晨溪在导师潘文的指导下，分别针对 1190 位哈萨克族 PSC 应试者的词汇、语法使用偏误进行了分析。这些应试者的普通话水平覆盖了从不入级到二甲的广泛区间，她们的研究结果不仅有助于确定哈萨克族普通话学习者在词汇和语法学习上的重点和难点，更对构建普通话词汇网络系统和内在语法大纲，以及完善 PSC 评测体系具有积极意义。

此外，潘文老师的另外三位硕士研究生王丹彤、孙益凤、刘晓青根据对 250 位哈萨克族 PSC 应试者（普通话水平从不入级到二甲）的测试录音进行分析，分别探讨了哈萨克族人在普通话单字调、双字调以及声母、韵母习得过程中的错误和缺陷。这一系列研究为建立哈萨克族普通话语音各要素习得的难度序列提供了重要依据，对于指导哈萨克族普通话教学和测试工作具有重要的实践意义。

4. 其他

新疆地区的众多少数民族语言多属于阿尔泰语系，因此在某些方面呈现出一定的共性。鉴于这一点，学者们有时将新疆的少数民族普通话学习者视作一个整体，研究他们在 PSC 中的表现。喻捷（2002）剖析了新疆民族学生在 PSC 朗读项中遭遇的问题和难点。吴若愚、成世勋（2004）则对新疆民族教师和学生在测试中暴露的问题进行了总结，并提出了针对性的培训策略,包括重语音、强汉字、增判断以及练朗读等。杜秀丽(2004)通过分析新疆民族学生在 PSC 一、二部分的测试表现,发现了他们在声调以及声母、韵母方面存在的问题,并据此确定了易混淆音位作为教学重点,同时提出了创新的唱调教学法。

文薇(2002)、杨霞(2015)分别针对纳西族、民和三川地区土族普通话学习者的学习难点进行了研究,并提出各自针对性的教学方法。

这些研究不仅有助于我们深入理解少数民族学习者在普通话学习过程中的难点和易错点,而且为开展针对性教学活动提供了有力支持。通过降低学习难度、提振学习信心,我们可以加速全国范围内的语通、心通进程。

(三) 不同群体

系统深化阶段,学者们对不同群体进行的测试研究主要集中在两个维度:职业维度和特殊群体维度。从职业维度来看,学者们对《国家通用语言文字法》中明确规定的播音员、主持人、影视话剧演员、教师、国家机关工作人员以及公共窗口服务人员等四大 PSC 的主要测试对象进行了相关的探讨和研究。这些职业群体因其工作特性,对普通话水平的要求较高,因此他们的 PSC 情况受到了广泛关注。

在特殊群体维度方面,学者们则主要聚焦于视障人群和中小学生这两个群体。视障人群由于身体条件的限制,在普通话学习和测试过程中面临着独特的挑战,因此对他们的 PSC 情况进行研究具有重要的实践意义。而中小学生作为普通话推广的重要对象,他们的 PSC 情况直接关系到未来普通话的普及程度和应用水平,因此也是学者们关注的重点。

1. 针对播音员、主持人、艺术类考生的 PSC 研究

播音员、主持人及艺术类考生作为特定职业群体,其普通话水平应达到一级标准。然而,现实中存在部分人群未能达到规定的等级要求。针对这一问题,学者们进行了原因探寻和问题排查。刘惠彬(2006)指出,艺术类考试在普通话水平测试中的不达标现象,主要源于台词教学的专业要求与普通话测试的标准之间的差异。

孟晖(2012)专门分析了传媒专业学生在 PSC 说话项中的表现,发现其口语表达的问题主要集中在语义和语用层面。为解决这些问题,她提出了"头脑风暴—内容结构化—普通话表达—练习易错音"的训练四环节。此外,她还通过对地方电台播音员 PSC 录音样本的细致分析,总结

了他们在普通话使用中存在的问题。她认为，这些缺陷主要源于追求听感、受港台语言风格影响、音理不清以及方音干扰等因素。为解决这些问题，她建议建立反馈机制，并将语言规范纳入长期业务考核指标。

2. 针对教师、师范生的 PSC 研究

系统深化阶段，关于教师和师范生的 PSC 研究出现了一系列基于调查实践的研究成果。谢旭慧等（2006）通过问卷调查了全国八大方言区的 10 所师范院校共计 2084 位师范生，研究发现地域、文化和个人因素是影响师范生普通话水平的主要因素。基于这一发现，他们提出了将南方和农村地区作为下一步推广普通话的重点区域的建议。此外，谢旭慧、缪丽珺（2010）还针对师范生普通话能力存在的性别差异进行了调查，提出应增强男生的自我效能感，以避免主观差异扩大带来的不良心理影响。

许小颖等（2017）运用问卷调查的方法，对 845 名免费师范生的语言使用、语音学习和 PSC 成绩进行了调研，这是较早将这三个方面因素结合起来进行深入分析的综合性研究。

3. 针对公务员的 PSC 研究

公务员作为推广普通话的龙头，其在 PSC 中暴露出的问题也受到了学者们的关注。刘银花（2005）分析了公务员群体在 PSC 说话项中存在的问题，并提出克服恐惧、激发热情、注入情感等提升说话能力的关键措施。田皓（2005）考虑到公务员经常出差的特点，建议选用音像教材进行培训，并强调培训应遵循目的性、针对性和应用性三个原则。龚海燕（2006）则提出，在警察这一特殊公务员群体中开展 PSC，具有提高管理效力、增强行为自觉性、发挥社会管理职能的现实意义。

4. 针对公共窗口服务人员的 PSC 研究

随着城市化进程的加速，越来越多的人涌入城市，形成了庞大的移民群体。这一变化不仅带来了人口结构的调整，更对社会语言环境产生了深远的影响。普通话作为国家通用语言，其作用在这种背景下愈发凸显。

医疗卫生业作为社会的主要服务行业之一，其工作人员的语言的使用会影响医患沟通效率，因此学者们强调医疗行业普通话测试和培训的重要性，并提出以培训为主、测试为辅的建议。余世琳（2010）和吴慧（2010）的研究均指出，在卫生系统中推行 PSC 并进行相应的培训是完全可行的。这不仅有助于提高医务人员的语言交流能力，更能确保信息的准确传递，避免因语言沟通障碍导致的医疗差错。

张桔娴、夏建辉（2011）则对客服人员的普通话培训进行了研究，提出了客服人员普通话培训的原则、内容和实施方案。

综上所述，随着城市移民的增长和社会对普通话需求的增加，服务行业特别是医疗卫生业对普通话的使用越来越重要。通过推行普通话水平测试和开展有针对性的培训，可以有效提高服务人员的语言交流能力，确保服务质量，维护人们的健康和安全。同时，对于客服人员等特定岗位，也需要制定专门的普通话培训方案，以适应不同岗位的语言需求。

5. 针对视障人群的PSC研究

龚健（2006）较早地关注了视障人群的PSC问题。他指出，由于盲文特有的点阵式排列特点，现行的试卷形式并不适合这部分人群使用。为此，他提出了增加对话测查比例的设想，以适应视障人群的特殊需求。随后，林海燕、赵寰宇（2009）的研究进一步证实了这一观点。他们发现，视障人群在PSC前三部分题目中的失分率相较于普通应试者要低。基于此，他们建议采用定词对话的方法对视障人群进行考查。吴月芹（2015）通过实证研究发现，方言对视障人群和普通人群的语音影响度相当，这一结论与之前的研究结论有所不同。这一发现为我们重新审视方言对视障人群普通话学习的影响提供了新的视角。此外，吴月芹还注意到，由于盲文摸读的特点，视障人群在测试中普遍存在超时和回读现象。因此，建议适当延长测试时限，并放宽停连及流畅性的评分尺度，以更好地适应视障人群的特殊学习方式和节奏。

6. 针对中小学生的PSC研究

校园，作为推广普通话的重要阵地，正逐渐受到学界的关注。他们深刻意识到，在中小学生中开展PSC具有极其重要的意义。杨奔从强化母语教育和实施素质教育的角度出发，论述了中小学PSC的必要性。他提出，中小学生应具备足够的识字量、词汇语法识别能力以及朗读说话能力，而这正是中小学PSC的可行性的有力支撑。杨奔还进一步构拟了一个内容充实的中小学PSC方案。该方案涵盖了3500个常用字、30篇朗读文章以及20个说话题目，其题项、等级框架与现行的PSC保持一致。

朱丽红（2011）针对现有PSC内容超出中小学生认知水平和学习程度的问题，提出了研制中小学专项PSC的设想，并着手进行了针对第一学段的测试研制工作。她降低测试难度、减少题量，以及在评分标准中增添得体度项等方式，使得测试更加贴近中小学生的实际情况。实证研究表明，该测试的效标关联效度较高，能够准确反映学生的普通话水平。朱丽红进一步强调，中小学专项 PSC 应继续分层细化测试对象，结合语文课程标准，注重运用现代信息技术测试手段。这些举措无疑将为中小学 PSC 的推广和实施提供有力的支持。

七 测试作用

系统深化阶段，学者们对 PSC 作用的研究主要从宏观和微观两个层面进行。

（一）宏观层面的研究

王淑红（2003）的研究指出，PSC 在推动普通话普及进程、促进推普工作的制度化和规范化，以及带动推普理论研究方面均取得了一定的成绩。韩其洲（2010）进一步强调，PSC 还具有增强港澳同胞国家认同感与亲切感的政治意义。姚喜双（2010）从宏观方面，将 PSC 的作用概括为六大方面：促进普通话的普及与提高、推动学科建设与学术交流，支持国家语文工作和汉语国际推广。

（二）微观层面的研究

学者们对 PSC 在学生群体中的作用进行了较多研究。对中小学生而言，刘丽静（2015）的研究表明，PSC 能够有效促进普通话口语教学。对于大学生，张金甫、王彬（2003）指出，PSC 能够提升他们的综合能力和语文知识素养；赵晓兰（2015）认为，PSC 还能增强他们的人文素养；梁永红（2004）等学者则强调，PSC 有助于增强大学生的社会服务能力，并且能够有效提升大学生的就业竞争力。对于民族学生，乌兰哈斯（2018）指出，PSC 有助于他们适应现代社会并增强就业竞争力。此外，田小琳（2009）的研究显示，国家 PSC 对推动香港普通话培训及香港高校中文教学工作具有积极作用。

在 PSC 的社会效能方面，乔丽华、朱青春（2006）的问卷调查结果显示，测试工作的社会环境、社会接受度、社会认可度良好，但仍有待于提升语言法律意识、优化测试员队伍管理以及推动测试的可持续发展。屠国平（2010）认为 PSC 具有一定的经济、社会和学术效益。在社会效益上，胡瑞美（2002）指出，PSC 有助于规范出版物中的儿化词词形；金晞（2003）认为，PSC 有利于人民警察群体实现社会管理功能并提升管理效力。在学术效益方面，韩玉华（2015）认为，PSC 在提高语音规范

(三) 反面声音

尽管大多数学者对 PSC 的作用持积极态度,但也有一些学者提出了不同的看法。张雪平(2006)指出,PSC 重语音、轻词汇语法的题型设置导致词汇、语法研究薄弱,这在一定程度上制约了普通话的推广。周红苓(2009)认为,现行 PSC 指导下的测试培训使学习者的静态语言能力有余而动态语言能力不足。

这些反面声音虽然不占主流,但它们的存在提醒我们,应正视并倾听这些意见。通过了解并改进 PSC,我们可以将其积极作用发挥到极致,同时将其消极影响控制在最小范围内。

八 测试评价

(一) 测试质量

测试质量的评判,其核心在于试题难度、信度及效度这三个维度的综合考量。

1. 难度

难度是评价测试质量的基础性指标,具体到 PSC 来说,可以分为字词难度和话题难度两个维度。

简启贤(2002)通过实证研究,验证了读单音节字词考查项中语素字相较于词字难度更高的假设,为试题设计提供了有力证据。胡瑞美(2002)则根据儿化韵发音难度的不同,建立了相应的分层体系,并指出测试中应充分考虑这一因素,合理分布儿化词条。屈哨兵、刘慧琼(2004)通过对 25 位应试者的群案调查,发现位置、使用频率及临近字词是影响朗读作品中字音正确率的主要因素。此外,结构格式及心理强势词则成为造成换、增、漏字词现象的主要原因。该研究还通过共同人实验进一步证实了声韵覆盖率对朗读篇目难度的影响。汪大昌(2017)的研究指出,音节分布、句子长度、文字形式、用词及文意等多个因素均会影响朗读试题的难度。这些因素在不同篇目中的不均衡分布,可能影响朗读试题的信度和效度,因此需要在篇目选择时予以充分考虑。

在话题难度方面,聂丹(2011a)对 PSC 说话项的 30 个话题进行了深入剖析,将其按生活距离分为个性化、社会化、专业化三类,并探讨了多个影响话题难度的因素。研究发现,话题难度按照上述分类逐级递升,其中熟悉度的影响力最为显著。基于这一发现，聂丹构建了话题难度5级评估模型，为话题难度的有效控制提供了科学依据。聂丹（2014）进一步研究了文章体裁与PSC难度的关系，发现叙述体、描述体、说明体和议论体四类体裁在难度上呈现出由易到难的排序。再结合认知因素进行分析，文章难度顺序呈现为：叙述过去、描述静态、叙述现在、说明、描述心理和议论。

谢旭慧等（2009）根据PSC应试人员在测试中的失分率，得出了PSC四个测试项的难度排序，按照由难到易的顺序分别是说话、读单字、读词语和朗读。难度等级的确定为培训重点的确定提供了重要的参考价值。

2. 信度

测试信度一般分为试卷信度和评分员信度两大方面。试卷信度的研究主要集中于系统深化阶段的早期，其中杨志明、王渝光和聂丹等学者的研究较具代表性。

王渝光等（2002）通过运用经典测量理论的数学模型，对自1997年以来多年的测试跟踪数据进行统计分析，得出的结论是：测试的试卷显示出较高的一致性、地区适应性以及成绩的可比性。杨志明、张雷（2003）通过比对W、α、φ等不同的信度估计法，得出结论，可靠性指数φ是估计PSC信度的最佳指标。此外，他们还利用概化理论等级线决策信度计算，验证了PSC"三级六等"分数线的决策信度估值均超过0.91，从而证明了该分数线设定的合理性。

在另一项研究中，杨志明、张雷（2002）运用概化理论的方法，发现PSC前三部分的协方差较大、相关度较高，信度总体较高，但选择判断部分的信度偏低。他们还提出，适当减少一、二部分的测试题量不会影响测试的整体质量，这为进一步提高PSC的效度提供了有价值的参考。聂丹（2010）应用概化理论方法，研究了PSC分数的主要误差来源和变异度。除了证实PSC评分员间的信度较高外，她还首次将该方法应用于说话项的研究中，发现说话项语音标准度和自然流畅度的评分标准有待进一步修正，建议将叙事类话题作为测试的首选话题类型。

随着PSC计算机制卷的推行，学者们开始关注其难度和信度问题。王渝光等（2010）的研究显示，计算机自动命制的试卷难度相对稳定，平均信度达到了0.89，这充分证明了PSC计算机自动命制的试卷实现了彼此间的等值。

在评分员信度方面，测评员数量是一个重要的影响因素。王勇卫（2003）指出，标准制定者与标准执行者的知识差、语言能力以及语言运用的过渡差都可能影响测试的信度。王彩豫（2005）的实证研究进一步表明，双人组测评员的内部评分信度最高。此外，评分员对标准的把握是影响评分信度的另一重要因素。由于 PSC 评分的柔性原则，评分标准本身带有一定的模糊性，进而增加了测试稳定性受标准影响的可能。例如，学者们发现《大纲》与《词典》这两部被评分员视为权威性的标准，在处理儿化问题时存在矛盾，这种标准的不一致会给应试者造成混乱，从而影响测试信度。同时，学者们也注意到测试员语文水平差异对评分信度的影响，王小敏（2003）建议采取测评员和被试人用卷分离的解决方案。赵伟国等（2012）指出，应通过进一步统一评分标准、对测评员进行强化评分训练等方式，提高评分信度。

综上所述，PSC 信度研究主要从试卷信度和测评员信度两方面进行。相关研究成果虽然不多，但结论比较一致：PSC 试卷信度和评分员间的信度均比较高；评分员知识结构的差别、对标准的把握和标准本身的模糊性，都是测试信度的影响因素。在对 PSC 信度研究成果梳理时，笔者发现评分员内部信度的实证研究方面尚存空白，这将是未来研究的一个方向。

3. 效度

系统深化阶段，效度研究主要集中在表面效度、内容效度和反应效度这三个方面。

陈章太（2002）借助教育测量理论，探讨了效度问题，特别关注了表面效度和内容效度的层面。张国华（2007）通过问卷调查和座谈的方式，收集了应试人和测评员对测试的态度数据，经过分析得出，PSC 的构念效度、内容效度均较高。值得注意的是，张文中所提及的内容效度，实际上更接近于表面效度的概念。

周中兴（2007）则聚焦于目标无关性错误对 PSC 内容效度和反应效度的潜在威胁。他分析了 200 份试卷，发现由于一、二部分题目中汉字使用的自由度和承载信息冗余度的差异，该错误在第一部分的出现率显著高于第二部分。为此，他提出了在 PSC 中提供词语环境的改进模式。实证研究证明，这种改进模式显著降低了目标无关性错误的发生率，并展现出较高的信度和效度。这一发现对于进一步提高测试质量具有积极意义。

朱丽红（2009）指出，试卷本身存在的问题，如免测内容入卷、印刷错误、异形词及繁简字的使用等，不仅反映了相关工作人员的工作态度问题，也对测试质量产生了负面影响。

常晓宇（2017）对"朗读短文"这一测试项的效度进行了全面而深入的研究。她通过统计各测查要素及短文用字覆盖率，考察了内容效度；同时，通过调查问卷，确定了朗读能力构成要素和朗读项的测查要素。她还利用"层次分析法"优化了朗读测评体系的权重分配，并通过多重线性回归构建了朗读能力回归方程，从而确定流畅程度为朗读能力中最具区分效果的要素。这一研究填补了口语测试中朗读类题目研究的空白，丰富了语言测试效度研究的内容，进一步完善了语言测试研究体系，并为 PSC 学科的建设与发展作出了积极贡献。

(二) 测试比较

系统深化阶段，PSC 的比较研究主要涉及三个层面：PSC 与其他测试的比较、PSC 研究与其他测试研究的对比，以及 PSC 自身不同发展阶段的比较。

系统深化阶段，学者们将 PSC 与日本英语能力测试、汉字应用水平测试、CET 和 PSK 等不同类型的测试进行了对比分析。张华（2004）较早地运用比较方法，指出日本英语能力测试在测试环境创设和现代技术手段应用方面的优势，为 PSC 提供了宝贵借鉴。陈忠（2006）通过对比 PSC 和 CET，强调了 PSC 在突破行业局限、注重语言情境创设以及提升评分标准化、精确度方面可以向 CET 学习的方面。邱静远（2011）从多角度对比 PSC 和汉字应用水平测试后，认为目前的测试体系在口语理解和表达能力的考查方面存在不足，并呼吁开发更多能够填补这一空白的测试形式。郑梦娟（2012）将 PSC 定位为服务型测试，并与日本同类测试进行比较，认为日本在测试机构民间性、测试目的公益性、测试对象大众性以及内部管理严格性等方面的探索，对 PSC 的进一步发展具有启示意义。云天骄（2013）则从交际能力语言观的角度，比较了 PSC 和 PSK 的题型，并提出 PSK 应学习 PSC 的控效操作，而 PSK 尽管在测试理论体系上似乎更先进，但这不应作为评判语言测试优劣的唯一标准。

在 PSC 研究与其他测试研究的比较方面，郑献芹（2007）对 2001—2004 年间 PSC 和 HSK 研究情况进行了对比。该研究揭示了两种测试在内容领域、研究方式和研究思路方面的共性，并指出在成果数量、发刊层次和理论研究方面的差别较大。

近年来，随着PSC的不断发展，出现了对其不同发展阶段的比较研究。周梅（2014）对比了PSC传统和现代两种模式，认为测试手段现代化带来了评分客观性、独立性、一致性的提升。然而，她也指出机辅测试手段的使用，在某种程度上固化了PSC的单向性测试特点。周梅同时探讨了人工、录音、机辅测试三个阶段中主体要素、工具要素、环境要素和时间要素的变化，为理解PSC的演进历程提供了重要视角。

尽管该时期的测试比较研究仍然比较少，但所涉及的面并不单一，包括试卷结构、题型设计、测试管理的科学化等方面均有相应的研究成果。当然，进行比较研究并非仅仅为了比较本身，而是要通过比较发现自身的不足，取长补短，推动测试向更加科学化的方向发展。

第三节 系统深化阶段的重要学术事件

一 普通话水平测试学科的建立

在PSC的发展历程中，将其确立为一门独立的学科并进行科学研究、队伍建设、人才培养和学位授予，无疑是关键且正确的一步。1998年，北京广播学院（现中国传媒大学）播音与主持艺术学院院长姚喜双，敏锐地捕捉到实践中学科建设的需求，勇敢地提出了建立两个系、成立两个中心、组建两个基地、成立两个所，并设立语言测试专业，以培养PSC的专业人才。这一远见卓识在2003年得以实现，中国传媒大学以"汉语普通话教学与水平测试"为研究方向，率先开启硕士研究生招生。PSC硕士研究方向的确立，是PSC学术发展历程中的标志性事件，也意味着PSC学科的正式建立。至今，全国已有十余所院校加入到PSC硕士研究生培养的行列中。

2006年，语用所所长姚喜双进一步认识到，为使PSC学科持续发展，必须强化学科建设，培养高层次专业人才。他洞察到语用所作为国家级科研院所，在高等教育领域需要提升办学层次。因此，他提议在中国学位体系中增设PSC方向博士点。尽管语用所当时并不具备单独招收博士研究生的条件，但姚喜双通过多方协调，终于在2007年促成语用所与中国社会科学院语言研究所达成联合培养意向，并于同年开始招收PSC方向博士研究生,姚喜双亲自担任导师。随后,他又积极联络,促成了语用所与北京语言大学联合培养博士后科研工作站,从而初步构建起"硕士—博士—博士后"的人才培养体系,标志着 PSC 学科进入到以博士人才培养为特色的高级阶段。至 2024 年 7 月,PSC 方向已毕业博士研究生共 16 人。

PSC 学科的建立,为 PSC 研究的持续性提供了高层次人才支撑,使人才培养模式实现了从"应急式"到"自主式"的转变,从"培训式"到"学历式"的跨越,人才培养进入了一个有计划的培养通道。课程计划的设置、教学大纲的编写,培养方案的制定都凸显出计划性。特别是 2007 年"自主"招生方向的设置和博士研究生的招收,更在"计划"的基础上强调研究兴趣的培养,研究生们根据各自的研究旨趣深入钻研课题,体现出更多的学习自主性和研究自觉性。这一时期,PSC 研究人才的培养呈现出培养定位高端、学历层次丰富的鲜明特点。

目前,我国 PSC 学科布局呈现出综合性大学与专业科研院所并驾齐驱的格局。首都师范大学、中国传媒大学、云南师范大学、上海师范大学、华东师范大学、苏州大学、华中师范大学等高校,汇聚了一批杰出的 PSC 研究学者,通过一系列学理性研究,引领着学科前沿。同时,以教育部语用所为代表的科研院所,以专业的 PSC 研究和高层次测试人才培养为特色,提出测试前沿研究课题,引领全国 PSC 研究动向,稳居 PSC 研究的主力地位,其学科地位难以被其他高校所替代。

二 "汉语普通话水平测试研究"课题的立项

2002 年,"汉语普通话水平测试研究"成功获得国家语委科研立项,并被列为"十五"期间的重点科研规划课题。该课题于 2003 年正式启动,涵盖了 41 个子课题,汇聚了全国 20 多个省级测试机构、高校及科研单位的智慧与力量。经过不懈的努力和探索,这项研究在多个领域取得了重大成就。其中,《大纲》的修订与《纲要》的研制,为 PSC 的标准化和规范化奠定了坚实基础;PSC 国家题库的建设,提高了测试的针对性和有效性;国家 PSC 管理信息系统的开发,实现了测试数据的电子化管理,提升了工作效率;计算机辅助 PSC 评分系统的研发,减少了人为误差;国家 PSC 网络评测与管理系统的建立,推动了测试的远程化和自动化;普通话培训测试网络课件研究与开发,为普及普通话和提升测试水平提供了有力支持；PSC标准语音库的建设，则为语音研究和测试提供了宝贵的资源。

这一系列重大成就的取得，标志着PSC研究跨入了新的历史发展时期，不仅推动了测试本身的进步，也提升了我国语言文字工作的整体水平。同时，通过参与科研项目，科研队伍也得到了锻炼，科研人员的研究水平和质量也得到了显著提高，为今后的研究工作奠定了坚实的基础。

三 全国普通话水平测试学术研讨会的举办

系统深化阶段，在国家语委的领导和PSC中心的精心组织下，全国PSC学术活动如火如荼地展开。为了促进学术思想的碰撞与交流，国家PSC中心特别搭建了学术研讨会这一交流平台，为学者们提供了宝贵的思想交汇空间。在过去几年里，分别于2002年5月、2004年12月、2007年、2009年和2012年12月在扬州、珠海、福州、北京等地举办了五届学术研讨会。

每一次研讨会，都是专家学者们共同探讨阶段性共性问题的盛会。通过深入的讨论与交流，他们形成阶段性共识，推动测试理论的研究走向更深的层次。随着学术研讨会的持续举办，先前的共识也不断被打破，新的研究视角和观点不断涌现，引领着学术研究的不断进步。作为PSC领域的顶级学术会议，国家级PSC学术研讨会的参会论文无疑代表着一定时期内的研究水平。因此，研讨会中涌现出的一些高水平论文被《语言文字应用》等业内权威杂志刊发，这不仅是对学者们研究成果的认可，也进一步彰显了学术研讨会在推动PSC研究发展中的重要地位。

四 其他学术研讨会的举行

在国家语委和国测中心的积极引领下，各省语委和省测试中心也充分发挥其"组织、联络、协调"的职能，纷纷开始积极筹办本省的PSC学术研讨会。这些研讨会不仅为省测试员提供了一个交流学习的平台，还提升了他们的科研水平。同时，论文集的出版进一步肯定了他们的研究成果，极大地鼓舞了他们继续研究的积极性。此外，该时期港、澳地区也积极举办PSC相关学术会议，推动了这些地区PSC研究的不断深入。

2003年，在澳门成功召开了汉语（普通话）教学与测试研讨会，吸引了内地和港澳地区的47位学者参与。会上共宣读了35篇论文，其中7

篇与 PSC 紧密相关。王晖的《普通话水平测试研究的现状与构想》一文全面回顾并总结了 PSC 工作的进展，而其他学者则从多个角度对信度和效度问题提出了富有建设性的意见，为 PSC 进一步发展提供了重要参考。

2004 年 4 月，国家语委普通话培训测试中心与香港中文大学联合，成功举办了"首届港澳地区普通话水平测试学术研讨会"。此次会议将科研的触角延伸得更广、更远，吸引了众多学者围绕普通话的测试、教育、培训问题展开深入讨论。会上，11 位学者的发言充分展示了港澳地区在 PSC 研究方面的水平和实力，为整个领域的发展注入了新的活力。

五　普通话水平测试学术社团的建立

自 2007 年起，国家语委为了激发测试科研的活力，采取了多项激励措施。其中，举办全国普通话培训测试主任论坛成为一项重要举措。这一论坛的设立极大地调动了测试研究人员，特别是研究管理人员的热情与积极性，为他们提供了一个讨论管理工作中所遇问题的平台，进而为提高测试管理水平提供了坚实的保障。

2009 年 7 月，中国语文现代化学会 PSC 研究分会在天津召开成立大会，姚喜双、刘照雄担任名誉理事长。分会与国家 PSC 中心紧密合作，先后于 2010 年 8 月、2011 年 8 月和 2011 年 10 月成功举办了三期测试站站长研究班，并举行了两场学术研讨会。分会的成立标志着 PSC 领域有了自己的学术组织，为科学研究搭建了一个崭新的平台，使学者们有了更多交流互动的机会。在交流中，学者们互相启发，拓宽了学术思路，促进了学术发展，为整个学科理论研究的全面、深入开展注入了新的活力。

六　齐越教育研究馆的落成

在姚喜双的积极推动下，齐越教育馆、齐越教育研究中心以及齐越大讲堂于 2016 年在沧州师范学院落成。齐越教育研究中心的建立，不仅为 PSC 培训和播音主持人才的培养提供了基地，还成功打通了这两个学科之间的交流通道，展现了姚喜双的大学科意识，对促进学科发展起到了积极的作用。

此外，齐越教育研究中心的建立还促进了京津冀地区语言文字的协同发展，为建立京津冀普通话测试研究学术交流圈和重新分配学术资源提供了可能。过去，我国的测试研究主要集中在中心城市，呈现出集中化的趋势。现在，随着学术圈的扩大和资源的扩散，普通话测试研究有向学术圈边缘城市扩散的倾向，使更多的人能够共享普通话测试研究的学术成果。

第四节 系统深化阶段的研究特点

一 研究视角的多维性

系统深化阶段，学者们更加立体地看待问题，研究视角展现出多维性，突破了单一化的限制。以 PSC 心理研究为例，不再局限于应试者的心理状态，而是从测试主体心理定势、主客体心理交互作用等多个角度入手，全方位地探讨其对测试结果的影响及干预策略，取得了一定的成果。再如，对于"说话"的研究，既有理论层面对于"说话"构想的探讨，也有操作层面对于如何考查"说话能力"的研究；既有宏观上"口语能力观"的观照，也有微观上话题难度影响因素的探究；既有评分标准的探讨，也有形式改进的分析，还有应试策略的指导。在研究体量上，既有博士学位论文对特定选题的全方位研究，也有测试员的经验总结。

二 研究内容的系统性

系统深化阶段，PSC 学术研究呈现出系统性特点。宏观上，PSC 理论框架内各部分内容均有学者深入研究；中观层面，出现了多个研究团队，他们各自独立研究，成果相互补充，形成了对问题的全面、系统认识。其中，姚喜双研究团队活跃度最高、成果最丰富，他们在完成多项重点科研项目的同时，还出版了多部理论著作和博士学位论文，形成了丰富的研究成果群。微观层面，学者们对 PSC 进行了多方面的思考，形成了体系性研究，将研究成果以专著形式呈现，为学界提供了宝贵参考。

系统深化阶段，PSC 学术研究的另一个特点是研究的深入性。这一点，从该阶段出现的 PSC 专著和博士学位论文可见一斑。学者们研究问题的角度虽不相同，但每一部专著、每一篇博士学位论文都从不同的视角钻研测试中的一个点，不断加强测试研究的力度、拓展测试研究的深度。

三　研究对象的"师职性"

系统深化阶段，虽然学校学生仍是 PSC 的主要研究对象，但研究重点开始转向师范院校和职业院校。这两类学校的生源特点和知识结构差异，使得测试培训方法和重点也有所不同。因此，出现了大量针对这两类学校学生的培训模式和培训内容研究。

四　研究力度的空前性

在科研力度上，系统深化阶段达到了空前的水平。在广度上，全国范围内除台湾省外，均有学者进行 PSC 学术研究并发表成果；在热度上，学术会议频繁召开，从国家级到省级层面均有涉及，会议论文集接连出版，推动了研究高潮期的到来；在持久度上，在法治化科研环境下，对语音、培训等方面的研究持续进行，机辅测试研究虽起步晚但稳步推进；在数量上，该阶段的研究成果数倍于前两个阶段的成果总和；在质量上，新《大纲》《纲要》等一系列语委重点科研成果、《概论》等一系列理论专著的出版，将 PSC 研究推向新的高度。

值得一提的是，这一阶段 PSC 科研热度的高涨和丰硕的学术成果，离不开中国经济的快速发展和改革开放、互联网浪潮、法治化建设等时代背景的推动。国家语委的历任领导也强调，PSC 是服务于国家的测试，与国家经济、社会进步和民族团结紧密相连。因此，我们应该看到，PSC 学术研究的发展不仅得益于学者们的努力，更是时代与国家进步的体现。

五　学术园地的局囿性

系统深化阶段，学者们展示和交流科研成果的主要阵地仍集中在高校学报和各级学术会议论文集中。虽然 PSC 研究论文发表数量众多，但核心期刊发文量相对较少，尤其在其他非语言类核心期刊上发表的论文更是少之又少。这反映出 PSC 作为一门发展中的学科，其学科地位尚未得到学界的普遍认可，可供学者发表成果的阵地相对有限。

六　研究方法的实证性

系统深化阶段，PSC 领域的学者们开始具备一种重要研究意识，即利用微观数据解决宏观问题。他们通过考察不同等级语音取样的波形图、频谱图和语图，得出了相关声学数据，成功将 PSC 等级标准从表述性标准转化为量化的客观数据。这些通过科学实验分析得出的量化指标，具有科学性和确切性，摆脱了以往经验性判断的局限。

在承续发展探索尾期学者实证研究方法的基础上，学者们进一步运用统计学手段对实证研究的结果进行显著性检验，从而使实证性研究的科学性迈上了新的台阶。这种对 PSC 的微观统计语言学研究，不仅提升了研究的精确度和可靠性，而且有助于在更大范围内进行判断和预测，是 PSC 发展的必然趋势和要求。

七 变动中的不平衡性

本书对系统深化阶段发表的学术论文（涵盖期刊论文、会议论文及学位论文）以及出版的图书（包括论文集与专著）进行了地域分布的年度统计，以期更全面地了解系统深化阶段 PSC 学术发展在不同地域的活跃程度与趋势，详细数据见表 4-1。

根据表 4-1 的详细数据，我们可以观察到系统深化阶段 PSC 研究呈现出一些新的特点。

首先，研究成果的地域分布更加广泛。与发展探索阶段相比，系统深化阶段天津、澳门、宁夏、西藏等地的学者也积极投身于 PSC 研究工作。这些新加入的地域，包括祖国的特别行政区和边远民族地区，虽然由于地域和交流的限制，他们的研究起初可能较为稚嫩，甚至在一定程度上表现出对已有研究结果的重复，但随着这些地区研究活动的持续开展，相信他们的研究水平会不断提升，为 PSC 学术殿堂增添更多丰富的内容。

其次，研究成果的数量和质量均有了显著的提升。系统深化阶段的 PSC 领域论文总发文量高达发展探索阶段的 6 倍，年均发文量也增加了 1.5 倍。图书出版总量更是达到了发展探索阶段的 8 倍，年均图书出版量增长了 2.3 倍。在质量方面，这一阶段出版的学术书籍不仅涵盖了纲领性论著和专门性理论专著，还出现了两度问鼎涵芬楼销售榜首的学术畅销书。这些成果充分展现了 PSC 学术研究在"质"与"量"上的双重飞跃，但我们也应认识到，研究成果的充分性和平衡性仍有待进一步提升。

表4-1　2002—2023年各地域学术成果数量统计

地域	2002	2003	2004	2005	2006	2007	2008	2009	2010	2011	2012	2013	2014	2015	2016	2017	2018	2019	2020	2021	2022	2023	论文总发文量	图书出版量
北京	5	2	14	2	2	13	3	19	8	11	16	8	3	4	5	3	2	4	11	5	3	2	145	21
云南	6	8	8	3	5	6	3	4	3	4	5	3	7	4	2	0	1	33	4	0	3	0	112	2
浙江	16	15	7	4	12	8	2	2	3	5	1	4	1	0	1	0	1	0	2	0	4	2	90	1
山东	4	3	1	1	3	4	8	6	12	3	10	0	3	5	4	2	2	0	3	3	0	0	79	1
贵州	6	3	6	2	0	3	3	2	2	1	3	3	4	3	5	0	3	1	1	1	2	1	51	2
湖北	12	5	8	13	13	12	6	9	11	3	4	10	6	5	4	4	3	1	2	2	0	0	132	1
辽宁	2	3	2	1	0	0	1	0	1	0	3	3	1	7	3	5	1	5	1	1	0	0	37	0
四川	3	6	4	2	4	5	3	7	2	5	6	8	4	3	4	2	2	0	4	1	1	4	72	0
福建	7	4	4	8	8	9	5	3	2	3	3	1	1	8	2	3	3	0	2	0	1	0	61	0
江苏	5	7	6	6	0	6	4	5	7	7	4	7	2	0	3	3	6	6	1	7	0	0	108	0
香港	5	0	0	0	0	5	2	6	2	0	3	0	0	0	0	0	0	0	0	0	0	0	23	1
河北	3	4	4	2	2	2	2	5	3	5	4	5	6	7	5	3	0	0	2	0	0	0	63	0
河南	4	1	2	2	3	6	2	2	0	1	2	2	0	0	0	0	0	1	3	1	0	1	34	0

续表

	年份																						论文总发文量	图书出版量
	2002	2003	2004	2005	2006	2007	2008	2009	2010	2011	2012	2013	2014	2015	2016	2017	2018	2019	2020	2021	2022	2023		
上海	4	0	6	0	3	5	4	9	0	0	6	1	0	0	1	0	2	0	2	0	1	1	45	3
江西	4	4	1	3	3	7	0	0	3	3	2	2	1	1	1	1	0	1	2	1	0	1	41	0
安徽	2	3	5	5	2	5	3	5	2	8	6	3	0	0	3	4	1	1	2	0	0	2	62	1
湖南	8	5	7	5	8	5	5	6	2	6	4	17	7	5	10	3	1	7	1	2	4	0	118	1
青海	1	0	2	0	0	1	2	0	0	1	1	0	2	2	0	0	0	0	0	0	0	0	12	0
黑龙江	4	7	0	1	1	3	1	2	2	1	0	3	4	2	3	3	2	2	0	2	0	2	43	0
吉林	1	1	0	2	2	4	0	3	2	0	1	6	2	7	0	3	0	0	1	1	1	1	29	0
广西	7	5	4	9	13	11	4	2	11	5	6	6	5	2	5	3	4	3	6	0	0	0	113	3
陕西	1	3	4	2	2	4	2	6	0	2	3	8	3	2	2	2	1	2	5	1	1	2	61	1
广东	6	4	4	8	5	9	6	6	2	1	4	7	1	1	1	2	1	1	2	4	0	0	78	1
甘肃	3	2	3	5	6	1	2	1	2	4	1	1	0	0	2	1	0	1	1	0	0	1	38	0
重庆	2	1	0	1	1	1	3	3	0	1	1	2	2	0	0	2	1	0	0	0	1	0	19	0
山西	4	2	2	2	2	4	3	3	1	0	4	0	1	0	0	1	0	1	0	1	0	1	30	0

续表

地区	年份																						论文总发文量	图书出版量
	2002	2003	2004	2005	2006	2007	2008	2009	2010	2011	2012	2013	2014	2015	2016	2017	2018	2019	2020	2021	2022	2023		
海南	0	1	0	1	3	1	1	0	2	0	0	1	0	1	0	0	0	0	0	0	0	0	11	0
内蒙古	0	4	5	0	1	1	1	5	3	3	5	1	0	1	2	0	3	0	1	0	0	0	36	0
新疆	4	0	6	2	3	2	1	2	3	0	1	0	1	1	1	0	1	0	4	6	6	6	49	0
天津	1	0	3	0	1	0	2	1	2	0	0	0	0	0	0	0	0	1	0	0	1	2	15	1
澳门	1	0	0	0	0	0	0	0	0	0	1	0	0	0	0	0	0	0	0	0	0	0	2	0
宁夏	0	0	0	0	0	0	0	0	1	0	0	0	0	0	0	1	0	0	0	0	0	0	2	0
西藏	0	0	0	0	0	0	0	0	0	0	1	0	0	0	0	0	0	0	1	1	1	0	3	0
	131	103	116	92	111	142	82	124	92	83	109	112	66	67	69	45	37	41	64	39	29	30	1814	40

最后，科研大省也发生了转变。在发展探索期，云南、北京、河南、四川等地是主要的发文大户，然而，在系统深化阶段，北京、湖北、湖南、广西、江苏等地成为新的研究重镇。这一变化不仅反映了更多学者对PSC研究的认可与参与，也凸显了科研项目在引领学术研究方面的重要作用。系统深化阶段，"汉语普通话水平测试研究"这一国家级重大项目，其广泛的影响力和深厚的研究基础，带动了各省PSC研究者展开全方位的研究，取得了丰硕的学术成果。同时，老牌科研大省，如云南，也并未停滞不前，而是更加注重研究质量的提升，通过培养高水平的硕士学位论文作者等方式，持续为PSC研究贡献力量。

第五节　系统深化阶段代表性成果述评

一　新《大纲》与《纲要》

（一）新《大纲》的修订

自1996年起，《大纲》的修订工作始终未曾间断，至2001年更是加快了修订步伐，并在同年底成功制定了修订方案。2002年1月，一个由19位杰出学者组成的学术委员会成立，致力于新《大纲》的研制工作。委员会由刘照雄和姚喜双两位召集人领衔，陈章太和宋欣桥等专家位列委员行列，刘新珍和王晖担任秘书，这样的成员构成，充分展现了学术的传承与发展。新一代学术领军人物引领着测试工作前行在科学轨道上，而前期作出杰出贡献的专家学者们则继续为PSC的科学性提供坚实的支撑，青年学者们也在这个过程中不断磨砺成长。

学术委员会针对原《大纲》存在的问题进行了调整。在整体规划层面，委员会将课题细分为两部分进行研制。第一部分以部颁文件形式呈现新《大纲》，重点强调测试的纲领性和指导性；第二部分则是详细阐述测试涉及的语音、词汇、语法规范的《纲要》，是测试内容的具体呈现。

得益于明确的指导思想和出色的可操作性，新《大纲》初稿在短短3个月后便完成。同年5月、8月、11月，在首届PSC学术研讨会、新一届学术委员会会议和全国各省测试业务骨干研讨会三次重要学术会议上，初稿得到了充分的讨论和反馈。2002年12月，课题组根据收集的修改意见完成了3000字的新《大纲》送审稿。相较于原《大纲》的百万鸿篇，新《大纲》更为简洁精当，指导性、纲领性更为突出，而"教育部 国家语委"的署名方式，更是彰显了 PSC 作为国家级测试的权威地位。

从宏观层面来看，新《大纲》以正面的表述方式明确了测试性质，从学理上廓清了学界和测试界对该问题的认识。在细节层面，新《大纲》明确了测试的名称及其缩写形式，统一了曾经混乱的称说方式。在中观层面，新《大纲》明确了测试的内容、范围及应试人普通话等级的确定；取消了Ⅰ型卷和Ⅱ型卷的试卷分型；调整了试卷构成，使得选择判断由必考项变为选考项，并规定了取消该项测试后的分数分配办法；修订了评分细则，通过取消降级规定增强了分数解释系统的内部自足性，通过增设朗读部分系统性语音缺陷评分项，纠正了理论误区、填补了评分空白。

(二)《纲要》的研制

《纲要》的研制作为《大纲》修订的第二阶段，自 2002 年下半年正式启动，至 2003 年年底结题。2004 年 1 月，其研究成果——《纲要》由商务印书馆正式出版发行。本次课题在姚喜双、刘照雄两位总负责人的引领下，以韩其洲、王晖、刘新珍、侯玉茹为统筹。鉴于《纲要》作为 PSC 试卷编制和题库建设的具体素材来源，其科学性对于确保 PSC 的内容效度具有至关重要的意义。因此，自课题启动之初，研制团队便邀请语言学领域的知名学者参与测试内容领域的界定工作，以先验性的方法确保测试较高的内容效度。

在"四个统一"[①] 的总研制原则指导下，《纲要》研制团队研制了《词语表》，以两万词条为基础，遵循词语分级、单多兼收、词频、通用、适测、避重、规范等原则；同时根据总量控制、文本真实、工具性与人文性平衡、经典性与规范性结合、适测性等原则，精心选定了 PSC 朗读篇目；并从内容因素和体裁因素两个维度，确定了 PSC 话题[②]。这一系列严谨而细致的工作，确保了《纲要》的科学性和实用性。

(三) 新《大纲》和《纲要》的特点

第一，科研导向性。新《大纲》与《纲要》作为纲领性文件，发挥着重要的科研导向作用。其中，《词语表》引领了收词量、收词原则等相关研究；《普方词语对照表》则激发了学者对普通话与方言词汇差异的对

[①] 姚喜双:《〈大纲〉修订和〈纲要〉研制的思考》,《语言文字应用》2004 年第 3 期。
[②] 王晖:《普通话水平测试阐要》,商务印书馆 2013 年版,第 190—206 页。

比研究；《普方语法差异对照表》更推动了学者对普通话与方言语法差异，特别是南方方言与普通话语法差异的比较研究。

第二，学术预见性。新《大纲》在题型设置上展现出了前瞻性的思考。过去，第二部分一直执行"读双音节词语"的说法，具体操作中也不涉及三音节及更多音节的词语，这反映了当时对现代汉语"双音节词占优势"的学术认识。然而，随着研究的深入，学者们认识到现代汉语中多音节词的存在及其重要性。因此，题型由"读双音节词语"调整为"读多音节词语"，这一变化不仅拓宽了测试的包容性，也更为贴近汉语的实际发展趋向。近年来，汉语新词音节增多的趋势也验证了这一调整的合理性。

第三，求真务实性。在《大纲》修订过程中，学者们对"等级标准"的失分率展开了激烈的讨论。尽管有观点提出调整失分率以提高级差的齐整性，但经过激烈的讨论，专家们最终坚持原等级标准的失分率规定，认为这更能真实反映各等级的具体情况。这种实事求是的科学态度，确保了新《大纲》的准确性和可靠性。

第四，科学现代性。《纲要》在词表编制方面采用了先进的语料库方法，以国家语委现代汉语语料库为依托，以词语使用频度为限定条件，筛选出词表雏形。同时，创造性地提出"交集"法，将雏形词表中的词语与1996年版《现汉》进行相交处理，确保词表中词语的语音和语义均有查检依据。这种科学方法的使用，提高了词表的科学性和所指查检的依凭性。

第五，服务性。新《大纲》和《纲要》在排版和表述上都体现了对读者的服务意识。《纲要》词语表的删减和朗读作品的全文注音，以及配套光盘的提供，都为普通话学习者提供了极大的便利。这些措施不仅减轻了学习者的记忆负担，也提高了学习的效率和效果。

《大纲》的修订和《纲要》的研制，凝结了将近九年的实际测试经验和理论探索成果，它们为21世纪PSC研究的发展奠定了坚实的基础。新《大纲》和《纲要》既是学者们的研究成果，又是对PSC科学研究具有全局性、指导性意义的"顶层学术依据"[①]。在这两个纲领性文件的引导下，PSC学术之路沿着系统化研究的方向继续发展。当然，修订和研制并

---

① 王晖：《普通话水平测试阐要》，商务印书馆2013年版，第52页。

不意味着对过去工作的否定，而是合乎逻辑的延伸。正如吕叔湘所说，一套好的教材是不断地改出来的，这句话对于《大纲》同样适用，修订后的《大纲》更符合社会实际，更具科学性和可操作性，无疑是一部优秀的学术成果。

二 《普通话水平测试概论》

（一）《普通话水平测试概论》创作缘起

在接受笔者访谈时，《普通话水平测试概论》的总规划师姚喜双介绍了创作此书的初衷。

过去，人们对普通话水平测试的理解仅停留在简单的测试层面，但姚喜双认为，这远远不够。我们不仅要进行测试，更要深入挖掘其中蕴含的规律性内容，进行提炼和升华，将其上升到理论高度，从学术层面进行研究。这样，PSC 活动才能成为有理论指导的学术活动。

在考察和研究任何事物时，我们都应将其视为一个完整的系统，从活动、工作和事业三个层面进行全面分析。任何事业都不可能孤立存在，因此，对于 PSC 这一事物，我们需要从本质和规律上深入认识，探寻其内在的基本矛盾，以及矛盾活动中涉及的各个要素和它们存在的条件。我们还需要揭示其运行的规律、特征、原则和方法，明确对各个要素的要求，并探究它与外界活动之间的联系。为此，我们迫切需要一部从哲学角度深入剖析的 PSC 概论、导论、理论或者引论，以指导我们的研究和实践工作。

（二）《普通话水平测试概论》简介

《普通话水平测试概论》（以下简称《概论》）是姚喜双及其团队专门为 PSC 研究领域的学者、从业者及学习者撰写的一部学科入门著作。该书于 2011 年出版，全面而深入地探讨 PSC 的各个方面，共计六章，二十九万字，是理解 PSC 发展脉络、理论基础、实践活动及未来趋势的重要学术作品。

该书系统回顾了普通话从推广初期至成书的演变历程，详细梳理了 PSC 的发展脉络，从理论到实践，全方位展示了 PSC 作为母语标准语测试的独特地位与重要性。书中创造性地提出了 PSC 四要素理念，即测试主体、测试对象、测试依据与测试手段，深入解析了各要素间的相互作用，为 PSC 研究奠定了坚实的理论基础。同时，书中还提出了 PSC 历史分期的新"三分法",为 PSC 研究提供了新的视角和更加科学的分期标准。

在注重理论深度的同时,《概论》也兼顾了知识的普及与实践的指导。书中不仅介绍了普通话的起源、相关政策法规、测试等级标准及评分细则等基础知识,还详细阐述了测试的具体环节、试卷构成及实施流程,为测试员提供了精准的评分依据,帮助应试者更好地了解测试内容,熟悉考试流程。

此外,该书还紧跟时代步伐,关注 PSC 领域的最新动态。书中深入分析了测试主体身份的多元化、测试对象的扩展以及机辅测试等现代测试技术的发展,展现了 PSC 测试的时代特征。同时,该书还基于当前研究,对 PSC 未来发展方向进行了前瞻性的预测。

该书的作者团队具有丰富的学术背景与跨学科的研究经历,因此,该书在视角和内容上呈现出显著的开放性。通过多学科的融合与碰撞,该书不仅拓宽了学术视野,也深化了研究内容,为读者提供了更为全面、深入的 PSC 研究资源。

总的来说,《概论》是一部集理论性、知识性、实践性、时代性与前瞻性于一体的学术佳作,它不仅是 PSC 研究者不可或缺的参考书目,也是推动普通话水平测试事业健康发展的有力推手。

(三)《普通话水平测试概论》的学术地位

1. 填补空白,满足需求

《普通话水平测试概论》一书,立足于 PSC 的母语测试特色,进行了学科体系建设的理论探索。该书首次为 PSC 研究构建了一个科学、严整的理论框架,并从哲学的高度凝练了测试活动的四要素,堪称 PSC 学术研究的里程碑式著作。

作为 PSC 研究方向的首本教科书,该书与常见的 PSC 培训教材有着显著的区别。其理论性尤为突出,虽然书中涉及诸多对具体工作的指导,但并非简单的业务训练教材,而是对该领域学术研究起着举足轻重作用的理论教材。它的出版填补了学术空白,满足了理论教学的迫切需求,塑造并将持续塑造青年学人的 PSC 知识体系。如今,该书已经成为 PSC 研究者和攻读该方向硕士、博士学位者的必备教材和参考书,作为学术沃土,持续滋养着其后的学人。

该书不仅首次建立了 PSC 的整体框架系统,而且详尽论述了实践中的诸多问题，梳理了 PSC 事业从小到大的壮大过程，概述了测试的具体规程、方法、流程，为人们了解测试操作过程和相关规定以及测试员工作实践提供了重要指导。

2. 建立体系，引导创作

《概论》一书，资料完整翔实、论述严谨，一经出版便成为该领域的经典之作，并为其后续系列著作的撰写奠定了坚实基础。聂丹在该书第五章的基础上进一步拓展研究，完成了《概说》一书的撰写。该书出版后，姚喜双意识到，除了对 PSC 有整体的、概括的、系统的认识外，还需对其进行分门别类的研究。在这种理念的指引下，他指导其博士生和博士后们展开了一系列研究。其博士生团队完成了对 PSC 领域常用术语的整理[①]，韩玉华[②]从历时的角度书写了 PSC 的发展历程，黄霆玮[③]、孟晖[④]从 PSC 主体方面进行了研究，朱丽红[⑤]从小学生角度探讨了 PSC 的适用人群，周梅[⑥]从测试手段入手研究了机辅测试，王晖[⑦]对测试依据展开了全面的研究。至此，针对 PSC 四要素的研究成果相继问世。此外，聂丹、常晓宇、王月分别从测试评价指标角度分别进行了 PSC 的任务难度影响因素体系的构建、朗读类题型的效度研究和应试者语言表达流利性研究；张宠、邓丹阳分别就 PSC 对留学生的适用性及资源建设规划方面进行了研究。这些研究丰富了 PSC 的研究体系，代表了各自研究领域的最高水平。这些博士学位论文和博士后研究报告经修改后，形成了 PSC 丛书的核心内容。

这一系列博士学位论文的写作及学术论著的相继出版，形成了包括丛书、著作、教材的系列研究，使 PSC 研究不再显得杂乱无章，进入了系

---

① 姚喜双、韩玉华、孟晖、聂丹、黄霆玮编著：《普通话水平测试常用术语》，语文出版社 2014 年版。

② 韩玉华：《普通话水平测试发展历程》，语文出版社 2014 年版。

③ 黄霆玮：《汉语口语测试测试员评价体系研究》，博士学位论文，中国社会科学院研究生院，2011 年。

④ 孟晖：《普通话水平测试员评价标准研究》，博士学位论文，中国社会科学院研究生院，2013 年。

⑤ 朱丽红：《小学生普通话水平测试研究》，北京语言大学和教育部语言文字应用研究所联合培养博士后出站报告，2015 年。

⑥ 周梅：《普通话水平测试手段研究》，博士学位论文，中国社会科学院研究生院，2014 年。

⑦ 王晖：《普通话水平测试依据研究》，博士学位论文，中国社会科学院研究生院，2016 年。

统深化研究阶段。这不仅推动了全国 PSC 的学术研究和理论探索，还使该领域的研究视野更加开阔，研究方法更为科学有序。

3. 研学结合，创建理论

《概论》一书是姚喜双在教学过程中，鉴于理论研究的不足，与其指导的博士生共同研讨、思考的产物。因此，该书与一般的介绍性教材有着本质的区别，它是具有探索性的学习总结；与一般的理论总结不同，它是对理论的创建。理论研究对于指导测试实践，摆脱测试科研的简单重复具有重要的指导意义。

姚喜双是 PSC 系统研究的明确提出者。虽然之前的学者也有过类似的想法，但从未有人进行过如此缜密的思考和系统的规划。在姚喜双的主持下编写的这本《概论》，在理论、方法和指导思想上均具有较高的起点，标志着 PSC 理论体系的形成。

三 《普通话水平测试阐要》

(一)《普通话水平测试阐要》(以下简称《阐要》) 简介

《阐要》作为 PSC 领域的又一力作，由新一代学术领军人物王晖倾力打造，展现了他对 PSC 史论、理论和实践三个维度的深入探索。全书共八章，前两章从史论角度对普通话和 PSC 进行历史观照，考量、探讨二者产生、嬗变、发展的历史进程；中间三章立足理论，阐释语言测试基础理论、界定学科基本概念、探讨 PSC 学科基本属性和学科理论；最后三章着眼实践，不仅全面解读了 PSC 的整体设计、认真解析了《大纲》及《纲要》的精髓，还对测试评定中遇到的具体问题给出了明确答复。这部专著集实践探索和理论研究于一体，独具特色，颇具影响。

(二)《普通话水平测试阐要》的特点与评价

王晖的博士生导师姚喜双在悉心阅读《阐要》后，精准总结了该书的三个大特色："视野独特，框架新颖""重理论却不空泛""语言本体研究与应用研究相结合"。他对该书给予了高度评价，认为其"以史论为基础、以理论为先导、以解决实践问题为旨归的设计，显示出作者开阔的学术视野，这在现有的同类著作中还不多见"。他进一步指出，《阐要》是 PSC 学术领域的一部"高质量的著作"。

王晖本人在接受访谈时，谈及《阐要》一书，也流露出满满的自豪。他表示该书体量大，成功地将他多篇文章的观点糅合起来，并得以充分体现。此外，他特别提到，《阐要》是在他援疆期间完成的，那段时间他能够相对摆脱杂务，专心于学术研究。因此，他认为《阐要》不仅是他最为看重的作品，也最能全面体现他的学术思考。

第六节 姚喜双与王晖自我述评

一 姚喜双自我述评

系统深化阶段，众多杰出学者纷纷涌现，然而，从学科建设的推进、理论教材的编写，到人才的培养、科研团队的组建，姚喜双都无疑展现了其卓越的学术领导力和深远影响。2018年8月12日，笔者有幸对姚喜双进行了访谈。访谈中，姚喜双分享了他在PSC和语言规划领域的贡献，这些贡献可以划分为以下三个阶段：

第一阶段（1994—2000年）：搭建平台，做好服务。姚喜双凭借深厚的播音和播音教育背景，具备了坚实的普通话基础。他在播音主持人才培养和管理方面的丰富经验，为他后来的PSC工作提供了较好的业务基础和管理条件。在这一阶段，姚喜双充分利用传媒大学广播电视系统的平台，积极协助语委进行人才培养工作，推动《大纲》的实施。这些努力为他在2001年调入语用所奠定了坚实的基础。

第二阶段（2001—2011年）：正式开始PSC工作。2001年，随着《国家通用语言文字法》的颁布实施，PSC工作获得了法律的保障和更高的社会关注度。在这一时期，姚喜双发挥了关键作用，尤其是在新《大纲》的修订和组织实施方面。新《大纲》的颁布为全国PSC工作的大规模发展提供了有力的指导。这一阶段的特点主要体现在以下三个方面：

（1）PSC事业蓬勃发展，测试规模不断扩大，测试员队伍日益壮大。另外，各个机构也更加重视，在推普过程当中形成了重要的抓手。我国各地的语言文字工作部门除了有语委办以外，还有测试中心，证明测试工作已经蓬勃展开。

（2）建立了一支专业的PSC队伍，为人才培养和学术研究提供了有力支持。据姚喜双介绍，他在北京广播学院（现中国传媒大学）工作期间，推动建立了硕士点；到语用所之后，又促成了博士点和博士后科研工作站的设立，进行了人才培养，出版了一批著作。另外，姚喜双在任职国家语委普通话培训测试中心主任期间，带领中心研究人员在一些核心刊物上发表文章,在学术、科研方面取得了一定成就。

(3) 推动对港澳地区的测试工作。姚喜双认为,PSC 在香港、澳门的开展,加大了在港澳地区推广普通话的力度,增强了港澳同胞对国家的认同感,对他们的就业、对经济社会的发展,姚喜双也作出了贡献。

第三阶段(2012—2017 年):从管理层面推动、保障 PSC 工作。2012 年,姚喜双调任教育部语言应用管理司司长,从更高的管理层面推进 PSC 工作。在姚喜双任职司长期间,他积极推动海外测试中心的建立,在美国、荷兰建立起测试中心,在欧洲、美洲建立起测试点,将 PSC 推向了全球范围。同时,他在制定和修订相关法规时,强调 PSC 的重要性。姚喜双具体主持、制定了我国的《国家中长期语言文字事业改革和发展规划纲要(2012—2020)》和《国家语言文字事业"十三五"发展规划》,将 PSC 作为一个很重要的部分纳入国家语言文字事业发展规划,同时也解决了很多来自不同方面的质疑。

姚喜双教授在 PSC 和语言规划领域的贡献不仅体现在学术研究上,更体现在对整个 PSC 事业的推动和发展上。他的领导力和影响力为整个领域的发展注入了强大的动力。

二 王晖自我述评

姚喜双在规划 PSC 学科建设、培养测试研究人才的同时,也格外注重新一代学科带头人的栽培。北京语言大学的聂丹、教育部语用司的王晖、教育部语用所的韩玉华等人,都是 PSC 研究领域的新一代佼佼者。2018 年,王晖凭借其深厚的测试工作经验与扎实的理论素养,被聘为中国社会科学院研究生院语用系 PSC 研究方向的博士生导师。同年 4 月 4 日,笔者有幸对王晖进行了访谈。访谈中,王晖分享了他与 PSC 的结缘经历,并总结了自己在 PSC 领域的贡献。现将访谈的重点内容整理如下:

第一,专业背景。谈到自己的专业背景,王晖表示,硕士研究生期间他专攻汉语史,这段学术训练不仅为他日后的研究奠定了坚实的基础,更培养了他"言而有征,无征不信"的严谨学术态度。1996 年毕业后,他在国家语委《语文建设》编辑部工作两年,进一步锤炼了他的语言文字功底。

第二,走上 PSC 研究之路。王晖提到,国家语委普通话培训测试中心成立后,他因工作需要被内部调至该中心,从此开启了 PSC 研究的旅程。在研究过程中，他深受"三个平面"和"两个三角"理论的启发。前者启发他从多视角、多角度研究普通话规范；后者则直接影响其 PSC 研究。要做好 PSC 研究，离不开"方"和"古"两个轴。"古"，是一条纵轴，从语言发展史角度，在动态中观察语言、评价语言、规范语言；"方"，是一条横轴，指大的方域，方言、民族语言和外语的影响都要关注。纵轴和横轴交叉的基角是普通话，这三者必须兼顾好。此外，"表—里—值"的考量方式，则提醒王晖在做研究的时候，注意从规范度、规范场、规范域等多个角度进行考量，使其研究更加全面、深入。

第三，对 PSC 研究的学术贡献。谈及在 PSC 领域的学术贡献，王晖认为主要集中在三个方面：一是测试依据研究。测试依据是 PSC 研究中非常重要的一个方面，既有稳定性，又需要根据变化做出调整，所以在科学性、操作性方面有很多值得研究的问题。二是语言本体和语言教学研究。由于测试带来很多教学的问题，又牵涉到语言本体的研究，因此，王晖在语言本体和语言教学方面也做了一些尝试，延伸出异读词、连读音变、词汇规范等方面的研究，丰富了语言本体和语言教学的理论体系。三是结合援疆工作实践，往宏观层面上延伸的研究。这方面的研究主要涉及大的国家通用语言政策，也会涉及民族地区国家通用语教育，为推动国家语言政策的实施和民族地区的语言教育提供了有力支持。

王晖在 PSC 领域的学术成就，不仅体现了他的个人才华与努力，也彰显了新一代学科带头人的崛起与担当。他的研究成果不仅为 PSC 学科的发展注入了新的活力，也为推动国家语言政策的实施和民族地区的语言教育作出了积极贡献。

第七节　小结

系统深化阶段，PSC 学术研究呈现全面而蓬勃的发展态势。学科体系正式确立，学术著作系列发行，学术会议频繁召开，专门学会也得以最终成立。同时，研究方法掀起实证浪潮，呈现出鲜明的特点。

第一，研究主体的立体层次感增强。这一阶段，从事 PSC 的研究者队伍多元且富有层次，既有实践经验丰富的测试员，也有高校和科研院所的专业研究人员（含在读硕士生、博士生），还包括领导型学者。他们的不同站位和学科背景，为测试研究提供了多样化的视角和丰富的合作机会，有助于他们从不同角度共同攻坚学术难题。

第二，研究主体年轻化、专业化、团队化。21世纪以来，我国自主培养的语言测试研究方向的硕士、博士成为PSC研究的主力军。他们年富力强，接受过系统学术训练，熟知西方测试领域的最新理论，知识体系完整；他们既能紧跟学术前沿，把握学术发展潮流，又有一定研究经验，系统的学术训练和深厚的学术底蕴使他们的研究视角更加广阔。同时，团队化研究成为显著特点，从整体来看，在国家语委和国家测试中心的组织下，在语委重点科研项目的凝聚下，全国PSC研究者形成了一个整体的研究团队，对"汉语PSC研究"等核心问题进行系统化研究。从具体的研究团队来看，每个团队各有所专，表现比较突出的有姚喜双团队，王渝光团队和叶军团队。姚喜双团队对PSC的研究既有整体上的观照，也有针对PSC四要素的专题性探讨，还有针对测试技术指标的研究；王渝光团队在机辅测试研究方面做出了很多基础性工作；叶军团队的研究重点在于数字化语音语料库的建设。这些团队中的每个成员各有研究专长，在各自的领域进行深入探究，同时，作为团队的一分子，他们又在系统框架的指导下相互配合，使研究呈系统化、体系化特点。这种特点避免了过于专业化带来的科学研究的碎片化问题，也避免了缺乏交流而出现的过多重复性研究，有利于更加合理地分配测试智力资源，更加深入地探讨PSC学术问题，使测试研究更加系统性和体系化。

第三，研究的全面性和不均衡性并存。研究主体地域分布的广泛性和研究内容的广泛性体现了研究的全面性。据本书统计，系统深化阶段PSC学术成果持有者的单位遍及全国33个省、自治区和直辖市，全国参与度高；该时期，PSC的八大研究领域均有成果出现，研究范围较广。同时，研究质量、数量的不平衡，以及研究内容的失衡也显露无遗。尽管全国大部分地区的学者都参加到了PSC学术研究中，但是研究成果的质量良莠不齐，既有具有较大影响力的国家语委重大研究成果，也有自己的经验感想；研究成果的地域分布也不均衡，该时期学术论文大省（市、区）湖北、北京、湖南、广西的发文量均超过了百篇，而澳门、宁夏、西藏等地的发文量却仅为个位数；另外，同一地区在不同年度的发文量也不均衡，以北京为例，在论文发表高峰的2009年，年发文量达到19篇，而在论文发表低谷的2003年、2005年、2006年和2018年，年发文量仅为2篇。从研究内容来看，对测试指标的内涵研究较多，对应试策略关注较少；对教师、学生的研究较多，对其他行业、领域的关注较少；对语音的研究较多、对词汇、语法的研究较少。从研究方法看，定性研究多，定量研究少。

第四，研究成果质、量并重。系统深化阶段的研究成果不仅在数量上大幅增加，质量上也获得了飞跃与突破。数量上，系统深化阶段的研究成果数倍于前两个阶段的总和；质量上，新《大纲》《纲要》、国家题库系统、《概论》《阐要》等一系列重要科研成果的涌现，标志着PSC学术研究迈上了新的台阶。然而，我们也应该看到，部分研究仍停留在经验总结层面，根据笔者统计，该阶段多达494篇期刊文章发表于作者所在单位的学术期刊上，且对象定位多为本校师生，写作目的是通过经验分享，提高本校学生的普通话水平和普通话应试能力。这类文章由于针对的是测试实践中的具体问题，学者们常有同样的感觉、共同的认识，因此所研究问题和解决方案的重复度很高。这种粗放型的研究状态容易造成虚假的学术繁荣，不利于PSC研究的持续性发展。但这些重复性的研究结果也给了我们这样几点启示，首先，对于问题的共同感知，说明这些是亟待解决的焦点问题，需要科研的跟进，为问题的解决提供思路和依据；其次，对于工作的共同经验，说明这些经验具有一定的可推广性，有待科研的数据支持。

第五，研究方法多元。研究者们充分结合了质性和量化方法，以经验性的定性研究为基础，配合定量研究的精确性，运用丰富的一手材料和实证方法对经验因素进行验证。具体而言，PSC研究作为一项实践性很强的研究工作，学者们通过经验总结的方法形成了大量研究成果；通过问卷调查、访谈、音档分析等多种方式收集数据，对样本代表性的考虑更为周全；使用概化理论等统计方法进行数据的整理分析。进入大数据时代之后，学者们更是创新性地将语料库同时作为研究对象和研究手段，产出了一系列科研含量高的学术成果。然而，我们也要看到，当前PSC研究成果中，思辨性探讨仍占多数，实证研究成果相对较少，对前沿问题的探讨也略显不足，目前PSC界鲜少出现国际上关注度较高的认知诊断、测评素养等问题的研究成果。

第六，测试学科正式确立。系统深化阶段，PSC研究在高校和研究机构中的广泛开展，以及国际学术交流的积极参与，为该领域进一步向前发展为一门学科奠定了良好的基础；专门学会的建立、理论专著的出版、测试工具书的问世，成为 PSC 学科的外在标志；研究生培养和博士后科研工作站的建立，专业课程的开设，为 PSC 学科提供了内在支撑。

总的来说，系统深化阶段的 PSC 学术研究在传承前两个阶段的基础上，不断创新研究范式、填充学科空白，展现出一种既有传承又有批判的学术关系。在所有研究者的共同努力下，PSC 研究正朝着科学之路不断前行。

第五章

普通话水平测试学术发展展望

PSC作为世界罕见的母语标准语口语测试，自其酝酿至今，一直受到学者们的思考与研究。历经40余年的学术积淀，它经历了萌芽起步、发展探索、系统深化三个阶段，取得了傲人的成绩。在这个过程中，涌现出了大量从事PSC研究的学者，他们中既有经验丰富的测试员，也有初涉此领域的新手，更有专业的测试科研工作者。同时，大量的教材也应运而生，既有针对培训的实用教材，也有供研究者参考的理论著作。两千余篇学术文章的发表，开辟了部分学术园地。硕士点、博士点和博士后工作站的设立，以及专门学会的成立，都标志着PSC学科地位的正式确立。我们有理由相信，在语言政策和法律法规的保障下，随着学科的不断发展，PSC学术研究必将迎来新的机遇，取得更加丰硕的成果。

然而，我们也应清醒地认识到，21世纪的世情、国情、语情都在发生深刻的变化。因此，PSC学术研究必须应时而动，进行理论更新、方法改进和工具升级的研究。具体而言，我们不仅要改进现有的测试，还要开发更具针对性的专项测试；不仅要深入开展科学研究，还要注重成果的转化应用；在加大自身研究力度的同时，更要积极寻求与其他学科的共融发展；同时，我们应坚持服务理念。这样，我们才能确保PSC学术研究始终走在时代的前沿，为语言测试领域的发展贡献更多的智慧和力量。

第一节 研制专项测试

40多年来，PSC研究主要聚焦于其研制和改进，但未来的研究应拓宽视野，研制普通话水平专项测试，努力将PSC打造成为一套体系完善的汉语测试精品。早在2003年吕建国等学者就提出了普通话水平专项测试的理念，尽管当时以"分类测试"的形式呈现，后续的研究者如屠国平（2007）、吴雪青（2007）等对其进行了补充，蒋冰冰、王颐嘉（2008）更是提出了较为可行的操作方案。然而，这些研究主要关注专业、行业及文化针对性，却忽视了年龄和地域因素在专项测试中的重要性。

《普通话水平测试管理规定》的相关条款明确将测试对象扩展至全体社会成员，这为普通话专项测试的研制提供了法规支持。PSC 以其科学性和可靠性赢得了广泛认可，不仅在母语者中受欢迎，也吸引了众多汉语二语学习者。然而，面对新兴的测试对象，如中小学和汉语二语学习者，他们或因年龄、心理发展水平的限制，或因知识水平的制约，并不完全适合现有的 PSC。测试对象的多样性与测试适用性的矛盾，对 PSC 而言既是挑战也是机遇。

作为测试工作者，我们应该积极应对这一挑战，研制更具针对性的专项测试，以满足不同测试使用者的需求。同时，加强测试科研，通过实证研究明确不同专项测试间的等级衔接，确保整个测试体系中各项测试成绩的可比性。这样，我们才能为测试使用者提供更优质的服务，推动 PSC 研究不断向前发展。

一 中小学生普通话水平测试

1958 年，国家领导人在谈及推普重点人群时，明确指出了在儿童和青年中推广的重要性。然而，作为接受普通话教学的重要人群，中小学生的测试需求长期以来却未能得到满足。朱丽红（2016b）在深入分析中小学生 PSC 的需求与现状后，提出了以等级标准和大纲研制为核心，借鉴 PSC 成果、结合语文课标、细化应试群体，并应用信息技术的研发方向。朱丽红的研究是具有开创性的，认识到少年儿童与成年人在知识结构和认知水平上的差异，进而提出推普效果评估工具应有不同的设计。然而，研究在效标选取方面尚待完善，且对小学中高年级学生和中学生的研究方案尚未公布，这些方面仍有待深入研究。

笔者认为，相较于现有 PSC，中小学生普通话专项测试应充分考虑以下特点：

首先，考生来源相对单一。从年龄层面看，应试者均为义务教育阶段的未成年人；从职业背景来看，他们均为学生群体，没有工作经历。

其次，测试任务应紧密贴合校园生活。语言是社会和心理现象的交织体现，因此，在试题命制时需充分考虑这一特点。中小学普通话专项测试的时候应关注应试人群体所处的校园语境，选取与校园生活紧密相连的话题，避免涉及他们较为陌生的社会其他领域话题，从而设计出更符合该群体特征的测试任务，有效引导出能够反映其普通话水平的言语表现。

最后，必须充分考虑中小学生的生理、心理特征及其知识发展水平。特别是针对小学低年级学生的测试，既要考虑其语言能力的发展，又要关注其发音器官的成熟度，以及识字水平的差异。测试设计应力求与中小学生的认知水平相契合，以获取具有代表性的语言样本。在测试开发过程中，应广泛征求不同学段语文教师的意见，以确定最能有效引出学生口语样本的任务类型。

中小学生作为普通话最大的学习和使用群体，对能够准确评估其普通话水平的测试有着迫切需求。因此，我们期待研发人员能够尽快完成与中小学生特点高度契合的中小学普通话专项测试的开发。

二 海外普通话水平测试

PSC作为一项应用性极强的母语标准语口语测试，紧密跟随时代步伐，明确瞄准了社会发展需求。其测试定位不仅面向国内，更是将视野拓展至海外，努力扩大测试对象群体并提升测试的影响力。

以习近平同志为核心的党中央，高度重视语言在传承和弘扬中华语言文化中的作用，党的十九大报告更是明确提出将构建人类命运共同体作为共产党人的使命。在这个过程中，要传递和表达一个国家的文化魅力、一个民族的凝聚力，靠的是语言这把打开"一国之门的钥匙"[1]。在"大国人文外交"背景下，汉语的国际化已成为不可逆的趋势。华人遍布世界各地，他们的语言背景多元丰富。李宇明（2014）等学者提出了"大华语"的概念，这反映了在华语圈中对于共同语言的认同和追求。为了在海外有效推广汉语，部分学者[2]认为应放宽语音标准。然而，要真正推广汉语，就应推广通行面最广、最标准、最规范的汉语——普通话，最有效的方法是采用PSC这一辅助手段。

随着我国综合国力的持续增强和国际影响力的不断提升，我国积极建

---

[1] 姚喜双：《语言是打开未来之门的钥匙》，《人民日报》2015年9月15日第5版。
[2] 侍建国、卓琼妍：《关于国家语言的新思考》，《语言教学与研究》2013年第1期。

立海外 PSC 测试站点。2016 年 12 月，国家普通话水平培训测试中心在荷兰建立了第一个海外测试站点。之后，海外测试中心在其他国家相继建立。2017 年 4 月，国家普通话水平培训测试中心在美国建立。海外测试中心的建立对全球大华语的形成起到了积极的推动作用，成为汉语国际传播的"传播源和接力站"[①]。这也对海外普通话水平专项测试的构建提出了更高的要求。

考虑到海外华人的学习背景、所处环境和语言需求的多样性，我们不能期望他们都能说出标准的普通话。但这并不意味着我们可以放宽普通话的标准。实际上，普通话的标准是明确的，只是针对不同人群的实际需求，可以对他们的普通话水平提出不同的要求。因此，在开发海外普通话水平专项测试时，我们应明确测试对象群体，并建立完整的测试体系和大纲，以确保测试的科学性。同时，我们应以"大语言观"为指导，用"全球视角"来审视和处理这一问题。

第二节 寻求共融发展

为确保 PSC 研究持续获得发展动力，就需从国际语言测试的土壤中汲取养分，同时从计算机等相关学科中获取支持和启发。与此同时，国际语言测试园圃亦能从 PSC 研究中汲取新的色彩与活力，而计算机等学科的发展同样受益于 PSC 研究的反哺。这种多学科的交融与互动，将为各方带来更加广阔的视野。

一 与国际语言测试共同发展

PSC 作为现代语言测试的一种，不仅符合一般语言测试的共性，其国家通用语口语测试的性质更是为其赋予了鲜明的中国特色。尽管 PSC 在语言测试领域起步较晚，但它在研发初期便积极引介并择善吸收了国外先进的语言测试理论、技术和方法。然而，随着 PSC 研究的不断深入，我们逐渐认识到，要真正推动 PSC 的发展，就必须立足普通话的实际，将国外经验与本土实践相结合，进而缔造出具有中国特色的语言测试理论。这一理论不仅有助于提升我国语言测试水平，更能反哺国际语言测试界，

---

① 李宇明：《大华语：全球华人的共同语》，《语言文字应用》2017 年第 1 期。

将我国国家通用语测试的声音和智慧传递给世界。

PSC研究的进步性，主要体现在建立先进的母语测试理论体系上。相较于国外大多数针对二语/外语的主客观相结合的测试，PSC这种针对母语者的纯口语测试显得尤为独特。传统测试理论中的信度、效度等质量评价指标，多基于二语测试理论而确立，而母语者的语言能力往往被视为同质的，这使得基于异质性确立的考试评价体系在母语测试中的适用性受到挑战。

我国作为母语标准语测试起步较早的国家，对母语测试系统的理念、开发、质量的探索已走在世界前列。然而，我们仍需意识到，研究水平仍有很大的提升空间。我国的测试研究者应进一步深化对母语评价标准理论建构的研究，以期填补世界语言测试界在母语标准语测试理论体系方面的空白。同时，我们还应积极将研究成果传递到国外，与国际语言测试领域分享我国在母语标准语测试方面的宝贵经验。

为了推动PSC的进一步发展，我们首先应加大母语测试理论研究的力度。目前，PSC研究虽不乏应用层面的经验总结和实证探索，但理论层面的探究仍显不足。一门学问要实现突破性发展，理论创新是关键。因此，未来的研究方向应立足中国国家通用语本质，创造出既体现中国特色，又能超越时代和文化阈限，具备一定普适性的母语测试理论。

此外，我们还应充分利用网络时代的开放特性，加强PSC的网站建设。随着PSC学术研究进入系统深化阶段，越来越多的国家开始关注并投入母语标准语测试的研发。我们应及时将PSC的前沿成果以中外文形式发布到网站上，为全球测试研究人员提供一个了解PSC学术发展动态的窗口。这不仅有助于提升我国在国际语言测试领域的学术地位，更能为其他国家母语标准语测试的开发提供有益的借鉴和参考。

二 与计算机学科共融发展

在信息化浪潮中，以计算机技术为核心的创新正深刻改变着各个领域，PSC与信息技术的交融呈现出诸多新特点。PSC不仅推动了信息化的进程，为评价技术与语音样本库提供了有力支持，更在计算机技术不断更新换代的背景下，促使测试手段更加现代化和智能化。

随着人工智能技术的深入研发，尤其在语音识别和自然语言处理两大领域，数据的重要性日益凸显。而PSC正为这些研发工作提供了宝贵的数据资源。来自全国各地的考生，他们的语音数据蕴含着丰富的口音、语速、语调等特征，为语音识别模型的训练提供了不可或缺的素材。同时，PSC的试题和答题内容也构成了自然语言处理技术的语料库，为机器理解、分析和生成普通话文本提供了重要基础。PSC的数据还具有标准化和可靠性的特点。严格的评分标准和程序确保了数据的准确性和一致性，为人工智能技术的训练提供了可靠的数据支持。这不仅提高了模型的稳定性和泛化能力，也为人工智能技术在更多领域的应用奠定了坚实的基础。

此外，人工智能的核心在于语言智能，即赋予机器学习和掌握人类语言的能力。而PSC在评估语言习得效果方面，发挥提供标准的重要作用。如正确率、流利度、自然度等，这些标准都与普通话的语音特征和最小辨别度紧密相关。以自然度为例，尽管人工语音合成技术已取得显著进展，但机器生成的语音仍常显机械，缺乏自然流畅感，在面临多音字时，也常出现语音错误。为解决这个问题，我们不仅需要先进的波形建模技术，更需要语言测试提供关于字词间节奏把控、停顿时长、轻重音处理等方面的标准支持。因此，从某种意义上说，人工智能的研究在一定程度上依赖于语言测试研究的引领。相应地，研究普通话的标准程度和熟练程度的PSC理论与方法，也为信息科学和人工智能科学的研究提供启发和推动力。

反过来，计算机科学的发展也在不断助推PSC的现代化进程。虽然目前PSC在机辅评分方面已经取得了一定进展，但仍有许多挑战需要克服。例如，在命题说话项的机辅评测方面，仍需要解决如何对未知话语进行连续性监测和反馈的问题。这需要我们借助计算机科学的最新成果，结合语言本体研究，不断推动PSC测试手段的现代化和智能化。

综上所述，普通话水平测试与计算机科学的交融不仅为人工智能领域提供了丰富的数据资源和技术支持，也推动了PSC测试手段的现代化和智能化。未来，随着技术的不断进步和应用领域的不断拓展，我们有理由相信，PSC将在人工智能和计算机科学领域发挥更加重要的作用，为人类社会的发展作出更大贡献。

第三节　转化科研成果

提及科研成果转化，当前似乎普遍倾向于将其与经济效益直接挂钩，强调其必须带来经济回报。然而，产学研相结合固然是科研成果转化的重要途径之一，但我们更应深入思考另一个层面：科研成果如何更好地服务社会，如何让更多的人受益，以及如何为公益事业贡献力量。作为研究人员，这些问题应当成为我们思考的焦点，不仅关注经济效益，更要关注科研成果在社会公益方面的广泛应用和深远影响。

一　科研指导实践

目前，我们已经建立了一支规模庞大的测评员队伍。他们在日常测试工作中发现问题，并进行钻研，形成了比较系统的想法，并撰写为科研论文，进一步壮大了科研队伍。在测试科研成果不断涌现的今天，我们更应该及时整理学术研究成果，将学者的智慧转化为测试实践的动力。以系统深化阶段之初学者提出的"字化"现象为例，我们可以将这一成果纳入测评员培训中，结合语音材料，帮助测评员建立"字化"的语音形象，并在评分细则中明确相应的处理方案。这样，我们才能真正实现以科研指导工作实践，让测试科研成果真正为测试发展服务。此外，随着机辅测试进入正式使用阶段，大量语音信息的积累为我们提供了新的研究机遇。例如，罗威（2015）基于 B/S 系统、PHP 语言设计的语音缺陷信息分析系统，能够有效提取应试者的语音偏差与测试站的评分偏差。如果能将这一研究成果应用到实践中，将为广大普通话学习者提供极大的便利，帮助他们精准锁定学习重点，提高学习效率。

二　成果助推发展

科研成果的转化不仅体现在用现有研究指导实践，更在于充分利用测试中积累的丰富材料。其中，建立方言语音语料库和提高语音的自动识别能力尤为关键。

随着语音智能技术的日益成熟，指令语言的转化成为实际应用中的关键一环。这意味着我们需要先将方言转换成普通话，再生成机器可理解的指令。因此，在人们的普通话水平尚不完美的现状下，我们可以利用 PSC 积攒的带有方言色彩的语音样本，建立方音语料库。通过匹配带有方言色彩的普通话和标准普通话，使计算机进行学习，最终实现自然语音的自动识别。

除了方音语料库，构建少数民族地区普通话测试语音语料库同样具有重要意义。这不仅有助于推动"一带一路"倡议的实施，更能深化我们的语言研究。我国少数民族使用的语言与"一带一路"共建国家的语言存在诸多相同或相近之处。建立这些地区人们的普通话测试语音语料库，分析他们普通话学习中的典型问题，并将这些经验反馈到对"一带一路"国家人民的汉语教学中，将极大地提升这些地区汉语学习的质量和效率。

第四节　加大研究力度

虽然PSC研究取得了丰硕成果，但由于研究的不平衡和随着时代发展而出现的一些新问题，PSC需要在很多方面加强研究。

一　加强薄弱问题研究

当前，PSC在测试比较和测试质量方面的研究尚显薄弱，而测试比较能够促使测试之间互相借鉴、取长补短。因此，测试研究者应加强对PSC与国内外成熟语言测试的比较研究，从中汲取灵感，推动自我完善与持续进步。按照现代语言测试理论，测试质量的评价指标主要是难易度、区分度、信度和效度。目前，PSC在难易度研究上取得了一些成果，然而在其他三个指标方面，不论是研究数量还是成果质量都还有很大的提升空间。特别是构念效度这一关乎测试灵魂的指标，更需加强研究。此外，虽然当前对语言要素的研究已经相对充分，但鉴于PSC主要侧重于考查应试人的语音面貌，对语言要素的研究重点也主要集中在语音方面。未来，我们应加强对词汇、语法等因素的考查研究，重视系统性、综合性的多维研究，以期对PSC的研究更加全面深入。

二　加强动态问题研究

PSC以我国标准语为测查内容，而标准语的形成要经历一个非常复杂的标准化过程。由于语言的渐变性特点，标准语也不是一经形成就不再改变的，而是随着时代的变迁动态发展。在不同的历史阶段，标准语的标准也会有所差异，甚至可能在某一时期被认为是错误的说法，在另一个时期又变得正确。尤其在当今的"互联网+"时代，语言，尤其是词汇，呈现出前所未有的快速更新态势。因此，相关学者亟须研制出针对PSC的词汇评估依据，以便为评分员在测试实践中遇到此类问题时提供统一的评判标准，从而提高测评信度。

三　加强学科建设研究

PSC作为一门新兴的交叉学科，与世界上其他学科的发展轨迹相似，必然会经历一个由小到大、从弱转强的成长过程。为了促进PSC的快速发展，我们需要在测试实践所提供的广阔空间中，围绕普通话水平的界定这一核心理论，探索具有本学科特色的理论和方法，并深入开展学科建设研究。

PSC的学科基础广泛而深厚，涵盖了哲学、语言学、教育测量学、心理测量学等多个领域，这些学科的理论为PSC提供了坚实的支撑。一些学者，如聂丹（2012）将PSC的理论来源划分为内容学科和方法学科，而王晖（2013）则从理论体系和实践体系两个维度提出了PSC的学科体系模式。面对如此丰富的研究内容和错综复杂的学科关系，PSC研究者需要理清各学科之间的内在联系，明确研究层次，确立研究主线。姚喜双等（2011）已经在这方面作出了一定的探索，他们将准确区分应试者的普通话水平确定为PSC的研究主线。然而，目前学界对于如何围绕这一主线展开研究，以及如何在研究主线的引领下进行学科建设，还讨论得不够充分。因此，这将是未来研究需要进一步加强的方面。

四　加强学术保障研究

在PSC领域，无论是理论上的突破、方法上的创新、技术上的提升，还是体系上的完善，都离不开研究者的深入探索和实践。因此，建设高水平的研究团队和培养优秀的研究人才，对于推动PSC学术研究至关重要。

目前，我们已拥有一支由老、中、青三代学者组成的研究队伍，以及从硕士研究生到博士后科研工作站的人才培养机制。然而，为了确保研究人才不出现断层，我们需要更加高效地进行人才培养，吸引更多优秀人才加入这一领域。为此，我们应积极探索PSC研究所需的基础性和专业性知识构成，研究制定从本科生开始的PSC专业人才培养方案，并建立起从本科阶段开始的学科教育体系，以培养具备扎实专业知识和全面知识体系的研究者。当然，人才的培养离不开资源的投入。我们必须思考如何提高教育投资效益，避免人力资源的浪费，确保受过专业训练的研究人员能够长期投身于PSC研究。

此外，研究阵地作为学者们发表成果、交流心得的平台，其重要性不言而喻。对于 PSC 的发展而言，没有出版就没有 PSC 的繁荣，没有高水平的学术刊物就没有高质量的研究。尽管我们已有《语言文字应用》《语文建设》等学术阵地，但相对于年测试量 700 万人次的 PSC 事业，这些阵地远远不能满足需求。因此，我们一方面需要提升研究主体的科研实力，力争产生更多高含金量的研究成果；另一方面，也需要研究如何获得更多的学术资源支持，开创学术成果发表的新局面。

第五节 增强服务意识

"服务型政府"理念的提出，为服务型测试的发展提供了契机。2003 年，中共中央十六届三中全会上明确提出了"服务型"政府经济管理职能的转变，这一转变不仅标志着政府服务意识的提升，更成为推动整个社会意识向服务型转变的风向标。作为政府主导的测试，PSC 应当紧密跟随这一时代潮流，积极加强服务意识，以满足社会发展和人民群众的需求，推动测试工作向更高水平迈进。

一 服务国家战略

PSC 研究应深度服务国家战略，与国家语言文字事业的推进紧密相连。自中华人民共和国成立起，推广普通话便成为国家的重要语言战略，而 PSC 作为配合国家的推普工作的测试工具，其重要性不言而喻。在《国家中长期语言文字事业改革和发展规划纲要（2012—2020 年）》中，大力推广和普及国家通用语言文字更是被列为六大任务之首，凸显了其在国家语言文字战略中的核心地位。在当前的脱贫攻坚战中，语言文字的作用愈发凸显。为消除因语言不通导致的脱贫障碍，教育部、国家乡村振兴局和国家语委联合印发的《推普脱贫攻坚行动计划（2018—2020 年）》（以下简称《计划》）明确提出，无论是在普通话培训、就业脱贫方面，还是在公务员、学校推广普通话方面，都需要 PSC 研究的服务和支持。

首先，PSC 研究应精准定位贫困地区国家通用语学习的重点，作为诊断工具，为当地人们的语言问题提供解决方案。通过深入分析，确定学习的重点和难点，进而编制针对性的培训材料，设定适当的培训目标，从而有效提高青壮年农牧民的国家通用语应用能力。

其次，PSC 应肩负起监督贫困地区公务员、教师群体国家通用语达标的重任。虽然《计划》对这些群体的国家通用语掌握情况提出了具体要求，但缺乏有效的监控机制，这些要求很容易成为空谈。作为权威的国家级测试，PSC 可以且必须承担起这一监督职责，确保这些群体的国家通用语水平真正达标，以满足国家战略的需求。

再次，PSC 研究还应致力于构建贫困地区普通话学习和培训的长效机制。虽然一系列的大学生暑期社会实践专项活动已经激发了贫困地区人们学习国家通用语言的热情，但语言学习是一个持续的过程，因此，研究者需要设计过程性检测题目，通过设置连续性的学习门槛，帮助学习者明确目标，通过一个个小目标的实现体验成就感，从而保持长久的学习兴趣。

最后，通过 PSC 培训研究，我们不仅可以提升贫困地区人们国家通用语能力，更可以激发他们的学习热情，使他们成为普通话的积极传播者。PSC 研究者应深入研究贫困地区学习者的学习心理和特点，探索适合当地的普通话培训模式，开发特色课程，将国家通用语学习和职业技能提升、农业技术培训相结合，让学习者真正体会到掌握国家通用语言的实际价值，从而产生学习国家通用语言的内驱力，并带动更多人加入学习国家通用语言行列，真正实现语言扶志、语言扶智的目标。

二　服务个体需求

PSC 研究应致力于服务测试成绩使用者，这是当前我国以第三产业为主、强调主体间性思维模式的社会发展的必然要求。在"服务"意识日益凸显的时代背景下，"定制"服务成为行业发展的关键词，这同样适用于普通话测试培训领域。

首先，我们应着力发展测试培训的个性化服务功能。虽然 PSC 作为国家级测试，需要保持一定的权威性和仪式感，但培训环节应更加灵活高效。考虑到现代社会的快节奏特点，人们越来越倾向于利用碎片时间进行学习充电。因此，PSC 研究人员应紧跟技术革新的步伐，借助大数据技术和认知心理学的研究成果，开发出适用于各种电商平台的、单元耗时短且能记录学习者普通话动态变化的学习软件。这样，普通话学习者便可以根据自己的时间安排，随时随地进行学习，并借助后台提供的普通话水平动态变化记录，了解自己的普通话学习轨迹和进步情况。这不仅有助于增强学习者的学习体验，更能激发他们持续学习的动力和信心。

其次,我们应充分挖掘测试的诊断服务功能。PSC 的宗旨在于"以测促训",即通过测试达到促进人们普通话水平提升的根本目的。因此,其成绩报告应更多地体现测试的发展性功能,而不仅仅是甄别功能。目前的"分数+等级"报告方式虽然能鉴定应试人的普通话水平等级,但忽略了相同分数下应试人之间的个体化差异。为了弥补这一缺陷,PSC 研究者应在分数解释上做出更多努力,为成绩使用者提供更为丰富和深入的反馈信息,包括诊断信息等。这样,应试人就能更清楚地认识自己的普通话能力,明确进一步提升的方向;普通话培训教师也能更准确地把握学习者的能力短板,为制订训练计划提供参考;而普通话成绩使用单位则能更全面地了解应试人的普通话能力构成,做出更为准确的决策。

第六章

结　语

普通话测试研究历经四十余载春秋，回顾这段学术旅程，可谓是从无到有、由弱渐强的艰辛跋涉。在这段岁月里，学者们不断探索学科理论与研究方法，出版了学术论著，组建了专业的学术团体，逐步确立了学科地位，并建立了完善的人才培养体系。根据这一过程中出现的重大学术事件、学术成果的数量以及学术研究的特点，本书将PSC学术研究历程划分为三个阶段：萌芽起步阶段、发展探索阶段以及系统深化阶段。在每一个阶段中，都出现了一些有影响力的学术成果和主导学术潮流的杰出学者，他们共同推动了普通话测试研究的不断进步与发展。

第一节　主要结论

PSC虽然起始于政策文件的指导，带有一定的行政指令性，但作为一项高风险测试，其"科学性"一直是人们更加关心的问题。如何让测试分数更加精准、公正、稳定地反映个体的普通话水平，成为研究者共同的学术旨趣？通过对PSC学术发展的研究，我们得出以下七点结论：

第一，PSC研究具有领域拓展性。从萌芽起步阶段的初步探索，到发展探索阶段的领域拓宽，再到系统深化阶段的全面深化，PSC研究逐渐构建起了完整的内容框架。学术成果的数量和质量均大幅提升，专题研究不断涌现，为后续的学术研究奠定了坚实基础。

第二，PSC研究呈现出螺旋式发展特性。不同时期的研究者会对同一问题予以关照，这些关照表面看似相同，实则蕴含了深度的变化和进步。这种螺旋式的发展体现了PSC研究在深度和广度上的不断拓展和深化。

第三，PSC研究具有"双实"特性。这里的"双实"指的是实践与实证。一方面，研究者们紧密结合测试实践，将实际问题作为研究焦点，推动PSC研究的深入发展；另一方面，学者们注重实证研究，通过大量实验和数据分析，确保研究成果的精确性和科学性。

第四，PSC研究具有科研项目引领性。在各级科研项目的支持下，PSC研究得以针对重大问题进行深入探索，取得了一系列重要成果。这些成果不仅推动了PSC学术发展，也提升了其在社会大众中的认可度和权威性。

第五，PSC学术观点逐渐走向全面。随着研究的深入和技术手段的进步，学者们对问题的认识更加全面，解释更加深入。这种全面的认识使得解决方案更加周全，为实际问题的解决提供了有力支持。

第六，PSC学术研究人才的迭现性。研究的发展离不开人才的支撑，而PSC在不同的阶段均涌现出了一批具备卓越研究素养的学术骨干和核心力量。老一辈学者在20世纪80年代便开启了测试研究之门，他们是PSC研究的拓荒者，他们中的很多人至今依旧保持着旺盛的学术活力，发挥着学术引路人的作用。中生代学者于20世纪90年代中期投身于PSC研究，成为推动学科发展的中坚力量。他们不仅将PSC确立为一门正式学科，更组建起研究团队、培养了一批研究人才，产出了一系列具有影响力的学术成果。而新生代学者则以21世纪培养的PSC方向的硕士、博士研究生为主体，他们在老一辈和中生代学者的悉心指导下，正活跃于测试研究的各个前沿领域，为学科的持续发展注入新鲜血液。

第七，PSC的学术研究正逐步突破传统的研究范式，建立新的研究范式。在推进学术研究的进程中，PSC充分重视逻辑分析、调查研究以及实验实践的重要性，从而推动了测试学术的稳步前行。这种新的研究范式不仅注重理论探索，更强调实证研究和应用创新，为PSC的未来发展奠定了坚实基础。

PSC作为20世纪80年代初才刚刚兴起的一个崭新的研究门类，其学术发展取得了一定的成就。在理论探究、考试设计、题目分析、题库建设、评分原则和手段、语料库建设、测评质量以及后效研究等多个维度，PSC均取得了一定的成果，并逐步确立了其在学术界的地位。作为一门交叉学科，PSC拥有广阔的研究空间，尽管与其他成熟学科相比仍显年轻，但其发展潜力巨大。展望未来，PSC应继续丰厚其理论基础，不断创新研究方法，努力将学术"逆差"变为学术"顺差"。只有这样，PSC才能从语言学及应用语言学领域中的一个微小分支，逐渐发展成为一条波澜壮阔的大河，在学科发展的洪流中奔腾不息，滋养更多学者和学子的心灵。

第二节 研究价值

首先，本书创新性地提出了 PSC 学术研究"三阶段四时期"的分期方法。过往虽已有众多具有影响力的 PSC 分期研究论著，但多数是以 PSC 活动为考察对象，以事业发展为分期标准。与之不同，本书以 PSC 学术成果为研究对象，以学术发展作为分期依据，将 PSC 学术发展划分为萌芽起步、发展探索、系统深化三个阶段，并将萌芽起步阶段进一步细分为标准讨论和标准建立两个时期。尽管在时间节点上与前人的划分存在部分重合，但由于学理基础的差异，这种划分方法更能精确地反映 PSC 学术发展的独特轨迹。

其次，本书首次提出将口头访谈研究正式纳入 PSC 研究范畴。过去，虽然也有学者在学术研究中进行了口头访谈，但并未将访谈内容作为学术作品的一部分。本书通过深入访谈 PSC 领域不同时期的领军学者，请他们亲自评价自己的作品，分享自己的学术贡献，为我们提供了全新视角来正确看待和理解这些学术成果，并深入了解了领军学者的学术思想。

最后，本书在研究方法上采用了长视角、宽范畴的研究策略。相比以往的一些研究，虽然也有观点新颖之作，但其研究的时间跨度往往受到限制，且研究对象主要局限于期刊论文。而本书以 1982 年为起点，一直延伸至 2023 年，是迄今为止时间跨度最长的 PSC 研究专著。从研究范围来看，本书不仅涵盖了期刊文章，还包括了学位论文、学术论著等多种类型的学术成果，是迄今为止覆盖面最广的 PSC 研究专著。这样的研究方法不仅有助于全面、深入地揭示 PSC 学术发展的历程和特点，也为未来的研究提供了更为丰富和全面的资料基础。

第三节 研究不足

首先，本书在访谈对象的选取上，虽然力求代表性和广泛性，但受时间限制，仅选取了 6 位学者进行访谈。这些学者无疑都是各时期的代表性人物，他们的观点和看法能够较好地反映其所在时期的学术特点和水平。

然而，为了更全面地了解 PSC 学术发展的全貌，未来如有条件，我们将进一步扩大访谈对象的数量，以期更广泛地涵盖不同学术观点和研究方向的学者。

其次，在资料收集方面，尽管本书已经尽可能收集了各学术分期的代表性成果，但受客观条件的限制，难免存在疏漏之处。未来的研究将进一步拓宽资料收集的渠道和范围，力求更为全面、准确地反映 PSC 学术发展的历史脉络和现状。

最后，本书在呈现学术成果和品评学术作品时，力求客观、科学，但由于学术眼光和自身理论修养的限制，可能存在对学术材料价值判断的偏差，以及对学术成果点评不到位的情况。这既是本书的不足之处，也为后续学术成长和研究留下了空间。在未来的研究中，我们将积极借鉴思想史等学科的研究方法，不断提升自己的理论修养和学术视野，以期更准确地把握 PSC 学术发展的内在逻辑和趋势。

参考文献

【中文参考文献】

著作

北京市语言文字测试中心编:《语海蠡测——语言文字测试研究文集》,学苑出版社 2017 年版。

北京市语言文字测试中心组编:《北京市语言文字培训测试研究文集》,首都师范大学出版社 2011 年版。

陈章太:《语言规划研究》,商务印书馆 2005 年版。

戴梅芳主编:《普通话水平测试研究》,语文出版社 1997 年版。

国家语言文字工作委员会普通话培训测试中心编:《首届全国普通话水平测试学术研讨会论文集》,语文出版社 2003 年版。

国家语言文字工作委员会普通话培训测试中心编:《第二届全国普通话水平测试学术研讨会论文集》,商务印书馆 2006 年版。

国家语言文字工作委员会普通话培训测试中心编:《第三届全国普通话水平测试学术研讨会论文集》,语文出版社 2009 年版。

国家语言文字工作委员会普通话培训测试中心编:《第四届全国普通话培训测试学术研讨会论文集》,语文出版社 2010 年版。

国家语委普通话与文字应用培训测试中心编:《普通话水平测试二十年》,语文出版社 2016 年版。

国家语言文字工作委员会普通话培训测试中心、《语言文字应用》编辑部合编:《普通话水平测试的理论与实践》,商务印书馆 1998 年版。

韩玉华:《普通话水平测试发展历程》,语文出版社 2014 年版。

李海英:《普通话水平测试(PSC)的社会语言学阐释》,齐鲁书社 2006 年版。

聂丹：《普通话水平测试研究概说》，语文出版社 2012 年版。

聂丹：《汉语口语测试任务难度影响因素探究》，北京语言大学出版社 2012 年版。

上海市普通话培训测试中心编：《普通话水平测试手册》，上海教育出版社 1998 年版。

上海市普通话培训测试中心编：《普通话水平测试研究》，上海教育出版社 2002 年版。

上海市普通话测试中心编：《普通话水平测试理论与实践》，百家出版社 2006 年版。

宋欣桥编：《普通话水平测试员实用手册》，商务印书馆 2000 年版。

宋欣桥主编：《香港普通话测试研究与发展》，香港：商务印书馆 2007 年版。

屠国平：《普通话水平测试研究》，浙江大学出版社 2010 年版。

王晖：《普通话水平测试阐要》，商务印书馆 2013 年版。

王渝光、杨瑞鲲、李洪平：《语言信息处理与普通话水平测试》，云南大学出版社 2010 年版。

姚喜双、韩玉华、聂丹、黄霆玮、孟晖：《普通话水平测试概论》，高等教育出版社 2011 年版。

赵元任：《中国话的文法》，丁邦新译，中文大学出版社 1980 年版。

期刊报纸

艾伦、王陆、张鸽：《汉语标准普通话水平训练和自动测试系统》，《中国电化教育》2004 年第 7 期。

蔡玉芝：《试析普通话水平测试中应试者的心理作用》，《河南大学学报》（社科版）1997 年第 6 期。

曹冬：《农村中小学教师普通话水平现状分析及对策》，《当代教育论坛》2006 年第 14 期。

曹奎、李继芳：《基于 Ms Mail 的考务管理信息系统的开发》，《计算机工程与应用》2000 年第 3 期。

陈典红：《浅谈普通话水平测试成绩的复审》，《语言文字应用》2007 年第 S1 期。

陈芳：《论普通话测试与词汇规范》，《福建师范大学学报》（哲学社会科学版）2007 年第 6 期。

陈山青：《普通话水平测试的等级与量化》，《株洲师范高等专科学校学报》2000年第1期。

陈小燕：《论轻声词界定的必要性、一致性原则——对〈现代汉语词典〉轻声词的计量研究》，《语言文字应用》2004年第1期。

陈章太：《略论汉语口语的规范》，《中国语文》1983年第6期。

陈章太：《论普通话水平测试等级标准》，《语言文字应用》1997年第3期。

陈忠：《PSC和CET两类语言测试的异同及启示探析》，《长江大学学报》（社会科学版）2006年第4期。

程明：《普通话水平测试试卷的科学编制及规范使用》，《语言文字应用》1997年第3期。

程相文：《论〈汉语普通话教程〉的总体设计》，《语言教学与研究》1996年第3期。

迟永长：《师范院校普通话水平测试研究》，《教育科学》1997年第3期。

丁迪蒙：《对普通话水平测试的几点思考》，《上海大学学报》（社会科学版）2002年第5期。

董滨、赵庆卫、颜永红：《基于共振峰模式的汉语普通话中韵母发音水平客观测试方法的研究》，《声学学报》2007年第2期。

杜青：《普通话水平测试的几点提示》，《现代传播—北京广播学院学报》1999年第1期。

段汴霞：《普通话教学自我评估方法初探》，《语文建设》1997年第8期。

段灵：《普通话水平测试对象的心理研究》，《玉溪师专学报》1997年第2期。

方玲：《用测试推广普通话的学习》，《广西医科大学学报》1999年第S2期。

方绪军、杨惠中、朱正才：《制定全国统一的语言能力等级量表的原则与方法》，《现代外语》2008年第4期。

方绪军、杨惠中、朱正才：《语言能力"能做"描述的原理与方案：以CEFR为例》，《世界汉语教学》2011年第2期。

冯惟钢：《香港学生普通话教学中的几个问题》，《世界汉语教学》

1999 年第 2 期。

高廉平:《关于"语音缺陷"判定的思考》,《重庆电大学刊》1996 年第 4 期。

龚健:《论盲人普通话水平测评及测试信度》,《文山师范高等专科学校学报》2006 年第 2 期。

龚千炎:《我们的设想》,《语言文字应用》1992 年第 1 期。

郭棨、阮明华:《计算机辅助普通话水平测试"命题说话"项交际策略研究》,《语言文字应用》2012 年第 S1 期。

韩承红:《试论普通话轻声词标准的统一问题》,《中华文化论坛》2003 年第 3 期。

韩玉华:《香港考生在普通话水平测试"说话"中几种常见的偏误分析》,《语言文字应用》2006 年第 3 期。

韩玉华:《普通话水平测试等级标准样本库采集方案初探》,《语言文字应用》2010 年第 4 期。

韩玉华:《普通话水平测试(PSC)语音样本库建设方案研究》,《语言文字应用》2015 年第 1 期。

何干俊:《农村欠发达地区推广普通话的思考与实践》,《农业考古》2010 年第 6 期。

何广见:《语音缺陷的确认和评判》,《四川师范学院学报》(哲学社会科学版)2003 年第 2 期。

何国祥:《香港普通话科教师基本要求研究》,《语文建设》1994 年第 1 期。

何文征:《加强普通话水平测试客观性》,《语文建设》1998 年第 9 期。

贺凤来:《普通话水平测试"话题"解析》,《城市学刊》2016 年第 5 期。

贺虎:《关于对我省民族地区普通话水平测试的几点思考》,《青海民族研究》2002 年第 4 期。

贺静坤:《普通话水平测试研究综述》,《鲁东大学学报》(哲学社会科学版)2008 年第 6 期。

蒋冰冰、王颐嘉:《普通话水平行业测试可行性调查及方案研究》,《中国文字研究》2008 年第 2 期。

金慧宁：《我们测试普通话的标准和方法》，《语文建设》1988年第5期。

金跃刚、李宁：《PSC轻声评判策略》，《语言科学》2006年第3期。

康健：《普通话"说话"测试应试分析》，《贵州师范大学学报》（社会科学版）1999年第3期。

黎昌友：《浅谈如何确保PSC的客观公正性》，《川东学刊》1998年第4期。

李斌、高广安：《基于Elan的湖南省普通话水平测试等级标准样本库建设探索》，《语言文字应用》2012年第3期。

李岚：《高师进行普通话教学探析》，《高教论坛》2003年第4期。

李宇明：《汉语的层级变化》，《中国语文》2014年第6期。

厉兵：《普通话测试可行性分析》，《语文建设》1988年第4期。

梁永红：《配合PSC开设选修课有助于提高医学生综合素质》，《广西医科大学学报》2004年第S1期。

林海燕、赵寰宇：《盲人普通话水平测试的效度与题型问题研究》，《吉林师范大学学报》（人文社会科学版）2009年第3期。

林茂灿、颜景助：《北京话轻声的声学性质》，《方言》1980年第3期。

刘导生：《新时期的语言文字工作》，《语文建设》1986年第Z1期。

刘宏：《加快"过渡语"研究的步伐》，《语文建设》1999年第4期。

刘惠彬：《关于艺术院校学生普通话水平测试的几点思考》，《新疆师范大学学报》（哲学社会科学版）2006年第2期。

刘丽静：《论"普通话培训与测试"课程教学有效训练的途径》，《高教学刊》2015年第8期。

刘俐李：《普通话水平测试标准的音位学思考》，《语文研究》2001年第1期。

刘朋建：《〈普通话水平测试实施纲要〉修订的基本原则》，《语言文字应用》2020年第3期。

刘庆升、魏思、胡郁、郭武、王仁华：《基于语言学知识的发音质量评价算法改进》，《中文信息学报》2007年第4期。

刘行军、孟祥贵：《普通话分级测试暂行办法》，《渤海学刊》1992年第2期。

刘英林:《普通话水平考试的理论思考与标准化》,《中国语文》2001年第1期。

刘玉琴:《试述建立语音形象之必要——关于如何缩小误差,提高普通话测评信度的思考》,《昆明师专学报》1995年第4期。

刘照雄:《推广普通话的重要举措——普通话水平测试简论》,《语言文字应用》1994年第4期。

刘照雄:《〈普通话水平测试大纲〉的编制和修订》,《语言文字应用》1997年第3期。

刘照雄:《〈普通话水平测试实施纲要〉概述》,《语言文字应用》2004年第3期。

卢开礴:《普通话水平测试的回顾与前瞻》,《云南电大学报》1997年第2期。

鲁允中:《普通话水平测试刍议》,《语文建设》1987年第3期。

罗珊:《普通话水平测试基本系统分析及其优化》,《中国科技信息》2007年第24期。

吕嵩崧:《靖西壮语~普通话中介语的语序、句式和句类特点——靖西壮语~普通话中介语语法特征之一》,《百色学院学报》2008年第1期。

孟晖:《从普通话水平测试谈新时期普通话的语音规范》,《语言文字应用》2000年第1期。

孟晖:《播音员主持人在普通话水平测试中常见语音问题分析与对策》,《语言文字应用》2012年第2期。

聂丹:《普通话水平测试话题难度及影响因素探究》,《考试研究》2011年第3期。

聂丹:《关于普通话水平测试研究走向的思考》,《语言文字应用》2011年第2期。

彭国安、杨益斌:《普通话水平测试朗读作品语病摭谈》,《当代教育论坛》2003年第3期。

彭国强:《从普通话水平测试看中师普通话教学》,《语文建设》1998年第11期。

彭红:《普通话地方辅助教材刍议》,《语文建设》1995年第2期。

齐军华:《从复审看计算机辅助普通话水平测试的几个问题》,《语言文字应用》2018年第3期。

齐影:《普通话水平测试"一级甲等"复审的分析及思考》,《语言文字应用》2010年第4期。

钱华:《普通话测评"说话"项负面因素探析》,《龙岩师专学报》2002年第4期。

钱华:《普通话测评"时间限制"问题刍议》,《湖州师范学院学报》2003年第4期。

钱华:《普通话水平测试员综合考核指标体系构建研究》,《绍兴文理学院学报》(哲学社会科学)2006年第4期。

钱维亚:《规范中的不协调——浙江省普通话水平测试卷调查分析》,《浙江传媒学院学报》2006年第1期。

邱静远:《汉语能力类测验的题型分析》,《中国考试》2011年第9期。

屈哨兵、刘慧琼:《普通话水平测试(朗读部分)的一个群案调查及相关分析》,《语言文字应用》2004年第1期。

任明:《普通话水平测试标准献疑》,《辽宁师专学报》(社会科学版)1999年第1期。

史定国:《普通话中必读的轻声词》,《语文建设》1992年第6期。

侍建国、卓琼妍:《关于国家语言的新思考》,《语言教学与研究》2013年第1期。

宋欣桥:《普及普通话的语音标准框架》,《语文建设》1991年第10期。

宋欣桥:《"普通话水平测试"评分中的几个问题》,《语言文字应用》1997年第3期。

宋欣桥:《普通话水平的语言表征与相应的测试等级》,《语言文字应用》2000年第3期。

苏晓青:《师范院校开展普通话水平测试工作的一些思考》,《语文建设》1997年第12期。

孙海娜:《普通话水平测试"一级甲等"评审的若干问题》,《语言文字应用》2007年第4期。

孙海娜:《浅析〈计算机辅助普通话水平测试评分试行办法〉》,《语言文字应用》2010年第4期。

孙惠欣、付志红:《对提高朝鲜族大学生普通话水平的思考》,《延边大学学报》（社会科学版）2001 年第 4 期。

孙田歌、张蒲荣：《试论完善普通话水平测试机制的有效途径》，《渭南师范学院学报》2003 年第 3 期。

孙修章：《"普通话水平测试标准"的研制与实践》，《语言文字应用》1992 年第 1 期。

覃凤余：《关于普通话水平测试软性评分的几点看法》，《广西大学学报》（哲学社会科学版）2002 年第 5 期。

覃凤余、褚俊海：《普通话韵母 ing 的音值》，《暨南大学华文学院学报》2007 年第 1 期。

汤霖、黄建中、尹俊勋：《普通话声母的客观评测》，《计算机应用》2010 年第 4 期。

汤玫英：《普通话测前培训要实现四个转变》，《语言文字应用》2012 年第 S1 期。

汤志祥、谭成珠、韩萱：《多语制下香港普通话教材的"语言偏离"现象》，《世界汉语教学》2000 年第 3 期。

陶昱霖、孙海娜、王敏：《〈普通话水平测试用普通话词语表〉的修订》，《语言文字应用》2020 年第 3 期。

田皓：《PSC"说话"评分标准缺失分析》，《湖南城市学院学报》2003 年第 4 期。

田皓：《公务员普通话培训模式构建》，《当代教育论坛》2005 年第 6 期。

田晋音、文红：《普通话声调测试与训练有关问题初探》，《四川教育学院学报》2001 年第 1 期。

田克军、王亚勤：《普通话语音诊断辅助手段现代化研究报告》，《语言文字应用》2007 年第 S1 期。

田小琳：《中国内地与香港特区普通话水平测试之比较研究》，《中国语文》2001 年第 1 期。

佟乐泉：《不断提高普通话水平测试的科学水平》，《语言文字应用》1997 年第 3 期。

屠国平：《普通话水平测试员审音失度之成因及对策》，《绍兴文理学院学报》（哲学社会科学版）2000 年第 2 期。

屠国平：《普通话水平测试说话项评分的几个具体问题》，《绍兴文理学院学报》（哲学社会科学版）2002年第3期。

屠国平：《普通话水平测试员培养规格与培养模式思考》，《绍兴文理学院学报》（哲学社会科学）2003年第4期。

汪磊：《试论普通话水平测试语料的选择原则》，《语言文字应用》2005年第2期。

王彩豫：《普通话水平测试评分信度调查分析》，《汉语学报》2005年第4期。

王彩豫、曹艳丽、王群生、李德龙：《普通话测试教材研究》，《湖北师范学院学报》（哲学社会科学版）2012年第5期。

王晖：《略论普通话水平测试的评分系统》，《语言文字应用》2004年第3期。

王晖：《普通话水平测试20年：三次浪潮和三方面创新》，《语言文字应用》2015年第1期。

王晖、曹昭、云天骄：《普通话水平测试发展历程的分期》，《语言文字应用》2013年第3期。

王均：《新时期和推广普通话》，《文字改革》1985年第2期。

王玲玲：《试析普通话水平测试中"说话"的评分误差》，《南京社会科学》1999年第6期。

王明东：《精确与模糊——也谈普通话的口语测试》，《语文建设》1996年第5期。

王小潮：《浙江人在普通话水平测试中的声调问题》，《浙江大学学报》（人文社会科学版）2001年第1期。

王渝光：《试论普通话测试标准的方法论基础》，《云南师范大学学报》（哲学社会科学版）1993年第6期。

王渝光、陈典红、杨万兵：《普通话水平测试题库建设的理论与实践》，《语言文字应用》1997年第3期。

王渝光、姚一斌、张雷、杨志明：《现行普通话水平测试的质量评析与改进——兼答〈方言区普通话测评中的负面因素〉一文》，《语言文字应用》2002年第4期。

韦素玲、王继杰：《基于PB技术的计算机辅助普通话水平测试报到抽签系统的开发与应用》，《高教论坛》2011年第11期。

文红：《从普通话水平测试看声调、语调教学的重要性》，《桂林市教育学院学报》（综合版）2000年第3期。

文薇：《纳西族学生学习普通话教学研究》，《保山师专学报》2002年第1期。

吴访升、陈璐、樊矫、秦士嘉：《学讲普通话多媒体CAI课件的设计及实现》，《中国电化教育》2001年第9期。

吴慧：《影响普通话水平测试成绩的非语音因素探讨》，《语言文字应用》2012年第S1期。

吴慧、乔丽华、朱青春：《普通话水平测试说话项应试失误分析与培训教材、教学模式研究》，《语言文字应用》2007年第S1期。

吴积才、王渝光：《普通话标准化考试的理论与实践》，《语文建设》1989年第1期。

吴若愚、成世勋：《新疆少数民族汉语普通话水平测试问题初探》，《语言与翻译》2004年第1期。

吴雪青：《PSC领域化的初步构想》，《绍兴文理学院学报》（哲学社会科学版）2007年第4期。

吴月芹：《视障者普通话水平测试研究》，《现代特殊教育》2015年第4期。

伍巍：《关于普通话水平测试内容与方法的思考》，《学术研究》2002年第12期。

谢旭慧、程肇基、王艾平：《影响师范生普通话水平因素的实证研究》，《语言文字应用》2006年第3期。

谢旭慧、缪丽珺：《师范生普通话水平性别比较实证研究》，《教师教育研究》2010年第5期。

邢福义：《普通话语法、词汇和语音测试问题的探讨》，《华中师范大学学报》（哲学社会科学版）1987年第5期。

熊萍：《普通话等级机测背景下"普通话教学"存在的问题及优化》，《湖南第一师范学院学报》2015年第3期。

徐瑾、单立勋：《黑龙江省普通话测试中声调缺陷的定位》，《佳木斯大学社会科学学报》2002年第3期。

徐梅：《从语言习得看普通话教学及测试》，《曲靖师范学院学报》2001年第5期。

徐卫卫：《"说话"应试的语用策略》，《浙江教育学院学报》2003年第 4 期。

徐治堂、张海铭：《普通话立体教学模式的理论与实践》，《天水师范学院学报》2002 年第 1 期。

许光烈：《对普通话水平测试中字词测试的思考》，《汉字文化》2001 年第 2 期。

言实：《关于普通话水平测试用普通话词语表的编制》，《语言文字应用》2004 年第 3 期。

杨康：《国家普通话水平智能测试系统的改进分析》，《考试研究》2015 年第 4 期。

杨绍林：《谈谈普通话水平测试试卷的拟制》，《成都师专学报》1996 年第 2 期。

杨小锋：《方言语调量化测试的出路及办法》，《四川师范学院学报》（哲学社会科学版）2002 年第 5 期。

杨云：《方言区普通话测评中的负面因素》，《语言文字应用》2001 年第 3 期。

杨志明、张雷：《用多元概化理论对普通话的测试》，《心理学报》2002 年第 1 期。

姚喜双：《〈大纲〉修订和〈纲要〉研制的思考》，《语言文字应用》2004 年第 3 期。

姚喜双：《推普工作的重要抓手——谈依法推进的普通话水平测试》，《语言文字应用》2010 年第 3 期。

姚喜双：《普通话水平测试若干问题研究》，《云南师范大学学报》（哲学社会科学版）2011 年第 6 期。

姚一斌：《普通话水平测试误差探究》，《云南师范大学学报》2001 年第 4 期。

叶从容：《论普通话水平测试员心理与测试"软标准"的调适》，《广州大学学报》（社会科学版）2008 年第 7 期。

叶军：《普通话水平测试的社会语言学思考》，《语文建设》1997 年第 12 期。

尹建国：《营造语言环境 提升教育手段》，《语文建设》2000 年第 9 期。

印平：《关于"方言语调"的思考》，《南京社会科学》2002 年第

4 期。

于根元：《"三个发挥"是个有机的整体》，《语言文字应用》1998 年第 3 期。

于洪涛：《混合式普通话水平培训模式理论与实践》，《民族高等教育研究》2018 年第 3 期。

于亚楠：《普通话课程线上线下混合式教学模式初探——以泰山学院为例》，《高教学刊》2018 年第 23 期。

余三定：《当代学术史研究：新兴的学科》，《中山大学学报》（社会科学版）2011 年第 2 期。

喻捷：《普通话水平测试与朗读对策》，《语言与翻译》2002 年第 3 期。

章柳英：《浅谈对普通话水平测试员的综合管理》，《江西教育科研》2002 年第 Z1 期。

张传曾：《普通话水平测试标准的理解与掌握》，《济南大学学报》（综合版）1998 年第 1 期。

张弗、沈晓云、张璋：《普通话水平测试的反思与探索》，《玉溪师范高等专科学校学报》2000 年第 4 期。

张华：《普通话水平测试与日本英语能力测试之比较》，《沈阳师范大学学报》（社会科学版）2004 年第 4 期。

张建强：《关于建立"普通话中介语语音语料库"的设想》，《广西梧州师范高等专科学校学报》2005 年第 2 期。

张建强：《双语双方言区高校普通话教学新模式的实验研究——以贺州学院为研究个案》，《语言文字应用》2012 年第 S1 期。

张雷、侯杰泰、何伟杰、文剑冰、王渝光：《普通话测试的录音评分可行性、信度及经济效率》，《心理学报》2001 年第 2 期。

张珑、李海峰、马琳、王建华：《汉语普通话水平测试中儿化音的自动检测与评价》，《声学学报》2014 年第 5 期。

张明仙：《普通话水平测试与口语表达能力的关系》，《玉溪师专学报》1995 年第 6 期。

张蒲荣：《普通话水平测试中存在的问题》，《宁波大学学报》（教育科学版）2002 年第 5 期。

张蒲荣：《普通话水平测试新旧大纲对照分析》，《宁波大学学报》

（教育科学版）2007年第5期。

张燕玲：《谈普通话水平测试的语文特质》，《首都师范大学学报》（社会科学版）2009年第S3期。

赵国方：《简论普通话测试员的素质》，《镇江师专学报》（社会科学版）2001年第1期。

赵伟国、乔丽华、王颐嘉、汪张龙、钟锟、徐俊：《普通话水平测试的评分误差的影响分析》，《语言文字应用》2012年第S1期。

赵晓兰：《工具理性与价值理性的统一——PSC对提高大学生人文素养的作用探析》，《扬州大学学报》（高教研究版）2015年第6期。

赵则玲：《普通话水平测试中的"方言语调"问题》，《浙江师大学报》2001年第5期。

郑梦娟：《中日服务型语文测试工作对比分析》，《北华大学学报》（社会科学版）2012年第3期。

郑献芹：《2001—2004 PSC研究和HSK研究的共性和差异》，《安阳师范学院学报》2007年第1期。

仲哲明：《普通话水平测试若干问题的讨论》，《语言文字应用》1997年第3期。

朱慧：《普通话语音培训教学方法探索》，《铁道师院学报》1999年第5期。

朱丽红：《普通话水平测试的试卷问题》，《首都师范大学学报》（社会科学版）2009年第S3期。

朱丽红：《面向小学生的普通话水平测试实验研究》，《语言文字应用》2011年第1期。

朱丽红：《普通话水平测试一甲复审实例分析及相关讨论》，《语言文字应用》2016年第4期。

朱丽红：《2012—2017年普通话水平测试研究概述》，《浙江师范大学学报》（社会科学版）2018年第6期。

朱丽红、韩世梅：《远程计算机辅助普通话水平测试的改进策略研究》，《中国远程教育》2013年第11期。

庄守常：《关于普通话测试标准的思考》，《语文建设》1990年第6期。

庄守常：《相对性与确定性——谈普通话的口语测试》，《语文建设》

1992 年第 9 期。

析出论文

戴梅芳：《普通话水平测试研究述略》，载戴梅芳主编《普通话水平测试研究》，语文出版社 1997 年版。

傅雨贤：《普通话笔试电脑评分问题初探》，载香港普通话研习社、香港中国语文学会编《普通话测试论文集》，香港普通话研习社 1988 年版。

龚海燕：《浅议在人民警察中推广普通话水平测试的现实意义》，载上海市普通话测试中心编《普通话水平测试理论与实践》，百家出版社 2006 年版。

韩其洲：《国家普通话水平测试回顾与展望——纪念开展普通话水平测试 15 周年》，载国家语言文字工作委员会普通话培训测试中心编《第四届全国普通话培训测试学术研讨会论文集》，语文出版社 2010 年版。

李洁：《普通话水平测试评分中的语言节律问题分析及对策》，载中国应用语言学会编《第三届全国语言文字应用学术研讨会论文集》，香港科技联合出版社 2004 年版。

李英哲：《美国外语教学学会对汉语使用能力程度的订定与能力测试编写的关系》，载香港普通话研习社、香港中国语文学会编《普通话测试论文集》，香港普通话研习社 1988 年版。

聂丹：《基于概化理论的 PSC 分数误差探析》，载国家语言文字工作委员会普通话培训测试中心编《第四届全国普通话培训测试学术研讨会论文集》，语文出版社 2010 年版。

刘泰和：《香港大学普通话课程在成绩测试方面出现的一些问题》，载香港普通话研习社、香港中国语文学会编《普通话测试论文集》，香港普通话研习社 1988 年版。

孙兰荃：《国家通用语言规范的适用层面》，载中国应用语言学会编《第四届全国语言文字应用学术研讨会论文集》，四川大学出版社 2007 年版。

王晖：《〈普通话水平测试大纲〉修订的若干问题》，载教育部语言文字应用研究所编《语言文字应用研究论文集Ⅱ》，语文出版社 2004 年版。

杨志明、张雷：《试论普通话水平测试的信度估计方法》，载国家语言文字工作委员会普通话培训测试中心编《首届全国普通话水平测试学术研讨会论文集》，语文出版社 2003 年版。

学位论文

蔡彦鹏：《普通话水平测试评分系统的语图识别研究》，硕士学位论文，云南师范大学，2006 年。

常晓宇：《口语测试中朗读类题型的效度研究——以普通话水平测试"朗读短文"测试项为例》，博士学位论文，中国社会科学院研究生院，2017 年。

杜宇虹：《普通话水平测试中"说话"项应试策略研究》，硕士学位论文，华中师范大学，2006 年。

段海凤：《藏族学生说汉语普通话单双音节声调系统实验研究》，硕士学位论文，中央民族大学，2008 年。

焦鑫：《项目教学法在中职学校普通话教学中的应用研究》，硕士学位论文，鲁东大学，2017 年。

李淑平：《藏族（安多方言）学生学习汉语单音节声调偏误的实验分析》，硕士学位论文，中央民族大学，2006 年。

李伟：《内蒙古地区各级普通话培训测试机构发展现状与对策研究》，硕士学位论文，内蒙古师范大学，2016 年。

孟照国：《普通话培训与测试的信息化研究》，硕士学位论文，青岛科技大学，2005 年。

祁文秀：《云南藏族学生说汉语普通话声调研究——以香格里拉东旺乡藏族学生为例》，硕士学位论文，云南师范大学，2006 年。

钱芳：《香港普通话教学研究新探》，博士学位论文，陕西师范大学，2012 年。

沈倍蕾：《普通话双音节非轻声词的轻重格式研究》，硕士学位论文，华东师范大学，2006 年。

苏丹：《自我效能感对普通话测试影响的因素研究》，硕士学位论文，首都师范大学，2004 年。

覃如冰：《壮族人学习普通话语音教学对策研究》，硕士学位论文，广西大学，2008 年。

王晖：《普通话水平测试依据研究》，博士学位论文，中国社会科学院研究生院，2016 年。

王珏平：《合肥当地话与合肥普通话语音实验研究》，硕士学位论文，云南师范大学，2014年。

严可：《发音质量自动评测技术研究》，博士学位论文，中国科学技术大学，2012年。

杨丽宁：《汉语普通话声调识别和评估系统的设计与实现》，硕士学位论文，兰州大学，2008年。

杨颖：《普通话水平测试培训课程研究》，博士学位论文，湖南师范大学，2013年。

杨峥琳：《普通话常用音节的语音特征分析》，硕士学位论文，云南师范大学，2003年。

云天骄：《普通话水平测试（PSC）和香港普通话水平考试（PSK）题型比较研究》，硕士学位论文，中国社会科学院研究生院，2013年。

郑世杰：《基于语音自动评测的普通话学习系统的研究》，硕士学位论文，哈尔滨师范大学，2015年。

周梅：《普通话水平测试手段探究》，博士学位论文，中国社会科学院研究生院，2014年。

周萍：《上海地区普通话水平测试中韵母发音偏误的比较研究》，硕士学位论文，华东师范大学，2006年。

周燕飞：《普通话双音节词语声调的声学特征分析》，硕士学位论文，云南师范大学，2004年。

周中兴：《普通话语音测试中的目标无关性错误研究》，硕士学位论文，华东师范大学，2007年。

【英文参考文献】

Alderson, J. C., *Language Test Construction and Evaluation*, Beijing: Foreign Language Teaching and Research Press, 2000.

Alderson, J. C. and J. Banerjee. "Language Testing and Assessment", In *Language Teaching*, 34 (4), 2001.

Bachman, L. F. and A. D. Cohen, *Interfaces Between Second Language Acquisition and Language Testing Research*, Cambridge: Cambridge University Press, 1999.

Barnwell, D. P., *A History of Foreign Language Testing in the United*

States: From Its Beginning to the Present, Tempe, Arizona: Bilingual Press, 1996.

Benderson, A., *Foreign Languages in the Schools* Princeton, NJ: Educatioanl Testing Service, 1983.

Carroll, J. B., "Fundamental Considerations in Testing for English Language Proficiency of Foreign Students", In *Testing the English Proficiency of Foreign Students*, Washington, DC: Center for Applied Linguistics, 1961.

Higgs, T., *Teaching for Proficiency, the Orgnizing Principle*, Linconwood, IL: National Textbook Company, 1984.

Ingram, D. and E. Wylie, *Developing Proficiency Scales for Communicative Assessment*, Paper presented at the National Assessment Consultation of the National Assessment Framework for Languages at Senior Secondary Level Sydney, 1989.

Liskin-Gasparro, J., "The ACTFL Proficiency Guildlines: A Historical Perspective" in Higgs, T. (Ed.), *Teaching for Proficiency*, Lincolnwood, IL: National Textbook Compony, 1984.

McNamara, T. F., "Modelling Performance: Opening Pandora's Box", In *Applied Linguistics*, 16 (2), 1995.

Magnan, S. S., "Gramma and the ACTFL OPI: Discussion and Data", *Modern Language Joural*, 72 (3), 1988.

Sposky, B., "Language Testing: Art or Science", in Nickel, G. (Ed.), *Proceedings of the Fourth International Congress of Applied Linguistics*, Stuttgart: Hochschulverlag, Vol. 3, 1977.

Measured Words: The Development of Objective Language Testing, Oxford: Oxford University Press, 1995.

Thompson, R., "Oral Proficiency in the Less Commonly Taught Language", In *Alatis, Language Teaching, Testing, and Technology*, Washington DC: Georgetown University Press, 1989.